도나 윌슨의
손뜨개 인형

도나 윌슨의
손뜨개 인형

독특하고 사랑스러운 인형 만들기

도나 윌슨 지음　조진경 옮김　조수연 감수

황금시간
Golden Time

도나 윌슨의
손뜨개 인형
독특하고 사랑스러운 인형 만들기

지은이 도나 윌슨
옮긴이 조진경
펴낸이 정규도
펴낸곳 황금시간

초판 1쇄 발행 2013년 11월 27일
초판 3쇄 발행 2014년 12월 10일

편집 권명희 신소연
디자인 정현석 장미연 정규욱
도안 일러스트 이수미

황금시간
주소 경기도 파주시 문발로 211
전화 (02)736-2031(내선 361~362)
팩스 (02)732-2036

출판등록 제406-2007-00002호
공급처 (주)다락원
구입문의 전화: (02)736-2031(내선 250~252)
         팩스: (02)732-2037

값 13,800원
ISBN 978-89-92533-58-4 13590

http://www.darakwon.co.kr
• 다락원 홈페이지를 통해 인터넷 주문을 하시면 자세한 정보와 함께 다양한
  혜택을 받으실 수 있습니다.
• 기타 문의사항은 황금시간 편집부로 연락 주십시오.

차례

머리말

저는 일상에서 특이한 것을 보면 그 모습에서 영감을 받아 작품을 만듭니다. 그렇게 완성된 모든 작품을 저만의 이상한 나라에 사는 캐릭터라고 생각하지요. 그 친구들에게서 특별한 애정을 느끼고 받아들일 수 있어야 그곳에서 함께 놀 수 있답니다. 저는 아이들의 순수한 그림과 사람마다 가지고 있는 특징을 좋아합니다. 덕분에 몸집에 비해 머리가 큰 '솜털머리 해리'가 탄생했답니다. 해리는 자기 머리카락 다듬는 것을 좋아하죠. '롱다리 페기'는 나이를 먹을수록 계속 다리가 자라기 때문에 아주 길답니다.

저만의 이상한 나라 '도나 월드'에서 당신은 오늘 어떤 모험을 하게 될까요? '산토끼 험프리'와 놀면서 '다람쥐여우' 가족과 함께 숲 속으로 달아날지도 모르죠. 아니면 그냥 아주 큰 무지방 컵케이크를 오물오물 먹을 수도 있고요.

이 책에서는 대바늘뜨기를 이용해서 저만의 캐릭터들을 만들어보았어요. 그 덕분에 캐릭터마다 각기 다른 대바늘뜨기 기법들을 배워볼 수 있었어요. 그 기법늘을 통해서 친구들은 별난 특징을 얻게 되었답니다.

대바늘뜨기 초보자는 '잠꾸러기 포미'(36쪽), '길쭉이 퍼시벌'(91쪽) 같은 커다란 모양의 작품을 만든 후에 성취감을 느낄 수 있어서 좋아요(필요한 설명은 118~119쪽에 자세히 나와 있어요). 양말을 뜰 수 있는 중급자라면 '강아지 오스카'(41쪽)나 '플라밍고 피지'(79쪽), '달팽이 스틱'(51쪽)을 시도해보세요. 이 친구들은 원형뜨기로 뜰 수 있답니다. 또 꽈배기뜨기를 좋아한다면 '산토끼 바네사'(60쪽)를 시도해보고, 구슬을 끼워서 뜨개질하는 것을 좋아하면 '잠자리 디드리'(100쪽)를 만들어보세요. 다채로운 색을 좋아하는 분들을 위해서 '아기고양이 미튼'(69쪽)과 '곰순이 애기'(44쪽) 등의 페어 아일(여러 색이 들어간 기하학적인 무늬의 편물로 페어 섬에서 시작되었다─옮긴이) 작품을 준비했습니다. 아울러 '꿀벌 이벨'(74쪽)이나 '마멀레이드 고양이 진지'(13쪽)처럼 좀 더 쉽게 만들 수 있는 줄무늬 작품도 있어요.

제 작품이 여러분의 마음에 들었으면 좋겠네요. 작품을 보자마자 떠오르는 친구가 있을지도 모르겠어요. 이 작품들을 뜨는 동안 즐거운 시간 보내길 바라며, 완성된 친구들은 사진으로 찍어서 info@donnawilson.com으로 보내주세요. 사진 갤러리에 꼭 올리겠습니다.

도나 월슨

원숭이 찰리는 항상 바쁘게 돌아다닙니다. 한번은 파리에 있는 에펠탑에 밧줄도 없이 올라갔다니까요. 찰리의 취미는 칼로리 높은 음식과 바나나 밀크셰이크 먹기, 체육관에 가서 상체 근육을 튼튼하게 해주는 운동하기, 혼자 중얼거리기랍니다. 특히 중얼거리기는 무언가에 집중할 때 자기도 모르게 하는 버릇이에요.

원숭이 찰리

패턴

주의: 트위드 털실은 두께가 일정하지 않으므로 로언 스코티시 트위드사를 두 겹으로 사용해서 두께를 고르게 한다.

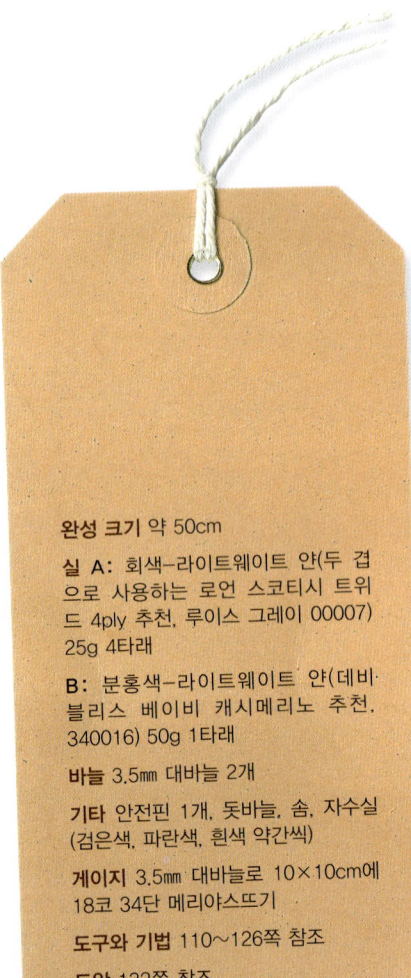

완성 크기 약 50cm

실 A: 회색–라이트웨이트 얀(두 겹으로 사용하는 로언 스코티시 트위드 4ply 추천, 루이스 그레이 00007) 25g 4타래

B: 분홍색–라이트웨이트 얀(데비 블리스 베이비 캐시메리노 추천. 340016) 50g 1타래

바늘 3.5mm 대바늘 2개

기타 안전핀 1개, 돗바늘, 솜, 자수실 (검은색, 파란색, 흰색 약간씩)

게이지 3.5mm 대바늘로 10×10cm에 18코 34단 메리야스뜨기

도구와 기법 110~126쪽 참조

도안 132쪽 참조

앞판과 뒤판(똑같음)
첫 번째 다리
✽엄지 방법(112쪽 참조)을 이용하여 A(회색)실로 5코를 만든다.
1단(겉감면): 겉뜨기.
2단: 안뜨기 1코, 왼코 만들기, 안뜨기 3코, 오른코 만들기, 안뜨기 1코. (7코)
3단: 겉뜨기 1코, 오른코 만들기, 겉뜨기 5코, 왼코 만들기, 겉뜨기 1코. (9코)
4단: 안뜨기 1코, 왼코 만들기, 안뜨기 7코, 오른코 만들기, 안뜨기 1코. (11코)
5단: 겉뜨기.
6단: 안뜨기.
겉뜨기 단으로 시작해서 일흔네(74) 단을 메리야스뜨기.✽ 실을 자르고 코를 안전핀에 걸어둔다.

두 번째 다리
첫 번째 다리의 ✽부터 ✽까지를 그대로 한다.
코를 바늘에 그대로 두고 실을 자르지 않는다.

다리 연결하기
81단: 바늘에 있는 11코를 겉뜨기, 감아코로 3코 만들기, 안전핀에 걸어둔 11코를 겉뜨기. (25코)
82단: 안뜨기 10코, 안뜨기로 2코 모아뜨기, 안뜨기 1코, 안뜨기로 2코 모아 꼬아뜨기, 안뜨기 10코. (23코)

몸통
겉뜨기 단으로 시작해서 예순두(62) 단을 메리야스뜨기.

볼
145단: 겉뜨기 1코, 오른코 만들기, 겉뜨기 21코, 왼코 만들기, 겉뜨기 1코. (25코)
146단: 안뜨기 1코, 왼코 만들기, 안뜨기 23코, 오른코 만들기, 안뜨기 1코. (27코)
147단: 겉뜨기 1코, 오른코 만들기, 겉뜨기 25코, 왼코 만들기, 겉뜨기 1코. (29코)
148단: 안뜨기.
149단: 겉뜨기.
150단: 안뜨기.
151단: 겉뜨기 1코, 오른코 줄이기, 겉뜨기 23코, 겉뜨기로 2코 모아뜨기, 겉뜨기 1코. (27코)
152단: 안뜨기 1코, 안뜨기로 2코 모아뜨기, 안뜨기 21코, 안뜨기로 2코 모아 꼬아뜨기, 안뜨기 1코. (25코)
153단: 겉뜨기 1코, 오른코 줄이기, 겉뜨기 19코, 겉뜨기로 2코 모아뜨기, 겉뜨기 1코. (23코)
안뜨기 단으로 시작해서 열한(11) 단을 메리야스뜨기.
165단: 겉뜨기 1코, 오른코 줄이기, 겉뜨기 17코, 겉뜨기로 2코 모아뜨기, 겉뜨기 1코. (21코)
166단: 안뜨기.
167단: 겉뜨기 1코, 오른코 줄이기, 겉뜨기 15코, 겉뜨기로 2코 모아뜨기, 겉뜨기 1코. (19코)
168단: 안뜨기.
169단: 겉뜨기 1코, 오른코 줄이기, 겉뜨기 13코, 겉뜨기로 2코 모아뜨기, 겉뜨기 1코. (17코)
170단: 안뜨기 1코, 안뜨기로 2코 모아뜨기, 안뜨기 11코, 안뜨기로 2코 모아 꼬아뜨기, 안뜨기 1코. (15코)
코막음한다. 115쪽을 참조한다.

팔(2개)
엄지 방법을 이용하여 A실로 13코를 만든다.
1단: 겉뜨기.
2단: 안뜨기.
겉뜨기 단으로 시작해서 여든여섯(86) 단을 메리야스뜨기.
89단: [겉뜨기 2코, 겉뜨기로 2코 모아뜨기] 3회, 겉뜨기

1코. (10코)

90단: 안뜨기.

91단: [겉뜨기 1코, 겉뜨기로 2코 모아뜨기] 3회, 겉뜨기 1코. (7코)

92단: [안뜨기로 2코 모아뜨기] 3회, 안뜨기 1코. (4코)

실을 길게 남기고 자른다. 남은 4코로 실을 통과시킨 후 꽉 잡아당긴다.

꼬리

팔과 같은 방식으로 뜬다.

코

엄지 방법을 이용하여 B(분홍색)실로 7코를 만든다.

1단: 겉뜨기.

2단: 안뜨기 1코, 왼코 만들기, 안뜨기 5코, 오른코 만들기, 안뜨기 1코. (9코)

3단: 겉뜨기 1코, 오른코 만들기, 겉뜨기 7코, 왼코 만들기, 겉뜨기 1코. (11코)

4단: 안뜨기.

5단: 겉뜨기 1코, 오른코 만들기, 겉뜨기 9코, 왼코 만들기, 겉뜨기 1코. (13코)

안뜨기 단으로 시작해서 세(3) 단을 메리야스뜨기.

9단: 겉뜨기 1코, 오른코 만들기, 겉뜨기 11코, 왼코 만들기, 겉뜨기 1코. (15코)

10단: 안뜨기 1코, 왼코 만들기, 안뜨기 13코, 오른코 만들기, 안뜨기 1코. (17코)

11단: 겉뜨기.

12단: 안뜨기 1코, 왼코 만들기, 안뜨기 15코, 오른코 만들기, 안뜨기 1코. (19코)

겉뜨기 단으로 시작해서 세(3) 단을 메리야스뜨기.

16단: 안뜨기 1코, 안뜨기로 2코 모아뜨기, 안뜨기 13코, 안뜨기로 2코 모아 꼬아뜨기, 안뜨기 1코. (17코)

17단: 겉뜨기.

18단: 안뜨기 1코, 안뜨기로 2코 모아뜨기, 안뜨기 11코, 안뜨기로 2코 모아 꼬아뜨기, 안뜨기 1코. (15코)

19단: 겉뜨기 1코, 오른코 줄이기, 겉뜨기 9코, 겉뜨기로 2코 모아뜨기, 겉뜨기 1코. (13코)

안뜨기 단으로 시작해서 세(3) 단을 메리야스뜨기.

23단: 겉뜨기 1코, 오른코 줄이기, 겉뜨기 7코, 겉뜨기로 2코 모아뜨기, 겉뜨기 1코. (11코)

24단: 안뜨기.

25단: 겉뜨기 1코, 오른코 줄이기, 겉뜨기 5코, 겉뜨기로 2코 모아뜨기, 겉뜨기 1코. (9코)

26단: 안뜨기 1코, 안뜨기로 2코 모아뜨기, 안뜨기 3코, 안뜨기로 2코 모아 꼬아뜨기, 안뜨기 1코. (7코)

코막음한다.

완성하기

뜨개실의 라벨에 적힌 주의사항에 따라 각 편물을 부드럽게 다림질한다.

팔과 꼬리에는 솜을 채우지 않는다.

사진의 위치를 참조하여 얼굴 한가운데에 핀으로 코를 고정한다. 돗바늘에 B(분홍색)실을 꿰어 코 가장자리를 따라 메리야스 잇기 방법으로 코를 꿰매어 붙인다. 바느질을 끝내기 전에 코에 솜을 채운다.

몸통의 앞판에서 머리 꼭대기부터 약 15cm 되는 지점의 가장자리에 핀으로 팔을 고정한다. 메리야스 잇기 방법으로 몸의 각 부위를 꿰매어 붙인다. 양팔 끝과 남은 실 끝을 솔기 안으로 넣어 안 보이게 정리한다. 이때 작은 창구멍을 남겨서 그 사이로 솜을 넣은 후에 창구멍을 막는다. 꼬리는 몸통 뒤판의 다리 바로 위, 가운데에 꿰매어 붙인다.

자수 놓기

얼굴: 양쪽 눈의 윤곽은 검은색 지수실로 박음질을 한다. 우선 눈 모양은 타원으로, 가운데 홍채의 양쪽 선은 세로선으로 박음질을 한다. 홍채 부분은 파란색 실로, 흰자위 부분은 흰색 실로 새틴 스티치를 한다. 눈썹은 검은색 실로 눈 바로 위쪽에 짧게 박음질을 한다. 입은 코 위에서 검은색 실로 가로선을 박음질한다. 124쪽을 참조한다.

해리는 독특한 친구입니다. 점심으로 보풀을 먹고, 항상 빗질을 하고, 단장하기를 좋아합니다. 해리는 솜털머리로 유명한데, 가끔 이 친구 옆에 있으면 재채기가 난답니다.

솜털머리 해리

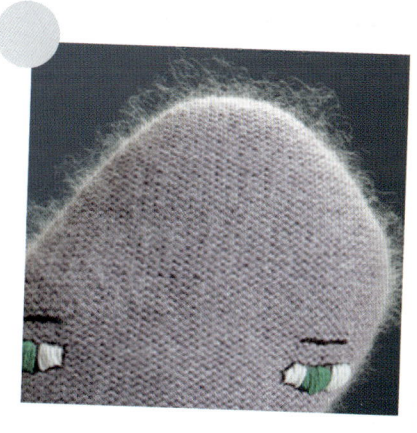

패턴

주의: 머리카락을 뜰 때, 각 타래에서 한 가닥씩 겹쳐 두 가닥으로 뜬다.

몸통 앞판과 뒤판(똑같음)

첫 번째 다리

✻꼬은 코 만들기(113쪽 참조) 방법을 이용하여 2.5mm 대바늘과 A(초록색)실로 10코를 만든다.

1단(겉감면): 겉뜨기.

2단: 안뜨기.

3단: 겉뜨기 2코, 오른코 만들기, 2코 남을 때까지 겉뜨기, 왼코 만들기, 겉뜨기 2코. (12코)

4단: 안뜨기.

3~4단을 1회 반복한다. (14코)

7단: 겉뜨기

8단: 안뜨기 ✻

실을 자르고 코를 안전핀에 걸어둔다.

두 번째 다리

첫 번째 다리의 ✻부터 ✻까지를 그대로 한다.

코를 바늘에 그대로 끼워둔 채 실을 자르지 않는다.

다리 연결하기

바늘에 있는 14코를 겉뜨기, 감아코로 10코 만들기, 안전핀에 걸려 있는 14코를 겉뜨기한다. (38코)

몸통

안뜨기 단으로 시작해서 열아홉(19) 단을 메리야스뜨기.

팔

29단: 겉뜨기 2코, 오른코 만들기, 2코 남을 때까지 겉뜨기, 왼코 만들기, 겉뜨기 2코. (40코)

30단: 안뜨기.

마지막 두(2) 단을 1회 반복한다. (42코)

33단: 겉뜨기.

34단: 8코 만들기, 끝까지 안뜨기. (50코)

35단: 8코 만들기, 끝까지 겉뜨기. (58코)

36단: 안뜨기.

37단: 겉뜨기 2코, 오른코 만들기, 2코 남을 때까지 겉뜨기, 왼코 만들기, 겉뜨기 2코. (60코)

38단: 안뜨기

마지막 두(2) 단을 1회 반복한다. (62코)

41단: 겉뜨기.

42단: 안뜨기.

마지막 두(2) 단을 1회 반복한다.

45단: 겉뜨기 2코, 오른코 줄이기, 4코 남을 때까지 겉뜨기, 겉뜨기로 2코 모아뜨기, 겉뜨기 2코. (60코)

46단: 안뜨기.

마지막 두(2) 단을 1회 반복한다. (58코)

49단: 겉뜨기.

50단: 10코를 코막음, 끝까지 안뜨기. (48코)

51단: 10코를 코막음, 끝까지 겉뜨기. (38코)

52단: 안뜨기.

53단: 겉뜨기.

코를 안전핀에 걸어둔다.

안전핀에 걸린 앞판과 뒤판을 다림질한다(125쪽 참조).

머리

몸통 앞판 또는 뒤판의 안감면이 보이게 놓고, B(연보라색)실과 4mm 장갑바늘로 안전핀에 걸린 코 중에서 25코를 안뜨기한다. 두 번째 장갑바늘로 나머지 13코를 안뜨기한다. 나머지 몸통의 안감면이 보이게 놓고, 두 번째 장갑바늘로 13코를 안뜨기한다. 세 번째 장갑바늘로 나머지 25코를 안뜨기한다. (76코)

몸통의 안감면이 보이게 놓은 상태에서 네 번째 장갑바늘로 원형뜨기를 한다. 세(3) 단을 겉뜨기하면 편물의 겉감면이 메리야스 안뜨기 상태가 된다. 계속해서 머리의 안감면을 뜬다.

첫 번째 코와 39번째 코 전에 스티치마커를 놓는다.

완성 크기 약 38cm

실 A: 초록색−파인웨이트 얀(로언 코튼 글라세 추천, 아이비 812) 50g 1타래

B: 연보라색−라이트웨이트 아란 모헤어 얀(로언 키드 클래식 추천, 라벤더 아이스 841) 50g 2타래

바늘 2.5mm 대바늘 2개, 4mm 장갑바늘 4개

기타 안전핀 2개, 스티치마커 2개, 돗바늘, 솜, 자수실(검은색, 초록색, 흰색 약간씩)

게이지 B(연보라색)실과 4mm 대바늘로 10×10cm에 21코 30단 메리야스 안뜨기

도구와 기법 110~126쪽 참조

도안 133쪽 참조

다음 원형 단: ✻겉뜨기 1코, 겉뜨기로 2코 모아뜨기, 스티치마커 전에 세 코 남을 때까지 겉뜨기, 오른코 줄이기, 겉뜨기 1코. ✻부터 1회 반복한다. (72코)
한(1) 단을 겉뜨기.
마지막 두(2) 단을 3회 반복한다. (60코)
일곱(7) 단을 겉뜨기.

다음 원형 단: 스티치마커전에 1코 남을 때까지 겉뜨기, 1코 만들기, 겉뜨기 2코, 1코 만들기, 끝까지 겉뜨기. (62코)
한(1) 단을 겉뜨기.
마지막 두(2) 단을 1회 반복한다. (64코)

다음 원형 단: 겉뜨기 1코, 1코 만들기, 스티치마커전에

1코 남을 때까지 겉뜨기, 1코 만들기, 겉뜨기 2코, 1코 만들기, 1코 남을 때까지 겉뜨기, 1코 만들기, 겉뜨기 1코. (68코)
한(1) 단을 겉뜨기.
마지막 두(2) 단을 1회 반복한다. (72코)

다음 원형 단: 스티치마커 전에 1코 남을 때까지 겉뜨기, 1코 만들기, 겉뜨기 2코, 1코 만들기, 끝까지 겉뜨기. (74코)
한(1) 단을 겉뜨기.
마지막 두(2) 단을 6회 반복한다. (86코)
아홉(9) 단을 겉뜨기.

다음 원형 단: 겉뜨기 2코, 겉뜨기로 2코 모아뜨기, 4코

남을 때까지 겉뜨기, 오른코 줄이기, 겉뜨기 2코. (84코)
마지막 단을 4회 반복한다. (76코)
한(1) 단을 겉뜨기.

다음 원형 단: ✻겉뜨기 1코, 겉뜨기로 2코 모아뜨기, 스티치마커 전에 3코 남을 때까지 겉뜨기, 오른코 줄이기, 겉뜨기 1코. ✻부터 1회 반복한다. (72코)
마지막 두(2) 단을 9회 반복한다. (36코)

다음 원형 단: ✻겉뜨기 1코, 겉뜨기로 2코 모아뜨기, 스티치마커 전에 3코 남을 때까지 겉뜨기, 오른코 줄이기, 겉뜨기 1코. ✻부터 1회 반복한다. (32코)
마지막 단을 4회 반복한다. (16코)
바늘 2개에 각 8코씩 나눈다.
각 바늘에 있는 코를 함께 겉뜨기하여 코막음한다.

완성하기

남아 있는 실 끝을 모두 정리한다.
편물을 뒤집어서 머리의 겉감면(메리야스 안뜨기)이 바깥쪽으로 나오게 한다. 면 행주를 둘둘 말아서 머리에 넣어 모양을 잡은 다음 약하게 김을 쐰다.
목부터 겨드랑이까지 메리야스 잇기 방법으로 가장자리를 꿰매어 몸통을 연결한다. 다리 부분의 구멍으로 솜을 넣어 머리와 팔을 채우고, 다리의 솔기를 꿰매면서 다리에도 솜을 채운다.

자수 놓기
얼굴: 양쪽 눈의 윤곽은 검은색 자수실로 박음질을 한다. 우선 눈 모양은 타원으로, 가운데 홍채의 양쪽 선은 세로선으로 박음질을 한다. 홍채 부분은 초록색 실로, 흰자위 부분은 흰색 실로 새틴 스티치를 한다. 눈썹은 눈 위에 검은색 실로 박음질을 한다. 입은 검은색 실로 타원형으로 벌린 모양과 이의 윤곽선을 박음질한다. 그리고 이는 흰색 실로 새틴 스티치를 한다. 124쪽을 참조한다.

마멀레이드 고양이 진지

진지는 순종 마멀레이드 고양이(주황색에 더 짙은 주황색 줄무늬가 있는 고양이–옮긴이)입니다. 낮에는 먹고 자기만 하다가 밤이 되면 온갖 재미있는 놀이를 합니다. 양쪽으로 팽팽하게 당겨진 밧줄 위에 올라서서는 꼬리로 우유 그릇을 감싸 잡은 채 노래를 부른 기록의 보유자이기도 하지요.

패턴

앞판

첫 번째 다리

❋엄지 방법(112쪽 참조)을 이용하여 A(밝은 주황색)실로 3코를 만든다.

1단(겉감면): 겉뜨기.

2단: 안뜨기 1코, 왼코 만들기, 안뜨기 1코, 오른코 만들기, 안뜨기 1코. (5코)
B(밝은 갈색)실을 연결한다.

3단: B실로 겉뜨기 1코, 오른코 만들기, 겉뜨기 3코, 왼코 만들기, 겉뜨기 1코. (7코)

4단: B실로 안뜨기.

1~4단은 전체적으로 반복되는 줄무늬 패턴 메리야스뜨기이다. 사용하지 않는 실은 자르지 말고, 안감면에서 끌어올리면서 뜬다. 다음의 지시대로 뜬다.

5단: 겉뜨기 1코, 오른코 만들기, 겉뜨기 5코, 왼코 만들기, 겉뜨기 1코. (9코)

안뜨기 단으로 시작해서 다섯(5) 단을 메리야스뜨기.❋
실을 자르고 코를 안전핀에 걸어둔다.

두 번째 다리와 세 번째 다리

첫 번째 다리와 똑같이 뜬다.

네 번째 다리

첫 번째 다리의 ❋부터 ❋까지를 그대로 한다.
코를 바늘에 그대로 끼워둔 채 실을 자르지 않는다.

다리 연결하기

줄무늬 패턴을 잘 맞춘다.

11단: 네 번째 다리의 9코를 겉뜨기, [감아코로 2코 만들기, 안전핀에 걸려 있는 다음 다리의 9코를 겉감면이 보이게 놓고 겉뜨기] 3회 반복한다. (42코)

몸통

12단: 안뜨기 8코, [안뜨기로 2코 모아뜨기, 안뜨기로 2코 모아 꼬아뜨기, 안뜨기 7코] 2회, 안뜨기로 2코 모아뜨기, 안뜨기로 2코 모아 꼬아뜨기, 안뜨기 8코. (36코)
겉뜨기 단으로 시작해서 여섯(6) 단을 메리야스뜨기를 하는데, A실로 마지막 두(2) 단을 뜬다.

19단: B실로 겉뜨기 1코, 오른코 줄이기, 끝까지 겉뜨기. (35코)
안뜨기 단으로 시작해서 세(3) 단을 메리야스뜨기.

23단: B실로 겉뜨기 1코, 오른코 줄이기, 끝까지 겉뜨기. (34코)

24단: 안뜨기.

25단: A실로 겉뜨기 1코, 오른코 줄이기, 끝까지 겉뜨기. (33코)

26단: 안뜨기.

27단: B실로 겉뜨기 1코, 오른코 줄이기, 끝까지 겉뜨기. (32코)

28단: 안뜨기.

29단: A실로 겉뜨기 1코, 오른코 줄이기, 끝까지 겉뜨기. (31코)

30단: 안뜨기.

31단: B실로 겉뜨기 1코, 오른코 줄이기, 끝까지 겉뜨기. (30코)

32단: 안뜨기.

33단: A실로 겉뜨기 1코, 오른코 줄이기, 끝까지 겉뜨기. (29코)

안뜨기 단으로 시작해서 세(3) 단을 메리야스뜨기.

37단: A실로 겉뜨기 1코, 오른코 줄이기, 끝까지 겉뜨기. (28코)

안뜨기 단으로 시작해서 다섯(5) 단을 메리야스뜨기.

43단: B실로 겉뜨기 1코, 오른코 줄이기, 3코 남을 때까지 겉뜨기, 겉뜨기로 2코 모아뜨기, 겉뜨기 1코. (26코)

안뜨기 단으로 시작해서 일곱(7) 단을 메리야스뜨기.

51단: B실로 겉뜨기 1코, 오른코 줄이기, 끝까지 겉뜨기. (25코)

안뜨기 단으로 시작해서 아홉(9) 단을 메리야스뜨기.

61단: A실로 겉뜨기 1코, 오른코 줄이기, 끝까지 겉뜨기. (24코)

안뜨기 단으로 시작해서 아홉(9) 단을 메리야스뜨기를 하는데, 마지막 두(2) 단은 A실로 뜬다.

첫 번째 귀

71단: 겉뜨기 8코, 편물을 돌린다.
8코로만 첫 번째 귀를 뜨고 나머지 16코는 안전핀에 걸어둔다.

72단: 안뜨기 1코, 안뜨기로 2코 모아뜨기, 끝까지 안뜨기. (7코)

73단: 3코 남을 때까지 겉뜨기, 겉뜨기로 2코 모아뜨기, 겉뜨기 1코. (6코)
72~73단을 2회 반복한다. (2코)

완성 크기 약 21cm

실 A: 밝은 주황색–파인웨이트 얀(로언 클래식 캐시코튼 4ply 추천, 캐롯 919) 50g 1타래

B: 밝은 갈색–A와 같은 종류(비스킷 912) 50g 1타래

바늘 3.25mm 대바늘 2개

기타 스티치마커 1개, 돗바늘, 솜, 자수실 (검은색, 초록색, 흰색 약간씩)

게이지 3.25mm 대바늘로 10×10cm에 20코 32단 메리야스뜨기

도구와 기법 110~126쪽 참조

도안 134쪽 참조

코막음하고 실을 자른다.

두 번째 귀

16코를 안전핀에서 바늘로 옮긴다. 겉감면이 보이게 놓고 실을 다시 연결한다.

71단: 8코를 코막음하고, 끝까지 겉뜨기. (8코)

72단: 3코 남을 때까지 안뜨기, 안뜨기로 2코 모아 꼬아뜨기, 안뜨기 1코. (7코)

73단: 겉뜨기 1코, 오른코 줄이기, 끝까지 겉뜨기. (6코)
72~73단을 2회 반복한다. (2코)
코막음하고 실을 자른다.

뒤판

앞판과 같은 방식으로 뜬다. 단, 대칭으로 떠야 하므로 설명에서 겉뜨기는 안뜨기로, 안뜨기는 겉뜨기로 해서 편물의 겉면을 거꾸로 만든다. 118쪽의 '대칭뜨기'에 이에 관한 팁이 소개되어 있다.

꼬리

엄지 방법을 이용하여 A실로 12코를 만든다.

1단(겉감면): 겉뜨기.

2단: 안뜨기.
B실을 연결한다.

3단: 겉뜨기.

4단: 안뜨기.
1~4단은 전체적으로 반복되는 줄무늬 패턴 메리야스뜨기이다. 사용하지 않는 실은 자르지 말고, 안감면에서 끌어올리면서 뜬다. 겉뜨기 단으로 시작해서 백열두(112) 단을 메리야스뜨기를 하는데, 마지막 두 단은 B실로 뜬다.

117단: A실로 [겉뜨기 2코, 겉뜨기로 2코 모아뜨기] 3회 반복한다. (9코)

118단: A실로 안뜨기.
A실을 자른다.

119단: B실로 [겉뜨기 1코, 겉뜨기로 2코 모아뜨기] 3회 반복한다. (6코)

120단: B실로 [안뜨기로 2코 모아뜨기] 3회 반복한다. (3코)
실을 길게 남기고 자른다. 남은 3코로 실을 통과시킨 후 꽉 잡아당긴다.

완성하기

뜨개실의 라벨에 적힌 주의사항에 따라 각 편물을 부드럽게 다림질한다.
꼬리 부분에는 솜을 넣지 않는다.
꼬리의 양 가장자리를 메리야스 잇기 방법으로 함께 꿰매는데, 이때 시작단은 꿰매지 않는다.
꼬리를 몸통 앞판의 코 줄임 가장자리 밑에 붙인다.
메리야스 잇기 방법으로 몸의 각 부위를 꿰매어 붙이고, 꼬리 끝과 남은 실 끝을 솔기 안으로 넣어 안 보이게 정리한다. 이때 작은 창구멍을 남겨서 그 사이로 솜을 넣은 후에 창구멍을 막는다.

자수 놓기

얼굴: 양쪽 눈의 윤곽은 검은색 자수실로 박음질을 한다. 우선 눈 모양은 타원으로, 가운데 홍채의 양쪽 선은 세로선으로 박음질을 한다. 홍채 부분은 초록색 실로, 흰자위 부분은 흰색 실로 새틴 스티치를 한다. 코와 입은 검은색 실로 박음질을 하는데, 세로선을 기준으로 위쪽에는 한 변이 열린 역삼각형 모양으로, 아래쪽에는 한 변이 열린 삼각형 모양으로 한다. 수염은 흰색 실로 술을 만들어서 양 볼의 코와 입 사이에 붙인다. 124쪽을 참조한다.

16 초록 토끼 니르그

니르그가 가장 좋아하는 음식은 풀입니다. 원래는 털이 흰색이었는데 풀을 먹기 시작하면서 초록색으로 바뀌었답니다.

초록 토끼 니르그

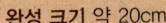

완성 크기 약 20cm

실 A: 초록색-라이트웨이트 얀(로언 울 코튼 추천, 엘프 946) 약간

B: 밝은 초록색-A와 같은 종류(시트론 901) 50g 1타래

C: 크림색-파인웨이트 얀(로언 퓨어 울 4ply 추천, 스노우 412) 약간

바늘 3.25mm 대바늘 2개

기타 안전핀 1개, 돗바늘, 솜, 자수실(검은색, 초록색, 흰색, 분홍색 약간씩)

게이지 3.25mm 대바늘로 10×10cm에 26코 36단 메리야스뜨기

도구와 기법 110~126쪽 참조

도안 135쪽 참조

패턴

앞판과 뒤판(똑같음)

첫 번째 다리

✽엄지 방법(112쪽 참조)을 이용하여 A(초록색)실로 5코를 만든다.

1단(안감면): 안뜨기.

2단: 겉뜨기 1코, 오른코 만들기, 겉뜨기 3코, 왼코 만들기, 겉뜨기 1코. (7코)

3단: 안뜨기 1코, [겉뜨기 1코, 실을 바늘 사이 앞으로 보낸다. 걸러뜨기 1코, 실을 바늘 사이 뒤로 보낸다] 2코 남을 때까지 반복, 겉뜨기 1코, 안뜨기 1코.

4단: 겉뜨기.

5단: 3단과 똑같이 뜬다.

6~7단: 4~5단을 반복한다.

8단: 겉뜨기 1코, 오른코 만들기, 겉뜨기 5코, 왼코 만들기, 겉뜨기 1코. (9코)

9단: 안뜨기 1코, [실을 바늘 사이 앞으로 보낸다. 걸러뜨기 1코, 실을 바늘 사이 뒤로 보낸다, 겉뜨기 1코] 2코 남을 때까지 반복, 실을 바늘 사이 앞으로 보낸다. 걸러뜨기 1코, 안뜨기 1코.

10단: 겉뜨기.

11단: 9단과 똑같이 뜬다.✽

실을 자르고 코를 안전핀에 걸어둔다.

두 번째 다리

첫 번째 다리의 ✽부터 ✽까지를 그대로 한다.

실을 자르고 코를 바늘에 그대로 둔다.

다리 연결하기

B(밝은 초록색)실을 연결한다.

12단(겉감면): 바늘에 있는 9코를 겉뜨기, 감아코로 20코를 만들기, 안전핀에 걸어둔 9코를 겉뜨기. (38코)

13단: 안뜨기 8코, 안뜨기로 2코 모아뜨기, 안뜨기 18코, 안뜨기로 2코 모아 꼬아뜨기, 안뜨기 8코. (36코)

14단: 겉뜨기.

15단: 안뜨기.

겉뜨기 단으로 시작해서 스무(20) 단을 메리야스뜨기.

팔

36단: 겉뜨기 1코, 오른코 만들기, 1코 남을 때까지 겉뜨기, 왼코 만들기, 겉뜨기 1코. (38코)

37단: 안뜨기 1코, 왼코 만들기, 1코 남을 때까지 안뜨기, 오른코 만들기, 안뜨기 1코. (40코)

36~37단을 2회 반복한다. (48코)

겉뜨기 단으로 시작해서 두(2) 단을 메리야스뜨기.

44단: 겉뜨기 1코, 오른코 줄이기, 3코 남을 때까지 겉뜨기, 겉뜨기로 2코 모아뜨기, 겉뜨기 1코. (46코)

45단: 안뜨기 1코, 안뜨기로 2코 모아뜨기, 3코 남을 때까지 안뜨기, 안뜨기로 2코 모아 꼬아뜨기, 안뜨기 1코. (44코)

44~45단을 2회 반복한다. (36코)

겉뜨기 단으로 시작해서 열(10) 단을 메리야스뜨기.

첫 번째 귀

60단: 겉뜨기 9코, 편물을 돌린다.

9코로만 첫 번째 귀를 뜨고 나머지 27코는 안전핀에 걸어둔다.

✽✽안뜨기 단으로 시작해서 열다섯(15) 단을 메리야스뜨기.

76단: 겉뜨기 1코, 오른코 줄이기, 겉뜨기 3코, 겉뜨기로 2코 모아뜨기, 겉뜨기 1코. (7코)

77단: 안뜨기.

다음과 같이 코막음한다: 겉뜨기 1코, 오른코 줄이기, 오른쪽 바늘에 있는 첫 번째 코로 두 번째 코를 덮어씌우기, 겉뜨기 1코, 오른쪽 바늘에 있는 첫 번째 코로 두 번째 코를 덮어씌우기, 겉뜨기로 2코 모아뜨기, 오른쪽 바늘에 있는 첫 번째 코로 두 번째 코를 덮어씌우기, 겉뜨기 1코, 오른쪽 바늘에 있는 첫 번째 코로 두 번째 코를 덮어씌우기.

코 사이로 실을 잡아당긴다.✽✽

두 번째 귀

안전핀에서 9코를 바늘로 옮긴다.

겉감면이 보이게 놓고 실을 다시 연결한 후, 겉뜨기 9코, 편물을 돌린다.

✽✽부터 ✽✽까지 반복한다.

세 번째 귀

두 번째 귀와 똑같이 뜬다.

네 번째 귀

두 번째 귀와 똑같이 뜬다.

완성하기

뜨개실의 라벨에 적힌 주의사항에 따라 각 편물을 부드럽게 다림질한다.

메리야스 잇기로 몸의 각 부위를 꿰매어 붙인다. 이때 작은 창구멍을 남기고, 그 구멍으로 솜을 넣어 채운 후, 구멍을 막는다.

C(크림색)실로 작은 방울을 만들어서 몸통의 뒤에 붙인다.

자수 놓기

얼굴: 양쪽 눈의 윤곽은 검은색 자수실로 박음질을 한다. 우선 눈 모양은 타원으로, 가운데 홍채의 양쪽 선은 세로선으로 박음질을 한다. 홍채 부분은 초록색 실로, 흰자위 부분은 흰색 실로 새틴 스티치를 한다. 입은 분홍색 실로 ×자를 수놓는다. 124쪽을 참조한다.

줄무늬 머리는 도나 월드에서 몸집이 가장 작은 친구입니다. 사람들의 눈을 피해 숨었다가 생각지도 못했던 곳에서 짠하고 나타나는 것을 좋아해요. 잼을 바른 샌드위치를 좋아하고, 해물은 싫어한답니다.

줄무늬 머리

완성 크기 약 18cm

실 A: 모래색–파인웨이트 얀(로언 코튼 글라세 추천, 오크 833) 50g 1타래

B: 빨간색–A와 같은 실(파피 741) 50g 1타래

기타 돗바늘, 솜, 자수실(검은색, 갈색, 흰색, 빨간색 약간씩)

게이지 3mm 대바늘로 10×10cm에 28코 42단 메리야스뜨기

도구와 기법 110~126쪽 참조

도안 136쪽 참조

패턴

팔(4개)

엄지 방법(112쪽을 참조)을 이용하여 3mm 대바늘과 A(모래색)실로 5코를 만든다.

1단(겉감면): A실로 겉뜨기.

2단: A실로 안뜨기.
B(빨간색)실을 연결한다.

3단: B실로 겉뜨기.

4단: B실로 안뜨기.

A실과 B실을 10cm 정도 남기고 자른 후에 코를 장갑바늘로 옮긴다.

몸통 앞판과 뒤판(똑같음)

첫 번째 다리

엄지 방법을 이용하여 3mm 대바늘과 A실로 5코를 만든다.

1단(겉감면): A실로 겉뜨기.

2단: A실로 안뜨기.
B실을 연결한다.

3단: B실로 1코 남을 때까지 겉뜨기, 왼코 만들기, 겉뜨기 1코. (6코)

4단: B실로 안뜨기.

1~4단은 전체적으로 반복되는 줄무늬 패턴 메리야스뜨기이다. 사용하지 않는 실은 자르지 말고, 안감면에서 끌어올리면서, 다음과 같이 뜬다.

겉뜨기 단으로 시작해서 네(4) 단을 메리야스뜨기.

A실과 B실을 10cm 정도 남기고 자른 후에 코를 장갑바늘로 옮긴다.

두 번째 다리

엄지 방법을 이용하여 3mm 대바늘과 A실로 5코를 만든다.

1단(겉감면): A실로 겉뜨기.

2단: A실로 안뜨기.
B실을 연결한다.

3단: B실로 겉뜨기 1코, 오른코 만들기, 끝까지 겉뜨기. (6코)

4단: B실로 안뜨기.

겉뜨기 단으로 시작해서 네(4) 단을 줄무늬 패턴 메리야스뜨기.

실을 자르지 않는다.

다리 연결하기

줄무늬 패턴을 유지한다.

9단: A실로 바늘에 있는 6코를 겉뜨기, 감아코로 4코 만들기, 장갑바늘에 있는 6코를 겉감면이 보이게 놓고 겉뜨기. (16코)

10단: A실로 안뜨기 5코, 안뜨기로 2코 모아뜨기, 안뜨기 2코, 안뜨기로 2코 모아 꼬아뜨기, 안뜨기 5코. (14코)

11단: B실로 겉뜨기.

12단: B실로 안뜨기 1코, 안뜨기로 2코 모아뜨기, 3코

남을 때까지 안뜨기, 안뜨기로 2코 모아 꼬아뜨기, 안뜨기
1코. (12코)
겉뜨기 단으로 시작해서 세(3) 단을 줄무늬 패턴
메리야스뜨기.
16단: B실로 안뜨기 1코, 안뜨기로 2코 모아뜨기, 3코
남을 때까지 안뜨기, 안뜨기로 2코 모아 꼬아뜨기, 안뜨기
1코. (10코)
겉뜨기 단으로 시작해서 여덟(8) 단을 줄무늬 패턴을
유지하면서 메리야스뜨기.
A실과 B실을 10cm 정도 남기고 자른다.

팔 연결하기

25단: A실로 한쪽 팔의 5코를 겉감면이 보이게 놓고,
겉뜨기, 감아코로 3코 만들기, 몸통의 10코 겉뜨기,
감아코로 3코 만들기, 다른 한쪽 팔의 5코 겉뜨기. (26코)
26단: A실로 안뜨기 1코, [안뜨기로 2코 모아뜨기, 안뜨기
1코] 2회, 안뜨기로 2코 모아 꼬아뜨기, 안뜨기 8코,
안뜨기로 2코 모아뜨기, [안뜨기 1코, 안뜨기로 2코 모아
꼬아뜨기] 2회, 안뜨기 1코. (20코)
27단: B실로 겉뜨기.
28단: B실로 안뜨기 1코, 안뜨기로 2코 모아뜨기, 3코
남을 때까지 안뜨기, 안뜨기로 2코 모아 꼬아뜨기, 안뜨기
1코. (18코)
29단: A실로 겉뜨기.
30단: A실로 안뜨기 1코, 안뜨기로 2코 모아뜨기, 3코
남을 때까지 안뜨기, 안뜨기로 2코 모아 꼬아뜨기, 안뜨기
1코. (16코)
27~30단 1회 반복한다. (12코)
A실과 B실을 10cm 정도 남기고 자른 후에 코를
장갑바늘로 옮긴다.

머리

몸통 앞판과 뒤판의 겉감면이 겉으로 보이게 놓고, 코를
3mm 장갑바늘 3개에 다음과 같이 나눠놓는다.
세 번째 바늘로 뒤판의 왼쪽 6코와 이어지는 앞판의
2코를 걸러뜨기, 네 번째 바늘로 앞판의 8코를 걸러뜨기,
앞판의 남은 2코를 뒤판의 6코 남아있는 바늘로 걸러뜨기.
스티치마커를 뒤판 가운데에 놓는다(각 바늘에 8코씩).
뒤판 가운데에서 B실을 연결한다.
원형 1~2단: B실로 겉뜨기.
A실을 연결하여 계속해서 줄무늬 패턴을 뜬다.
실의 색을 바꿀 때 안감면에서 실을 꼬으면서 끌어올려
뜬다.
원형 3~4단: A실로 겉뜨기.
원형 5~6단: 1~2단을 1회 반복한다.
원형 7단: A실로 겉뜨기.
원형 8단: A실로 각 바늘에서 겉뜨기 1코, 오른코 만들기,
겉뜨기 6코, 왼코 만들기, 겉뜨기 1코. (각 바늘 10코)
줄무늬 패턴으로 세(3) 단 겉뜨기.
원형 12단: A실로 각 바늘에서 겉뜨기 1코, 오른코
만들기, 겉뜨기 8코, 왼코 만들기, 겉뜨기 1코. (각 바늘
12코)
줄무늬 패턴으로 세(3) 단 겉뜨기.
원형 16단: A실로 각 바늘에서 겉뜨기 1코, 오른코
만들기, 겉뜨기 10코, 왼코 만들기, 겉뜨기 1코. (각 바늘
14코)
줄무늬 패턴으로 세(3) 단 겉뜨기.
원형 20단: A실로 각 바늘에서 겉뜨기 1코, 오른코
만들기, 겉뜨기 12코, 왼코 만들기, 겉뜨기 1코. (각 바늘
16코)
줄무늬 패턴으로 세(3) 단 겉뜨기.
원형 24단: A실로 각 바늘에서 겉뜨기 1코, 오른코
만들기, 겉뜨기 14코, 왼코 만들기, 겉뜨기 1코. (각 바늘
18코)
줄무늬 패턴으로 열아홉(19) 단 겉뜨기.
원형 44단: A실로 각 바늘에서 겉뜨기 1코, 오른코 줄이기,
겉뜨기 3코, 겉뜨기로 2코 모아뜨기, 겉뜨기 2코, 오른코
줄이기, 겉뜨기 3코, 겉뜨기로 2코 모아뜨기, 겉뜨기 1코.
(각 바늘 14코)
A실을 자르고 B실로 계속 뜬다.
원형 45단: 각 바늘에서 겉뜨기 1코, 오른코 줄이기,
겉뜨기 1코, 겉뜨기로 2코 모아뜨기, 겉뜨기 2코, 오른코
줄이기, 겉뜨기 1코, 겉뜨기로 2코 모아뜨기, 겉뜨기 1코.
(각 바늘 10코)

원형 46단: 각 바늘에서 겉뜨기 1코, [오른코 줄이기,
겉뜨기로 2코 모아뜨기] 2회, 겉뜨기 1코. (각 바늘 6코)
원형 47단: 가 바늘에서 겉뜨기 1코, 오른코 줄이기,
겉뜨기로 2코 모아뜨기, 겉뜨기 1코. (각 바늘 4코)
원형 48단: 각 바늘에서 겉뜨기 1코, 겉뜨기로 2코
모아뜨기, 겉뜨기 1코. (각 바늘 3코)
B실을 10cm 정도 남기고 자른 후에 실을 돗바늘에 꿴다.
떠야 할 순서대로 돗바늘을 바늘에 있는 모든 코로
통과시킨다. 바늘 끝으로 첫 코부터 마지막 코까지
통과시킨 후 실을 팽팽하게 당겨서 모든 코를 꼭 아물린다.
실 끝을 단단하게 잡아당긴다.

완성하기

뜨개실의 라벨에 적힌 주의사항에 따라 각 편물을
부드럽게 다림질한다.
메리야스 잇기 방법으로 몸의 각 부위를 꿰매어 붙인다.
남은 실 끝을 솔기 안으로 넣어 안 보이게 정리한다. 이때
작은 창구멍은 남겨서 그 사이로 솜을 넣은 후 창구멍을
막는다.

자수 놓기

얼굴: 양쪽 눈의 윤곽은 검은색 자수실로 박음질을 한다.
우선 눈 모양은 타원으로, 가운데 홍채의 양쪽 선은
세로선으로 박음질을 한다. 홍채 부분은 갈색 실로, 흰자위
부분은 흰색 실로 새틴 스티치를 한다. 눈썹은 검은색 실로
눈 위에 짧고 비스듬하게 박음질을 한다. 입은 검은색 실로
작은 타원형을 박음질하고, 그 안에는 빨간색으로 새틴
스티치를 한다. 124쪽을 참조한다.

용감한 베릴

베릴은 개의 생김새와 흡사하지만 고양이의 모습도 보이므로 조상 중에 고양이가 있었나 봅니다. 이 때문에 항상 학교에서 놀림을 받았는데, 지금은 오히려 자신의 외모에 만족스러워합니다. 초콜릿 칩 아이스크림과 산책을 좋아하죠. 가끔 우울할 때면 친구에게 짜증 섞인 말로 쏘아붙이고는 미안하다고 사과합니다.

완성 크기 약 12cm

실 A: 크림색-라이트웨이트 얀(로언 울 코튼 추천, 앤티크 900) 50g 1타래

B: 밝은 갈색-A와 같은 실(드림 929) 50g 1타래

바늘 3mm 대바늘 2개

기타 안전핀 2개 또는 큰 안전핀 1개, 돗바늘, 솜, 자수실(검은색, 초록색, 흰색 약간씩), 분홍색 펠트지(1×20cm), 작은 방울

게이지 3mm 대바늘로 10×10cm에 23코 32단 메리야스뜨기

도구와 기법 110~126쪽 참조

도안 137쪽 참조

패턴

앞판

뒷다리
엄지 방법(112쪽 참조)을 이용하여 A(크림색)실로 3코를 만든다.

1단(겉감면): 겉뜨기.
2단: 안뜨기 1코, 왼코 만들기, 안뜨기 1코, 오른코 만들기, 안뜨기 1코. (5코)
3단: 겉뜨기.
4단: 안뜨기.
3~4단을 1회 반복한다.
7단: 겉뜨기.
8단: 안뜨기 4코, 오른코 만들기, 안뜨기 1코. (6코)
실을 자르고 코를 안전핀에 걸어둔다.

두 번째 다리
엄지 방법을 이용하여 A실로 3코를 만든다.

1단: 겉뜨기.
2단: 안뜨기 1코, 왼코 만들기, 안뜨기 1코, 오른코 만들기, 안뜨기 1코. (5코)
겉뜨기 단으로 시작해서 다섯(5) 단을 메리야스뜨기.
8단: 안뜨기 1코, 왼코 만들기, 안뜨기 3코, 오른코 만들기, 안뜨기 1코. (7코)
실을 자르고 코를 안전핀에 걸어둔다.

세 번째 다리와 네 번째 다리
두 번째 다리와 같은 방법으로 뜬다.

다리 연결하기
9단: 17코 만들기, 네 번째 다리의 7코를 겉뜨기, 감아코로 3코 만들기, 겉감면이 보이게 놓고, 세 번째 다리의 7코를 겉뜨기, 감아코로 18코 만들기, 두 번째 다리의 7코를 겉뜨기, 감아코로 3코 만들기, 뒷다리의 6코를 겉뜨기. (68코)

몸통
10단: 안뜨기 5코, 안뜨기로 2코 모아뜨기, 안뜨기 1코, 안뜨기로 2코 모아 꼬아뜨기, 안뜨기 5코, 안뜨기로 2코 모아뜨기, 안뜨기 16코, 안뜨기로 2코 모아 꼬아뜨기, 안뜨기 5코, 안뜨기로 2코 모아뜨기, 안뜨기 1코, 안뜨기로 2코 모아 꼬아뜨기, 안뜨기 5코, 안뜨기로 2코 모아뜨기, 안뜨기 16코. (61코)
B(밝은 갈색)실을 연결한다.
겉뜨기 단(겉감면)으로 시작해서 색깔 블록마다 길이에 맞게 자른 별도의 실로 뜬다. 이때 안감면에서 두 색깔을 함께 꼬아서 구멍이 생기지 않도록 하여 도안의 패턴대로, 다음과 같이 뜬다.
11단: 겉뜨기 1코, 오른코 만들기, 끝까지 겉뜨기. (62코)
12단: 1코 남을 때까지 안뜨기, 오른코 만들기, 안뜨기

1코. (63코)
13~18단: 11~12단을 3회 반복한다. (69코)
19단: 겉뜨기 1코, 오른코 만들기, 끝까지 겉뜨기. (70코)
20단: 안뜨기.
21~26단: 19~20단을 3회 반복한다. (73코)
27단: 겉뜨기.
28단: 안뜨기.
29단: 겉뜨기 1코, 오른코 만들기, 끝까지 겉뜨기. (74코)

머리
30단: 안뜨기 7코, 마지막 7코를 안전핀에 걸어놓기, 35코를 코막음하고, 끝까지 안뜨기.
남은 32코로만 머리를 뜬다.
31단: 3코 남을 때까지 겉뜨기, 겉뜨기로 2코 모아뜨기, 겉뜨기 1코. (31코)
32단: 안뜨기 1코, 안뜨기로 2코 모아뜨기, 끝까지 안뜨기. (30코)
33단: 겉뜨기 1코, 오른코 만들기, 3코 남을 때까지 겉뜨기, 겉뜨기로 2코 모아뜨기, 겉뜨기 1코. (30코)
34단: 안뜨기 1코, 안뜨기로 2코 모아뜨기, 끝까지 안뜨기. (29코)
35단: 겉뜨기.
36~39단: 34~35단을 2회 반복한다. (27코)
40단: 안뜨기.
41단: 겉뜨기.
42단: 안뜨기.

첫 번째 귀
43단: 겉뜨기 6코, 겉뜨기한 6코를 안전핀에 걸어놓기, 15코를 코막음하고, 겉뜨기 5코.
B실을 자르고 A실로 계속 뜬다.
6코로만 첫 번째 귀를 뜬다.
44단: 안뜨기 3코, 안뜨기로 2코 모아 꼬아뜨기, 안뜨기 1코. (5코)
45단: 겉뜨기 1코, 오른코 줄이기, 겉뜨기 2코. (4코)
46단: 안뜨기 1코, 안뜨기로 2코 모아 꼬아뜨기, 안뜨기 1코. (3코)
코막음한다.

두 번째 귀
두 번째 안전핀에 걸어놓은 코를 바늘로 옮기고, 안감면이 보이게 놓고 A실을 다시 연결한다.
44단: 안뜨기 1코, 안뜨기로 2코 모아뜨기, 안뜨기 3코. (5코)
45단: 겉뜨기 2코, 겉뜨기로 2코 모아뜨기, 겉뜨기 1코. (4코)
46단: 안뜨기 1코, 안뜨기로 2코 모아뜨기, 안뜨기 1코. (3코)

코막음한다.

꼬리

첫 번째 안전핀에 걸어놓은 코를 바늘로 옮기고, 겉감면이 보이게 놓고 A실을 다시 연결한다.

31단: 겉뜨기 1코, 오른코 줄이기, 겉뜨기 4코. (6코)

32단: 안뜨기 3코, 안뜨기로 2코 모아 꼬아뜨기, 안뜨기 1코. (5코)

A실을 자르고 B실을 연결한다.

33단: 겉뜨기.

34단: 안뜨기 2코, 안뜨기로 2코 모아 꼬아뜨기, 안뜨기 1코. (4코)

35~39단: 겉뜨기 단으로 시작해서 다섯(5) 단을 메리야스뜨기.

40단: 안뜨기로 2코 모아뜨기, 안뜨기로 2코 모아 꼬아뜨기. (2코)

코막음한다.

뒤판

앞판과 같은 방식으로 뜬다. 단, 대칭으로 떠야 하므로 설명에서 겉뜨기는 안뜨기로, 안뜨기는 겉뜨기로 해서 편물의 겉면을 거꾸로 만든다. 118쪽의 '대칭뜨기'에 이에 관한 팁이 소개되어 있다.

완성하기

뜨개실의 라벨에 적힌 주의사항에 따라 각 편물을 부드럽게 다림질한다.

메리야스 잇기 방법으로 몸의 각 부위를 꿰매어 붙인다. 곡선과 같이 필요한 부분은 감침질로 연결한다. 남은 실 끝을 솔기 안으로 넣어 안 보이게 정리한다. 이때 작은 창구멍은 남겨서 그 사이로 솜을 넣은 후 창구멍을 막는다.

자수 놓기

얼굴: 양쪽 눈의 윤곽은 검은색 자수실로 박음질을 한다. 우선 눈 모양은 타원으로, 가운데 홍채의 양쪽 선은 세로선으로 박음질을 한다. 홍채 부분은 초록색 실로, 흰자위 부분은 흰색 실로 새틴 스티치를 한다. 코는 검은색 실로 역삼각형을 새틴 스티치하고, 꼭짓점에서 아래로 내려오는 수직선을 박음질한다. 동그랗게 벌린 입과 입안의 이빨 윤곽선은 검은색 실로 박음질한다. 124쪽을 참조한다.

베릴의 목에 맞게 펠트지를 잘라 방울을 달고, 베릴의 목에 둘러주고 양 끝을 연결한 후 버클 모양으로 수놓는다.

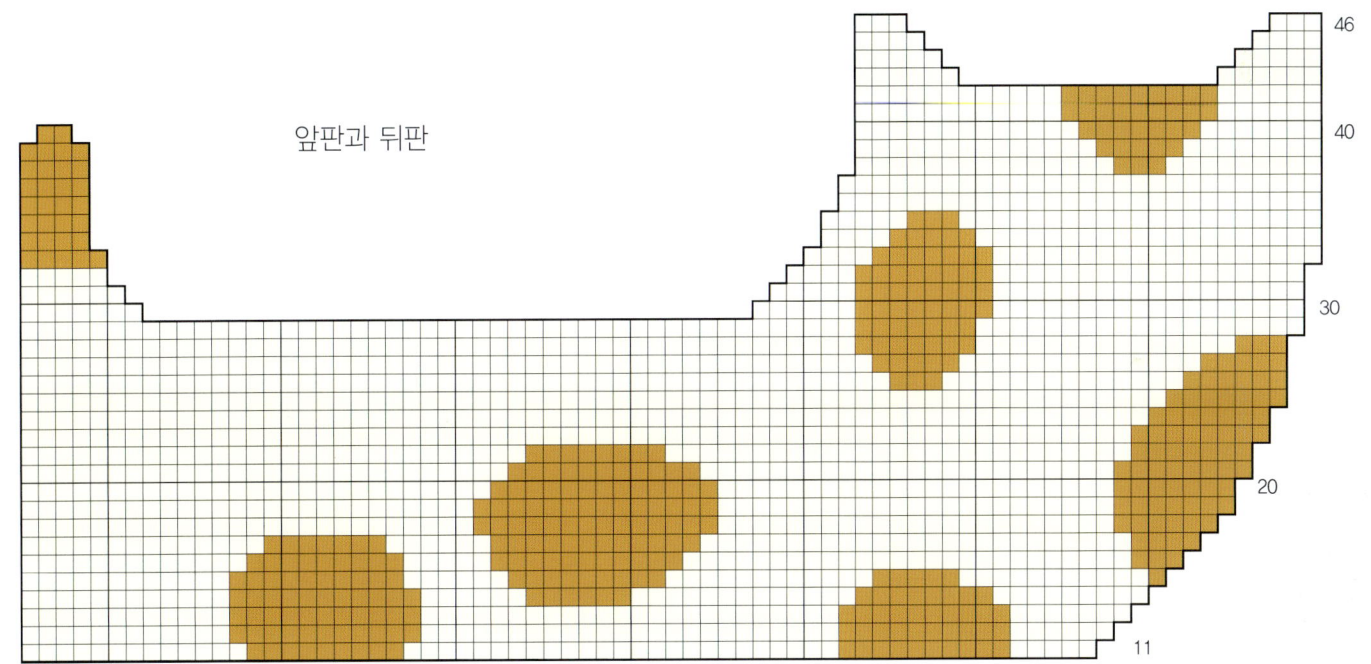

앞판과 뒤판

□ A실

■ B실

티그는 베릴과 진지 사이에서 태어난 하나밖에 없는 아기로, 부모의 자랑이자
기쁨이지요. 티그라는 이름은 아주 유명한 애니메이션 캐릭터이자 티그의
증조부인 티거(곰돌이 푸의 친구-옮긴이)의 이름을 딴 것이랍니다. 작고 귀여운
티그는 분홍색을 띤 물건이라면 무엇이든지 좋아한답니다.

리틀 티그

패턴

주의: A(분홍색)실과 그보다 얇은 B(진분홍색)실을
함께 사용해서 도안처럼 반점이 있는 몸통을 뜬다.

앞판

앞다리

✽엄지 방법(112쪽 참조)을 이용하여 A(분홍색)실로 5코를
만든다.

1단(안감면): 안뜨기.
2단: 겉뜨기 1코, 오른코 만들기, 겉뜨기 3코, 왼코 만들기,
겉뜨기 1코. (7코)
안뜨기 단으로 시작해서 세(3) 단을 메리야스뜨기.
6단: 겉뜨기 1코, 오른코 만들기, 겉뜨기 5코, 왼코 만들기,
겉뜨기 1코. (9코)
안뜨기 단으로 시작해서 세(3) 단을 메리야스뜨기.
10단: 겉뜨기 8코, 왼코 만들기, 겉뜨기 1코. (10코)
11단: 안뜨기.✽
실을 자르고 코를 안전핀에 걸어둔다.

뒷다리

A실과 B(진분홍색)실을 함께 꼬아 앞다리의 ✽부터
✽까지를 그대로 한다.
코를 바늘에 그대로 끼워둔 채 실을 자르지 않는다.

다리 연결하기

12단: A실과 B실을 두 겹으로 꼬아 바늘에 있는 10코를
겉뜨기, A실로만 감아코로 4코 만들기, 안전핀에 걸린
10코를 겉감면이 보이게 놓고 겉뜨기, 감아코로 22코를
만든다. (46코)

몸통

13단: 안뜨기 21코, 안뜨기로 2코 모아 꼬아뜨기, 안뜨기
8코, 안뜨기로 2코 모아뜨기, A실과 B실을 함께 꼬아
안뜨기 2코, 안뜨기로 2코 모아 꼬아뜨기, 안뜨기 9코.

(43코)
겉뜨기 단(겉감면)으로 시작해서 A색과 B색을 함께
사용하라고 표시된 블록에는 별도로 B실을 함께 사용하여
뜬다. 이때 도안의 패턴대로, 다음과 같이 뜬다.
14단: 1코 남을 때까지 겉뜨기, 왼코 만들기, 겉뜨기 1코.
(44코)
15단: 안뜨기 1코, 왼코 만들기, 끝까지 안뜨기. (45코)
16~19단: 14~15단을 2회 반복한다. (49코)
20단: 겉뜨기.
21단: 안뜨기 1코, 왼코 만들기, 끝까지 안뜨기. (50코)
22~25단: 20~21단을 2회 반복한다. (52코)
26~28단: 겉뜨기 단으로 시작해서 세(3) 단을
메리야스뜨기.
29단: 안뜨기 1코, 왼코 만들기, 끝까지 안뜨기. (53코)
30~32단: 겉뜨기 단으로 시작해서 세(3) 단을
메리야스뜨기.
33단: 안뜨기 1코, 왼코 만들기, 끝까지 안뜨기. (54코)
34~53단: 겉뜨기 단으로 시작해서 스무(20) 단을
메리야스뜨기.
54단: 겉뜨기 1코, 오른코 줄이기, 끝까지 겉뜨기. (53코)
55단: 안뜨기.
56~57단: 54~55단을 1회 반복한다. (52코)
58단: 겉뜨기 1코, 오른코 줄이기, 끝까지 겉뜨기. (51코)
59단: 3코 남을 때까지 안뜨기, 안뜨기로 2코 모아
꼬아뜨기, 안뜨기 1코. (50코)
60단: 겉뜨기 1코, 오른코 줄이기, 겉뜨기한 코로 줄인
코를 덮어씌우기, 끝까지 겉뜨기. (48코)
61단: 안뜨기.

첫 번째 귀

62단: 11코를 코막음하고, 겉뜨기 10코, 마지막 11코를
안전핀에 걸어놓기, 15코를 코막음하고, 겉뜨기 10코.
B실은 자르고, A실은 계속 뜬다.

완성 크기 약 19cm

실 A: 분홍색-라이트웨이트 얀(로언 퓨어 울
병태사 추천, 티 로즈 025) 50g 2타래

C: 진분홍색-A와 같은 실(히아신스 026)
50g 1타래

B: 진분홍색-슈퍼파인웨이트 얀(로언 키드실
크 헤이즈 추천, 캔디 걸 606) 25g 1타래

바늘 3.75mm 대바늘 2개

기타 안전핀 1개, 돗바늘, 솜, 자수실(검은색,
연녹색, 흰색 약간씩)

게이지 A(분홍색)실과 3.75mm 대바늘로 10×
10cm에 24코 36단 메리야스뜨기

도구와 기법 110~126쪽 참조

도안 138쪽 참조

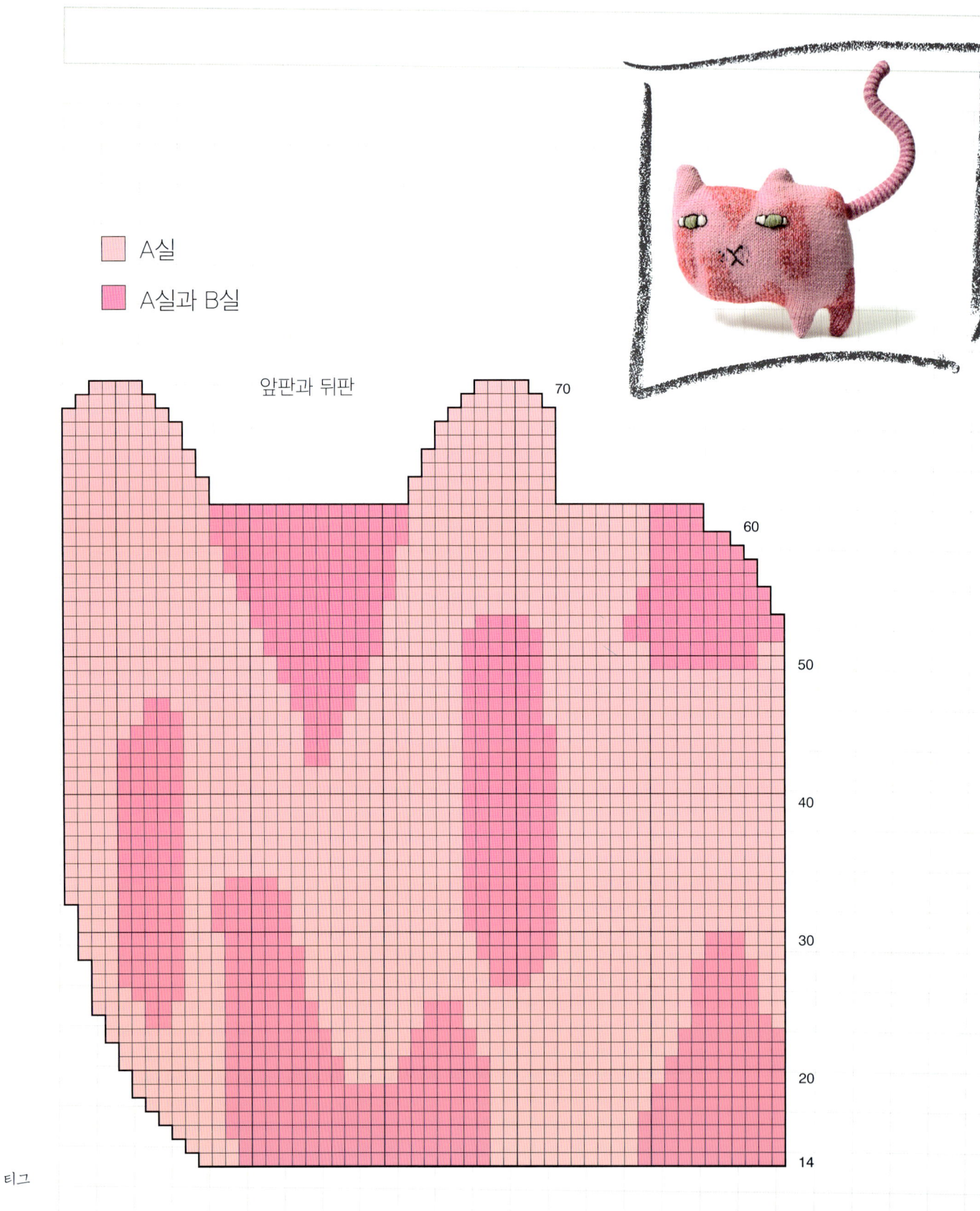

A실

A실과 B실

앞판과 뒤판

70

60

50

40

30

20

14

11코로만 첫 번째 귀를 뜬다.
63단: 안뜨기.
64단: 겉뜨기 1코, 오른코 줄이기, 겉뜨기 8코. (10코)
65단: 안뜨기.
66단: 겉뜨기 1코, 오른코 줄이기, 겉뜨기 7코. (9코)
67단: 안뜨기.
68단: 겉뜨기 1코, 오른코 줄이기, 겉뜨기 6코. (8코)
69단: 안뜨기 1코, 안뜨기로 2코 모아뜨기, 안뜨기 2코, 안뜨기로 2코 모아 꼬아뜨기, 안뜨기 1코. (6코)
70단: 겉뜨기 1코, 오른코 줄이기, 겉뜨기로 2코 모아뜨기, 겉뜨기 1코. (4코)
코막음한다.

두 번째 귀

안전핀에 걸어놓은 11코를 바늘로 옮긴다. 안감면이 보이게 놓고 A실을 다시 연결한다.
63단: 안뜨기.
64단: 3코 남을 때까지 겉뜨기, 겉뜨기로 2코 모아뜨기, 겉뜨기 1코. (10코)
65단: 안뜨기.
66단: 3코 남을 때까지 겉뜨기, 겉뜨기로 2코 모아뜨기, 겉뜨기 1코. (9코)
67단: 안뜨기.
68단: 3코 남을 때까지 겉뜨기, 겉뜨기로 2코 모아뜨기, 겉뜨기 1코. (8코)
69단: 안뜨기 1코, 안뜨기로 2코 모아뜨기, 안뜨기 2코, 안뜨기로 2코 모아 꼬아뜨기, 안뜨기 1코. (6코)
70단: 겉뜨기 1코, 오른코 줄이기, 겉뜨기로 2코 모아뜨기, 겉뜨기 1코. (4코)
코막음한다.

뒤판

앞판과 같은 방식으로 뜬다. 단, 대칭으로 떠야 하므로, 설명에서 겉뜨기는 안뜨기로, 안뜨기는 겉뜨기로 해서 편물의 겉감면을 거꾸로 만든다. 118쪽의 '대칭뜨기'에 이에 관한 팁이 소개되어 있다.

꼬리

엄지 방법을 이용하여 C실과 A실로 1코씩 배색하며 뜬다. 67코를 만든다.
1단: 겉뜨기 2코(C실), 3코 남을 때까지 [겉뜨기 1코(A실), 겉뜨기 1코(C실)] 반복, 겉뜨기 1코(A실), 겉뜨기 2코(C실)
2단: 안뜨기 2코(C실), 3코 남을 때까지 [안뜨기 1코(A실), 안뜨기 1코(C실)] 반복, 안뜨기 1코(A실), 안뜨기 2코(C실)
1~2단을 7회 반복한다.
C실로 코막음한다.

완성하기

뜨개실의 라벨에 적힌 주의사항에 따라 각 편물을 부드럽게 다림질한다.
메리야스 잇기 방법으로 몸의 각 부위를 꿰매어 붙인다. 남은 실 끝을 솔기 안으로 넣어 안 보이게 정리한다. 이때 작은 창구멍은 남겨서 그 사이로 솜을 넣은 후 창구멍을 막는다. 곡선처럼 필요한 부분은 감칠질한다.
꼬리의 시작단과 끝단을 마주 대고, C실로 메리야스 잇기를 하면서 양쪽에서 각각 두 단씩을 꿰매어 넣으며 꼬리 속을 채운다. 작품을 아이에게 줄 것이 아니라면, 꼬리의 모양을 잡을 수 있게 꼬리 속에 긴 철사를 집어 넣어도 좋다. 솔기가 아래를 향하도록 위치를 잘 잡아 몸통에 꼬리를 연결한다.

자수 놓기

얼굴: 양쪽 눈의 윤곽은 검은색 자수실로 박음질을 한다. 우선 눈 모양은 타원으로, 가운데 홍채의 양쪽 선은 세로선으로 박음질을 한다. 홍채 부분은 연녹색 실로, 흰자위 부분은 흰색 실로 새틴 스티치를 한다. 코와 입은 검은색 실로 역삼각형과 삼각형의 꼭짓점이 수직선으로 연결된 모양으로 박음질한다. 수염은 검은색 실로 양 볼에 작게 스트레이트 스티치를 한다. 124쪽을 참조한다.

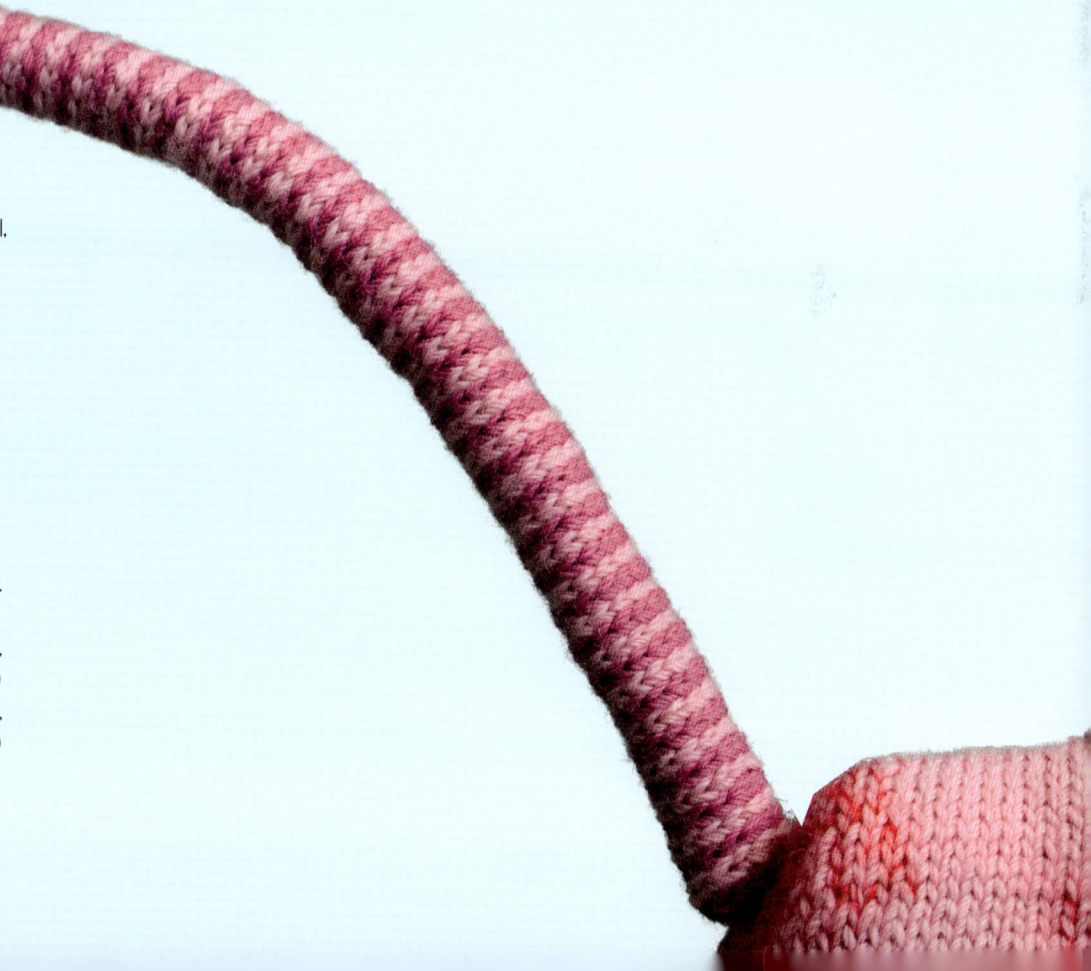

부엉이 올리브는 몸집은 작아도 목소리는 아주 크답니다. 15km 이상 떨어진 곳에서도 부엉부엉 울음소리가 들릴 정도죠. 올리브는 자신의 집에 애정이 많고 집안일과 정원 가꾸는 일을 즐깁니다. 올리브가 직접 만든 애플파이는 아주 맛있습니다.

부엉이 올리브

패턴

앞판

엄지 방법(112쪽 참조)을 이용하여 A(분홍색)실로 19코를 만든다.
B(주황색)실을 연결한다.
겉뜨기 단(겉감면)으로 시작해서 사용하지 않는 실은 자르지 말고 안감면에서 끌어올리면서, 도안의 색깔 패턴대로 배색하며, 다음과 같이 뜬다.
1단(겉감면): 겉뜨기.
2단: 안뜨기.
3~16단: 겉뜨기 단으로 시작해서 열네(14) 단을 메리야스뜨기.
17단: 겉뜨기 1코, 오른코 줄이기, 겉뜨기 13코, 겉뜨기로 2코 모아뜨기, 겉뜨기 1코. (17코)
18~30단: 안뜨기 단으로 시작해서 열세(13) 단을 메리야스뜨기.
B실을 자르고 A실로 계속 뜬다.

첫 번째 귀

31단: 겉뜨기 4코, 겉뜨기한 4코를 안전핀에 걸어놓고, 9코를 코막음한다. 겉뜨기 3코.
4코로만 첫 번째 귀를 뜬다.
32단: 안뜨기 1코, 안뜨기로 2코 모아 꼬아뜨기, 안뜨기 1코. (3코)
33단: 겉뜨기.
34단: 안뜨기 1코, 안뜨기로 2코 모아 꼬아뜨기. (2코)
35단: 겉뜨기.
36단: 안뜨기로 2코 모아 꼬아뜨기. (1코)
실을 정리한다.

두 번째 귀

안전핀에 걸어둔 4코를 바늘로 옮기고 안감면이 보이게 놓고 A실을 다시 연결한다.
32단: 안뜨기 1코, 안뜨기로 2코 모아뜨기, 안뜨기 1코. (3코)
33단: 겉뜨기.

34단: 안뜨기로 2코 모아뜨기, 안뜨기 1코. (2코)
35단: 겉뜨기.
36단: 안뜨기로 2코 모아뜨기. (1코)
실을 정리한다.

뒤판

A실로만 앞판과 똑같이 뜬다.

밑받침

엄지 방법을 이용하여 A실로 11코를 만든다.
1단: 겉뜨기.
2단: 안뜨기 1코, 왼코 만들기, 안뜨기 9코, 오른코 만들기, 안뜨기 1코. (13코)
3단: 겉뜨기 1코, 오른코 만들기, 겉뜨기 11코, 왼코 만들기, 겉뜨기 1코. (15코)
4단: 안뜨기 1코, 왼코 만들기, 안뜨기 13코, 오른코 만들기, 안뜨기 1코. (17코)
겉뜨기 단으로 시작해서 두(2) 단을 메리야스뜨기.
7단: 겉뜨기 1코, 오른코 줄이기, 겉뜨기 11코, 겉뜨기로 2코 모아뜨기, 겉뜨기 1코. (15코)
8단: 안뜨기 1코, 안뜨기로 2코 모아뜨기, 안뜨기 9코, 안뜨기로 2코 모아 꼬아뜨기, 안뜨기 1코. (13코)
9단: 겉뜨기 1코, 오른코 줄이기, 겉뜨기 7코, 겉뜨기로 2코 모아뜨기, 겉뜨기 1코. (11코)
코막음한다.

날개 윗면(2개)

엄지 방법을 이용하여 A실로 5코를 만든다.
1단: 겉뜨기.
2단: 안뜨기 1코, 왼코 만들기, 안뜨기 3코, 오른코 만들기, 안뜨기 1코. (7코)
3단: 겉뜨기 1코, 오른코 만들기, 겉뜨기 5코, 왼코 만들기, 겉뜨기 1코. (9코)
4단: 안뜨기 8코, 오른코 만들기, 안뜨기 1코. (10코)
5단: 겉뜨기 1코, 오른코 만들기, 겉뜨기 9코. (11코)

완성 크기 약 14cm

실 A: 분홍색—라이트웨이트 얀(로언 퓨어 울 병태사 추천, 슈거 핑크 038) 50g 1타래

B: 주황색—A와 같은 실(퀴리 035) 50g 1타래

바늘 4mm 대바늘 2개

기타 안전핀 1개, 돗바늘, 솜, 자수실(검은 색, 회색 약간씩)

게이지 4mm 대바늘로 10×10cm에 22코 30단 메리야스뜨기

도구와 기법 110~126쪽 참조

도안 139쪽 참조

6단: 안뜨기 10코, 오른코 만들기, 안뜨기 1코. (12코)
7단: 겉뜨기 1코, 오른코 만들기, 겉뜨기 11코. (13코)
8단: 안뜨기 10코, 안뜨기로 2코 모아 꼬아뜨기, 안뜨기 1코. (12코)
9단: 3코를 코막음, 겉뜨기 5코, 겉뜨기로 2코 모아뜨기, 겉뜨기 1코. (8코)
코막음한다.

날개 아랫면(2개)

엄지 방법을 이용하여 A실로 5코를 만든다.
1단: 안뜨기.
2단: 겉뜨기 1코, 오른코 만들기, 겉뜨기 3코, 왼코 만들기, 겉뜨기 1코. (7코)
3단: 안뜨기 1코, 왼코 만들기, 안뜨기 5코, 오른코 만들기, 안뜨기 1코. (9코)
4단: 겉뜨기 8코, 왼코 만들기, 겉뜨기 1코. (10코)
5단: 안뜨기 1코, 왼코 만들기, 안뜨기 9코. (11코)
6단: 겉뜨기 10코, 왼코 만들기, 겉뜨기 1코. (12코)
7단: 안뜨기 1코, 왼코 만들기, 안뜨기 11코. (13코)
8단: 겉뜨기 10코, 겉뜨기로 2코 모아뜨기, 겉뜨기 1코. (12코)
9단: 3코를 코막음, 안뜨기 5코, 안뜨기로 2코 모아 꼬아뜨기, 안뜨기 1코. (8코)
코막음한다.

완성하기

뜨개실의 라벨에 적힌 주의사항에 따라 각 편물을 부드럽게 다림질한다.
메리야스 잇기 방법으로 몸의 각 부위를 꿰매어 붙이는데, 시작단은 그대로 둔다. 밑받침을 시작단에 꿰매어 붙이고 남은 실 끝을 솔기 안으로 넣어 안 보이게 정리한다. 이때 작은 창구멍은 남겨서 그 사이로 솜을 넣은 후 창구멍을 막는다.
각 날개의 한쪽을 바깥 가장자리끼리 꿰매어 붙이는데, 남은 실 끝은 솔기로 넣어 안 보이게 정리한다. 이때 작은 창구멍은 남겨서 그 사이로 솜을 넣은 후 창구멍을 막는다. 날개의 끝단 가장자리가 앞으로 향하도록 몸통 양쪽에 위치를 맞춘다. 즉, 왼쪽 날개의 경우 다른 쪽 날개가 위로 향하고, 오른쪽 날개의 경우 한쪽 날개가 위로 향한다.

자수 놓기

얼굴: 양쪽 눈은 검은색 자수실로 동그랗게 원을 새틴 스티치하고 원에서 퍼져 나가는 선을 스트레이트 스티치한다. 부리는 회색으로 삼각형 모양으로 새틴 스티치한다.
발: 각 발은 밑받침 위의 몸통 앞판 아랫부분에 회색으로 스트레이트 스티치를 한다.

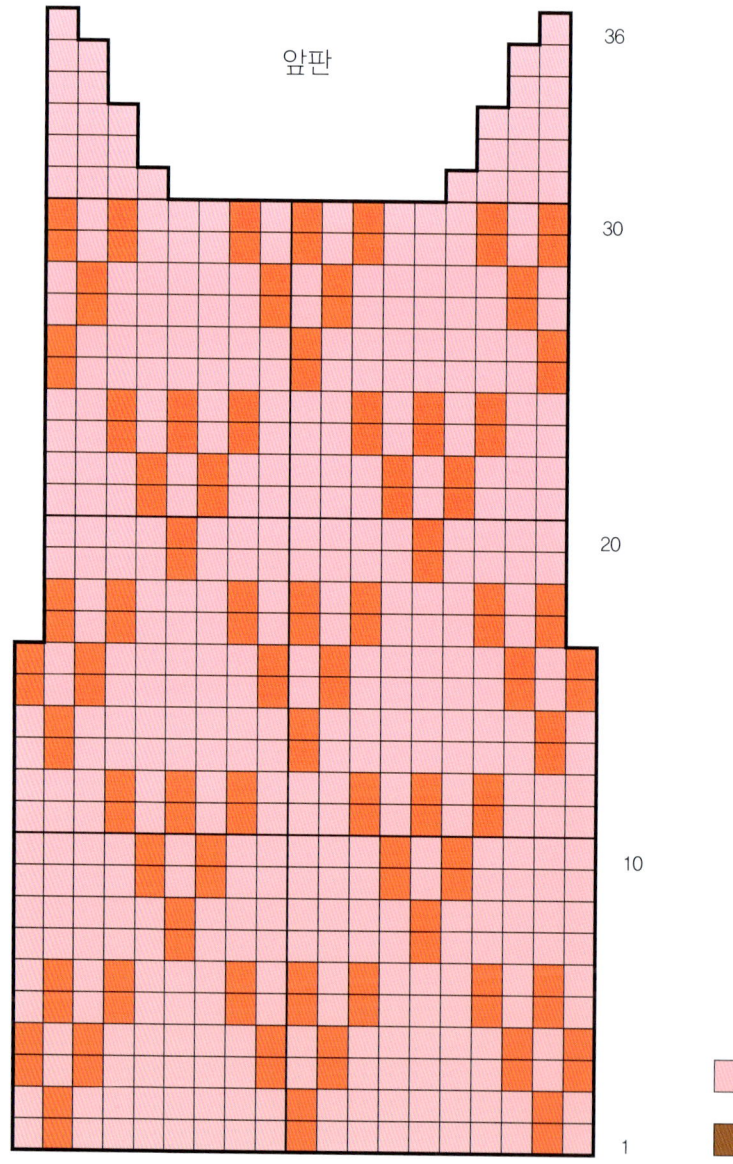

앞판

36

30

20

10

1

■ A실

■ B실

쌍둥이 테리와 티나는 서로 좋은 친구 사이입니다. 당연히 그럴 수밖에 없을 것
같아요. 테리가 조용하면서 태평한 성격이라면, 티나는 작지만 기운이 넘치고
마음대로 행동하는 성격이에요. 또한, 테리는 독서와 글쓰기를 좋아하지만, 티나는
로봇놀이를 좋아한답니다.

쌍둥이 테리와 티나

패 턴

몸통 앞판

첫 번째 다리

엄지 방법(112쪽 참조)을 이용하여 3.5mm 대바늘과
A(하늘색)실로 5코를 만든다.

✳1단(안감면): 안뜨기.

2단: 겉뜨기 1코, 오른코 만들기, 겉뜨기 3코, 왼코 만들기,
겉뜨기 1코. (7코)

3단: 안뜨기.

4단: 겉뜨기 1코, 오른코 만들기, 겉뜨기 5코, 왼코 만들기,
겉뜨기 1코. (9코)

5단: 안뜨기.

6단: 겉뜨기.

7단: 안뜨기.✳

8단: 겉뜨기 1코, 오른코 만들기, 끝까지 겉뜨기. (10코)

9단: 안뜨기.

8~9단을 2회 반복한다. (12코)

실을 자르고 코를 안전핀에 걸어둔다.

두 번째 다리

첫 번째 다리의 ✳부터 ✳까지를 그대로 한다.

8단: 1코 남을 때까지 겉뜨기, 왼코 만들기, 겉뜨기 1코.
(10코)

9단: 안뜨기.

8~9단을 2회 반복한다. (12코)

실을 자르고 코를 바늘에 그대로 둔다.

다리 연결하기

B(자주색)실을 연결한다.

14단(겉감면): 바늘에 있는 12코를 겉뜨기, 감아코로 22코
만들기, 안전핀에 걸어놓은 12코를 겉감면이 보이게 놓고
겉뜨기. (46코)

몸통

15단: 안뜨기 11코, 안뜨기로 2코 모아뜨기, 안뜨기 20코,
안뜨기로 2코 모아 꼬아뜨기, 안뜨기 11코. (44코)

겉뜨기 단으로 시작해서 네(4) 단을 메리야스뜨기.
C(분홍색)실을 연결한다.

20~25단: B실은 자르지 말고, C실로 메리야스뜨기. (여섯
단)

26~31단: C실은 자르지 말고, B실로 메리야스뜨기. (여섯
단)

20~31단을 3회 반복한 후, 20~25단을 1회 반복한다.
C실을 자르고 B실로 계속 뜬다.

겉뜨기 단으로 시작해서 두(2) 단을 메리야스뜨기.

76단: 겉뜨기 1코, 오른코 줄이기, 3코 남을 때까지
겉뜨기, 겉뜨기로 2코 모아뜨기, 겉뜨기 1코. (42코)

77단: 안뜨기.

78단: 76단처럼 뜬다. (40코)✳✳

79단: 안뜨기 24코, 4코를 코막음하고, 안뜨기 11코. (한쪽
바늘에 24코, 다른 한쪽 바늘에 12코)

B실을 10cm 정도 남기고 자른다. 코를 장갑바늘로 옮긴다.

몸통 뒤판

몸통 앞판의 ✳✳까지를 그대로 한다.

79단: 안뜨기 12코, 4코를 코막음하고, 안뜨기 23코. (한쪽
바늘에 12코, 다른 한쪽 바늘에 24코)

B실을 10cm 정도 남기고 자른다. 코를 장갑바늘로 옮긴다.

팔

팔 앞쪽

✳✳✳3mm 대바늘과 C(분홍색)실로 몸통 앞판에서 C실로
뜬 마지막 줄무늬의 가장자리를 따라 겉감면이 보이게
놓고, 6코를 줍고, 1코를 만든다.

안뜨기 단으로 시작해서 일곱(7) 단을 메리야스뜨기.

8단: 겉뜨기 1코, 오른코 줄이기, 3코 남을 때까지 겉뜨기,
겉뜨기로 2코 모아뜨기, 겉뜨기 1코. (5코)

9단: 안뜨기.

10단: 겉뜨기 1코, 오른코 줄이기, 겉뜨기로 2코 모아뜨기.
(3코)

11단: 안뜨기.

코막음한다.✳✳✳

같은 줄무늬의 반대쪽 가장자리에서 ✳✳✳부터
✳✳✳까지를 반복한다.

팔 뒤쪽

몸통 뒤판에서 팔 앞쪽과 같이 한다.

작은 머리

몸통 앞판과 뒤판의 12코가 있는 바늘 2개는 그대로 두고,
나머지 코는 여분의 면사에 걸어놓는다.

몸통 뒤판의 12코를 장갑바늘 2개에 나눠놓는다. (바늘
1개에 6코씩)

몸통 앞판의 12코 중에서 각각 끝에서 2코씩을 옆에 있는
몸통 뒤판의 장갑바늘로 옮긴다. (바늘 3개에 각 8코씩)

몸통 뒤판이 보이게 놓고, 왼쪽 손에 쥔 바늘에서 A실을
연결하고, 여기에다 스티치마커를 놓는다(뒤판 중앙에
스티치마커로 시작 표시를 하고 실을 연결하여 뜬다).

원형 1단: 겉뜨기.

원형 2단: [겉뜨기 1코, 오른코 줄이기, 겉뜨기 2코,

완성 크기 약 29cm

실 A: 하늘색-라이트웨이트 안(로언 코튼
글라세 추천, 피어 809) 50g 1타래

B: 자주색-A와 같은 실(히더 828) 50g 1타
래

C: 분홍색-A와 같은 실(버블스 724) 50g 1
타래

바늘 3.5mm 대바늘 2개, 3mm 장갑바늘 4개

기타 안전핀 1개, 여분의 면사, 돗바늘, 솜,
자수실(검은색, 초록색, 흰색 약간씩)

게이지 3.5mm 대바늘로 10×10cm에 28코
44단 메리야스뜨기

도구와 기법 110~126쪽 참조

도안 140쪽 참조

겉뜨기로 2코 모아뜨기, 겉뜨기 1코] 3회 반복한다. (각 바늘에 6코씩)

다섯(5) 단을 겉뜨기.

원형 8단: [겉뜨기 1코, 오른코 만들기, 장갑바늘에서 1코 남을 때까지 겉뜨기, 왼코 만들기, 겉뜨기 1코] 3회 반복한다. (각 바늘에 8코씩)

원형 9단: 겉뜨기.

8~9단을 3회 반복한다. (각 바늘에 14코씩)

열두(12) 단을 겉뜨기.

원형 28단: [겉뜨기 1코, 오른코 줄이기, 장갑바늘에서 3코 남을 때까지 겉뜨기, 겉뜨기로 2코 모아뜨기, 겉뜨기 1코] 3회 반복한다. (각 바늘에 12코씩)

원형 29단: 겉뜨기.

28~29단을 1회 반복한다. (각 바늘에 10코씩)

28단을 2회 반복한다. (각 바늘에 6코씩)

원형 34단: [겉뜨기 1코, 오른코 줄이기, 겉뜨기로 2코 모아뜨기, 겉뜨기 1코] 3회 반복한다. (각 바늘에 4코씩)

원형 35단: [오른코 줄이기, 겉뜨기로 2코 모아뜨기] 3회 반복한다. (각 바늘에 2코씩)

A실을 10cm 정도 남기고 잘라 실을 돗바늘에 꿴다. 떠야 할 순서대로 돗바늘을 바늘에 있는 코로 통과시킨다. 바늘 끝으로 첫 코부터 마지막 코까지 통과시킨 후 실을 팽팽하게 당겨서 모든 코를 꼭 아물린다. 실이 풀어지지 않게 끝을 단단히 잡아당긴다.

큰 머리

몸통 앞판과 뒤판의 각각 24코(총 48코)를 장갑바늘에 나눠놓는다.

먼저 몸통 뒤판의 코를 장갑바늘 2개에 나눠 옮긴다. (각 바늘에 12코씩)

몸통 앞판의 24코 중에서 각각 끝에서 4코씩을 옆에 있는 몸통 뒤판의 장갑바늘로 옮긴다. (바늘 3개에 각 16코씩)

몸통 뒤판이 보이게 놓고, 왼쪽 손에 쥔 바늘에서 A실을 연결한다. 이곳에 스티치마커를 놓는다(뒤판 중앙에 스티치마커로 시작 표시를 하고 실을 연결하여 뜬다).

원형 1단: 겉뜨기.

원형 2단: [겉뜨기 1코, 오른코 줄이기, 겉뜨기 10코, 겉뜨기로 2코 모아뜨기, 겉뜨기 1코] 3회 반복한다. (각 바늘에 14코씩)

세(3) 단을 겉뜨기.

원형 6단: [겉뜨기 1코, 오른코 줄이기, 겉뜨기 8코, 겉뜨기로 2코 모아뜨기, 겉뜨기 1코] 3회 반복한다. (각 바늘에 12코씩)

두(2) 단을 겉뜨기.

원형 9단: [겉뜨기 1코, 오른코 만들기, 장갑바늘에 1코 남을 때까지 겉뜨기, 왼코 만들기, 겉뜨기 1코] 3회 반복한다. (각 바늘에 14코씩)

세(3) 단을 겉뜨기.

9~12단을 1회 반복한다. (각 바늘에 16코씩)

원형 17단: 겉뜨기.

원형 18단: 9단처럼 뜬다. (각 바늘에 18코씩)

스물네(24) 단을 겉뜨기.

원형 43단: [겉뜨기 1코, 오른코 줄이기, 장갑바늘에 3코 남을 때까지 겉뜨기, 겉뜨기로 2코 모아뜨기, 겉뜨기 1코] 3회 반복한다. (각 바늘에 16코씩)

원형 44단: 겉뜨기.

43~44단을 1회 반복한다. (각 바늘에 14코씩)

원형 47단: 겉뜨기.

43단을 4회 반복한다. (각 바늘에 6코씩)

원형 52단: [겉뜨기 1코, 오른코 줄이기, 겉뜨기로 2코 모아뜨기, 겉뜨기 1코] 3회 반복한다. (각 바늘에 4코씩)

원형 53단: [오른코 줄이기, 겉뜨기로 2코 모아뜨기] 3회 반복한다. (각 바늘에 2코씩)

작은 머리처럼 A실을 10cm 정도 남기고 잘라 실을 돗바늘에 꿴다. 돗바늘을 그 단의 첫 번째 코부터 시작해서 나머지 코로 통과시킨 후 실을 꽉 잡아당긴다.

완성하기

뜨개실의 라벨에 적힌 주의사항에 따라 각 편물을 부드럽게 다림질한다.

메리야스 잇기 방법으로 몸의 각 부위를 꿰매어 붙이는데, 남은 실 끝을 솔기 안으로 넣어 안 보이게 정리한다. 이때 작은 창구멍을 남기고 그 사이로 솜을 넣은 후 막는다.

자수 놓기

얼굴: 양쪽 눈의 윤곽은 검은색 자수실로 박음질을 한다. 우선 눈 모양은 타원으로, 가운데 홍채의 양쪽 선은 세로선으로 박음질을 한다. 홍채 부분은 초록색 실로, 흰자위 부분은 흰색 실로 새틴 스티치를 한다. 입은 검은색 실로 머리마다 작게 새틴 스티치를 한다. 124쪽을 참조한다.

블루 버니

블루 버니는 먹는 것을 참 좋아합니다. 특히 뒷마당으로 나가서 먹을 때
즐거워합니다. 꼭 소풍 나온 것 같은 기분이 들거든요. 거기에다 좋아하는 라즈베리
주스를 마신다면 블루 버니는 정말 행복할 거예요.

패턴

앞판과 뒤판(똑같음)

첫 번째 다리
✱엄지 방법(112쪽 참조)을 이용하여 A(밝은 갈색)실로 5코를 만든다.
1단(안감면): 안뜨기.
2단: 겉뜨기 1코, 오른코 만들기, 겉뜨기 3코, 왼코 만들기, 겉뜨기 1코. (7코)
3단: 안뜨기.
4단: 겉뜨기 1코, 오른코 만들기, 겉뜨기 5코, 왼코 만들기, 겉뜨기 1코. (9코)
5단: 안뜨기.
A실을 자르고 B(엷은 파란색)실을 연결한다.
6단: 겉뜨기.
7단: 안뜨기. ✱
8단: 겉뜨기 1코, 오른코 만들기, 끝까지 겉뜨기. (10코)
안뜨기 단으로 시작해서 세(3) 단을 메리야스뜨기.
12단: 겉뜨기 1코, 오른코 만들기, 끝까지 겉뜨기. (11코)
13단: 안뜨기.
실을 자르고 코를 안전핀에 걸어둔다.

두 번째 다리
첫 번째 다리의 ✱부터 ✱까지를 그대로 한다.
8단: 1코 남을 때까지 겉뜨기, 왼코 만들기, 겉뜨기 1코. (10코)
안뜨기 단으로 시작해서 세(3)단을 메리야스뜨기.
12단: 1코 남을 때까지 겉뜨기, 왼코 만들기, 겉뜨기 1코. (11코)
13단: 안뜨기.
코를 바늘에 그대로 끼워둔 채 실을 자르지 않는다.

다리 연결하기
14단(겉감면): 바늘에 있는 11코를 겉뜨기, 감아코로 12코 만들기, 안전핀에 걸어둔 11코를 겉뜨기. (34코)

몸통
15단: 안뜨기 10코, 안뜨기로 2코 모아뜨기, 안뜨기 10코, 안뜨기로 2코 모아 꼬아뜨기, 안뜨기 10코. (32코)
겉뜨기 단으로 시작해서 열여섯(16) 단을 메리야스뜨기.

팔
32단: 겉뜨기 1코, 오른코 만들기, 1코 남을 때까지 겉뜨기, 왼코 만들기, 겉뜨기 1코. (34코)
33단: 안뜨기 1코, 왼코 만들기, 1코 남을 때까지 안뜨기, 오른코 만들기, 안뜨기 1코. (36코)
32~33단을 2회 반복한다. (44코)
겉뜨기 단으로 시작해서 네(4) 단을 메리야스뜨기.
42단: 겉뜨기 1코, 오른코 줄이기, 3코 남을 때까지 겉뜨기, 겉뜨기로 2코 모아뜨기, 겉뜨기 1코. (42코)

43단: 안뜨기 1코, 안뜨기로 2코 모아뜨기, 3코 남을 때까지 안뜨기, 안뜨기로 2코 모아 꼬아뜨기, 안뜨기 1코. (40코)
42~43단을 1회 반복한다. (36코)
겉뜨기 단으로 시작해서 네(4) 단을 메리야스뜨기.

첫 번째 귀
50단: 겉뜨기 9코, 편물을 돌린다.
✱✱9코로만 첫 번째 귀를 뜨고 나머지 코는 안전핀에 걸어둔다.
안뜨기 단으로 시작해서 스물한(21) 단을 메리야스뜨기.
72단: 겉뜨기 1코, 오른코 줄이기, 겉뜨기 3코, 겉뜨기로 2코 모아뜨기, 겉뜨기 1코. (7코)
73단: 안뜨기.
다음과 같이 코막음한다: 겉뜨기 1코, 오른코 줄이기, 오른쪽 바늘에 있는 첫 번째 코로 두 번째 코를 덮어씌우기, 겉뜨기 1코, 오른쪽 바늘에 있는 첫 번째 코로 두 번째 코를 덮어씌우기, 겉뜨기로 2코 모아뜨기, 오른쪽 바늘에 있는 첫 번째 코로 두 번째 코를 덮어씌우기, 겉뜨기 1코, 오른쪽 바늘에 있는 첫 번째 코로 두 번째 코를 덮어씌우기. ✱✱

두 번째 귀
안전핀에 걸어둔 코 중에서 다음 9코를 바늘로 옮기고, 겉감면이 보이게 놓고 실을 다시 연결한다. 겉뜨기 9코, 편물을 돌린다. ✱✱부터 ✱✱까지 반복한다.

세 번째 귀
두 번째 귀처럼 한다.

네 번째 귀
두 번째 귀처럼 한다.

완성하기
뜨개실의 라벨에 적힌 주의사항에 따라 각 편물을 부드럽게 다림질한다.
메리야스 잇기 방법으로 몸의 각 부위를 꿰매어 붙이는데, 남은 실 끝을 솔기 안으로 넣어 안 보이게 정리한다. 이때 작은 창구멍을 남기고 그 사이로 솜을 넣은 후 막는다.
C(크림색)실로 작은 방울을 만들어서 몸통 뒤판 다리 바로 위 가운데에 단다.

자수 놓기
얼굴: 양쪽 눈의 윤곽은 검은색 자수실로 박음질을 한다.
우선 눈 모양은 타원으로, 가운데 홍채의 양쪽 선은 세로선으로 박음질을 한다. 홍채 부분은 파란색 실로, 흰자위 부분은 흰색 실로 새틴 스티치를 한다. 입은 분홍색 실로 ×자를 수놓는다. 124쪽을 참조한다.

완성 크기 약 16cm

실 A: 밝은 갈색-파인웨이트 얀(로언 퓨어 울 4ply 추천, 헤시안 416) 소량

B: 엷은 파란색-A와 같은 실(초크 445) 50g 1타래

C: 크림색-A와 같은 실(스노우 412) 소량

바늘 2.75mm 대바늘 2개

기타 안전핀 1개, 돗바늘, 솜, 자수실(검은색, 파란색, 크림색, 분홍색 약간씩)

게이지 2.75mm 대바늘로 10×10cm에 33코 44단 메리야스뜨기

도구와 기법 110~126쪽 참조

도안 142쪽 참조

잠꾸러기 포미는 항상 꾸벅꾸벅 졸고 있어요. 자기 침대에서 포근한 새털 이불을 덮고서 몸을 둥글게 웅크린 채 잠드는 것을 세상에서 가장 좋아하지요. 심지어 꿈속에서도 잠자는 꿈을 꿀 때가 있답니다.

잠꾸러기 포미

패턴

앞판과 뒤판(똑같다)

첫 번째 다리

✱꼬은 코 만들기 방법(113쪽 참조)을 이용하여 A(연녹색)실로 4코를 만든다.

1단(겉감면): 겉뜨기.

2단: 안뜨기.

3단: 1코 늘리기, 겉뜨기 1코, 1코 늘리기, 겉뜨기 1코. (6코)

안뜨기 단으로 시작해서 세(3) 단을 메리야스뜨기.

7단: 1코 늘리기, 겉뜨기 3코, 1코 늘리기, 겉뜨기 1코. (8코)

안뜨기 단으로 시작해서 세(3) 단을 메리야스뜨기.

A실을 자르고 B(주황색)실을 연결한다.

이후 가터뜨기(모든 단을 겉뜨기)를 계속한다.

두(2) 단을 겉뜨기한다. ✱

13단: 1코 늘리기, 끝까지 겉뜨기. (9코)

다섯(5) 단을 겉뜨기.

마지막 여섯(6) 단을 2회 반복한다. (11코)

두(2) 단을 겉뜨기한다.

코를 안전핀에 걸어둔다.

두 번째 다리

첫 번째 다리의 ✱부터 ✱까지를 그대로 한다.

13단: 2코 남을 때까지 겉뜨기, 1코 늘리기, 겉뜨기 1코. (9코)

다섯(5) 단을 겉뜨기한다.

마지막 여섯(6) 단을 2회 반복한다. (11코)

두(2) 단을 겉뜨기한다.

다리 연결하기

다음 단: 바늘에 있는 11코를 겉뜨기, 2코 만들기, 안전핀에 걸어둔 11코를 겉뜨기. (24코)

몸통

세(3) 단을 겉뜨기한다.

다음 단: 오른코 줄이기, 2코 남을 때까지 겉뜨기, 겉뜨기로 2코 모아뜨기. (22코)

일곱(7) 단을 겉뜨기.

마지막 여덟(8) 단을 2회 반복한다. (18코)

여덟(8) 단을 겉뜨기.

팔

다음 단: 7코 만들기, 끝까지 겉뜨기. (25코)

마지막 단을 1회 반복한다. (32코)

두(2) 단을 겉뜨기한다.

다음 단: 오른코 줄이기, 2코 남을 때까지 겉뜨기, 겉뜨기로 2코 모아뜨기. (30코)

한(1) 단을 겉뜨기한다.

마지막 두(2) 단을 7회 반복한다. (16코)

머리

B실을 자르고 C(민트 그린색)실을 연결한다.

다음 단: 겉뜨기.

다음 단: 안뜨기.

다음 단: 1코 늘리기, 2코 남을 때까지 겉뜨기, 1코 늘리기, 겉뜨기 1코. (18코)

다음 단: 안뜨기.

마지막 두(2) 단을 7회 반복한다. (32코)

겉뜨기 단으로 시작해서 네(4) 단을 메리야스뜨기.

다음 단: 오른코 줄이기, 2코 남을 때까지 겉뜨기, 겉뜨기로 2코 모아뜨기.

다음 단: 안뜨기로 2코 모아뜨기, 2코 남을 때까지 안뜨기, 안뜨기로 2코 모아 꼬아뜨기.

다음 단: 오른코 줄이기, 2코 남을 때까지 겉뜨기, 겉뜨기로 2코 모아뜨기.

코막음한다.

완성하기

뜨개실의 라벨에 적힌 주의사항에 따라 각 편물을 부드럽게 다림질한다.

메리야스 잇기 방법으로 몸의 각 부위를 꿰매어 붙이는데, 남은 실 끝을 솔기 안으로 넣어 안 보이게 정리한다. 이때 작은 창구멍을 남기고 그 사이로 솜을 넣은 후 막는다.

A실로 직경 5cm 정도의 방울 2개를 만들어서 머리의 양쪽 끝에 단다.

자수 놓기

얼굴: 양쪽 눈은 검은색 자수실로 반원을 박음질한다. 입은 빨간색 실로 ×자를 수놓는다. 124쪽을 참조한다.

완성 크기 약 30cm

실 A: 연녹색-미디움웨이트 얀(라이언 브랜드 반나스 초이스 베이비 추천, 스위트 피 169) 100g 1타래

B: 주황색-A와 같은 실(골드피시 132) 100g 1타래

C: 민트 그린색-A와 같은 실(민트 168) 100g 1타래

바늘 3.75mm 대바늘 2개

기타 안전핀 1개, 돗바늘, 솜, 자수실(검은색, 빨간색 약간씩)

게이지 3.75mm 대바늘로 10×10cm에 20코 30단 메리야스뜨기

도구와 기법 110~126쪽 참조

도안 143쪽 참조

꼬리 윗부분

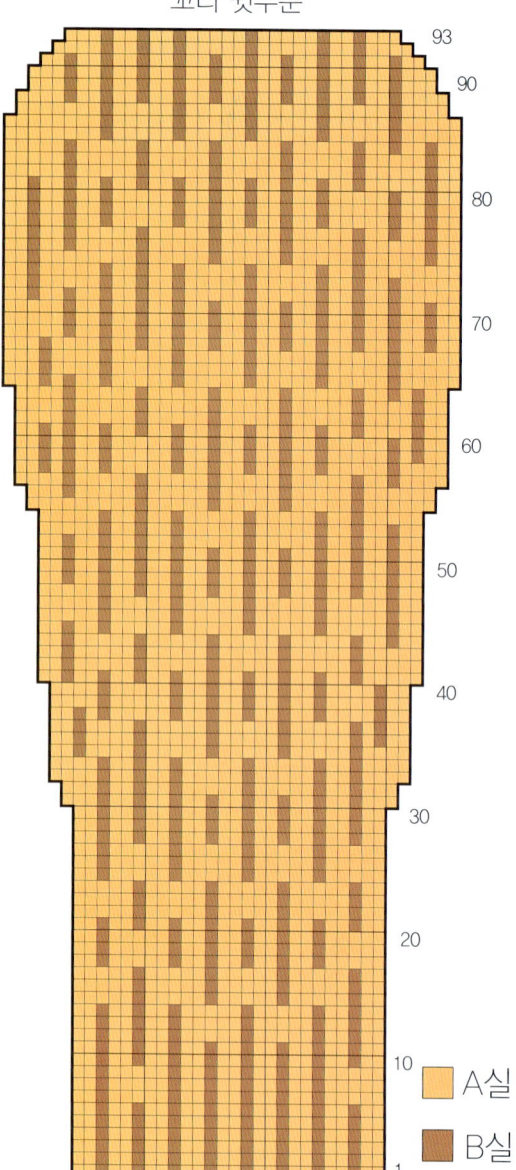

93
90
80
70
60
50
40
30
20
10
1

A실
B실

시릴은 다람쥐와 여우의 교배종입니다. 이야기하는 것을 즐기므로 자기의 모험담을 잘 들어주는 사람을 좋아하지요. 여행을 참 좋아하는데, 조상 중에 악명 높은 교활한 탐험가 붉은 여우가 있답니다. 시릴은 너구리 리타와 부부인데 둘 사이에는 랄프와 릴리라는 형제가 있어요.

다람쥐여우 시릴

패턴

앞판과 뒤판(똑같음)

첫 번째 다리

엄지 방법(112쪽 참조)을 이용하여 A(주황색)실로 5코를 만든다.

✻**1단(안감면):** 안뜨기.

2단: 겉뜨기 1코, 오른코 만들기, 겉뜨기 3코, 왼코 만들기, 겉뜨기 1코. (7코)

3단: 안뜨기.

4단: 겉뜨기.

5단: 안뜨기.

4~5단을 2회 반복한다.✻

10단: 겉뜨기 1코, 오른코 만들기, 겉뜨기 6코. (8코)

11단: 안뜨기.

실을 자르고 코를 안전핀에 걸어둔다.

두 번째 다리

첫 번째 다리의 ✻부터 ✻까지를 그대로 한다.

10단: 겉뜨기 6코, 왼코 만들기, 겉뜨기 1코. (8코)

11단: 안뜨기.

코를 바늘에 그대로 끼워둔 채 실을 자르지 않는다.

다리 연결하기

12단(겉감면): 바늘에 있는 8코를 겉뜨기, 감아코로 10코 만들기, 안전핀에 걸어둔 8코를 겉감면이 보이게 놓고 겉뜨기. (26코)

몸통

13단: 안뜨기 7코, 안뜨기로 2코 모아뜨기, 안뜨기 8코, 안뜨기로 2코 모아 꼬아뜨기, 안뜨기 7코. (24코)

겉뜨기 단으로 시작해서 마흔(40) 단을 메리야스뜨기.

팔

54단: 겉뜨기 1코, 오른코 만들기, 1코 남을 때까지 겉뜨기, 왼코 만들기, 겉뜨기 1코. (26코)

55단: 안뜨기 1코, 왼코 만들기, 1코 남을 때까지 안뜨기, 오른코 만들기, 안뜨기 1코. (28코)

56단: 겉뜨기 1코, 오른코 만들기, 1코 남을 때까지 겉뜨기, 왼코 만들기, 겉뜨기 1코. (30코)

안뜨기 단으로 시작해서 네(4) 단을 메리야스뜨기.

61단: 안뜨기 1코, 안뜨기로 2코 모아뜨기, 3코 남을 때까지 안뜨기, 안뜨기로 2코 모아 꼬아뜨기, 안뜨기 1코. (28코)

62단: 겉뜨기 1코, 오른코 줄이기, 3코 남을 때까지 겉뜨기, 겉뜨기로 2코 모아뜨기, 겉뜨기 1코. (26코)

63단: 안뜨기 1코, 안뜨기로 2코 모아뜨기, 3코 남을 때까지 안뜨기, 안뜨기로 2코 모아 꼬아뜨기, 안뜨기 1코. (24코)

머리

겉뜨기 단으로 시작해서 스물두(22) 단을 메리야스뜨기.

첫 번째 귀

86단: 겉뜨기 12코, 편물을 돌린다.

12코로만 첫 번째 귀를 뜨고 나머지 코는 안전핀에 걸어둔다.

87단: 안뜨기 1코, 안뜨기로 2코 모아뜨기, 끝까지 안뜨기. (11코)

88단: 3코 남을 때까지 겉뜨기, 겉뜨기로 2코 모아뜨기, 겉뜨기 1코. (10코)

87~88단을 3회 반복한다. (4코)

95단: 안뜨기.

코막음한다.

완성 크기 약 22cm

실 A: 주황색-파인웨이트 얀(로언 퓨어 울 4ply 추천, 스파이스 434) 50g 1타래

B: 짙은 갈색-A와 같은 실(모카 417) 50g 1타래

바늘 3mm 대바늘 2개

기타 안전핀 1개, 돗바늘, 솜, 자수실(짙은 갈색, 초록색, 흰색 약간씩)

게이지 3mm 대바늘로 10×10cm에 30코 40단 메리야스뜨기

도구와 기법 110~126쪽 참조

도안 144쪽 참조

두 번째 귀

안전핀에 걸어둔 코를 바늘로 옮기고 겉감면이 보이게 놓고 실을 다시 연결한다.

86단: 겉뜨기.

87단: 3코 남을 때까지 안뜨기, 안뜨기로 2코 모아 꼬아뜨기, 안뜨기 1코. (11코)

88단: 겉뜨기 1코, 오른코 줄이기, 끝까지 겉뜨기. (10코)

87~88단을 3회 반복한다. (4코)

95단: 안뜨기.

코막음한다.

꼬리 윗면

엄지 방법을 이용하여 A실로 26코를 만든다.

겉뜨기 단(겉감면)으로 시작해서 사용하지 않는 실은 자르지 말고 안감면에서 끌어올리면서, 도안의 색깔 패턴을 다음의 지시대로 뜬다.

☆☆1~30단: 겉뜨기 단으로 시작해서 서른(30) 단을 메리야스뜨기.

31단: 겉뜨기 1코, 오른코 만들기, 1코 남을 때까지 겉뜨기, 왼코 만들기, 겉뜨기 1코. (28코)

32단: 안뜨기.

33~34단: 31~32단을 1회 반복한다. (30코)

35~40단: 겉뜨기 단으로 시작해서 여섯(6) 단을 메리야스뜨기.

41단: 겉뜨기 1코, 오른코 만들기, 1코 남을 때까지 겉뜨기, 왼코 만들기, 겉뜨기 1코. (32코)

42~54단: 안뜨기 단으로 시작해서 열세(13) 단을 메리야스뜨기.

55단: 겉뜨기 1코, 오른코 만들기, 1코 남을 때까지 겉뜨기, 왼코 만들기, 겉뜨기 1코. (34코)

56단: 안뜨기.

57~58단: 55~56단을 1회 반복한다. (36코)

59~64단: 겉뜨기 단으로 시작해서 여섯(6) 단을 메리야스뜨기.

65단: 겉뜨기 1코, 오른코 만들기, 1코 남을 때까지 겉뜨기, 왼코 만들기, 겉뜨기 1코. (38코)

66~86단: 안뜨기 단으로 시작해서 스물한(21) 단을 메리야스뜨기.

87단: 겉뜨기 1코, 오른코 줄이기, 3코 남을 때까지 겉뜨기, 겉뜨기로 2코 모아뜨기, 겉뜨기 1코. (36코)

88단: 안뜨기.

89~90단: 87~88단을 1회 반복한다. (34코)

91단: 겉뜨기 1코, 오른코 줄이기, 3코 남을 때까지 겉뜨기, 겉뜨기로 2코 모아뜨기, 겉뜨기 1코. (32코)

92단: 안뜨기 1코, 안뜨기로 2코 모아뜨기, 3코 남을 때까지 안뜨기, 안뜨기로 2코 모아 꼬아뜨기, 안뜨기 1코. (30코)

93단: 겉뜨기 1코, 오른코 줄이기, 3코 남을 때까지

겉뜨기, 겉뜨기로 2코 모아뜨기, 겉뜨기 1코. (28코)☆☆

B실을 자르고 A실로 계속 뜬다.

94단: [안뜨기 1코, 안뜨기로 2코 모아뜨기] 2회, [안뜨기로 2코 모아뜨기] 8회, [안뜨기 1코, 안뜨기로 2코 모아뜨기] 2회. (16코)

코막음한다.

꼬리 아랫면

엄지 방법을 이용하여 A실로 16코를 만든다.

A실로만 꼬리 윗면의 ☆☆부터 ☆☆까지를 지시대로 뜨는데, 시작코가 윗면보다 10코 적으므로 마지막 단의 전체 코도 10코 적다.

코막음한다.

코

엄지 방법을 이용하여 A실로 28코를 만든다.

1단과 모든 홀수 단(안감면): 안뜨기.

2단: 겉뜨기 24코, 다음 코에서 되돌아뜨기를 하고 돌린다. (121쪽 참조)

4단: 겉뜨기 20코, 다음 코에서 되돌아뜨기를 하고 돌린다.

6단: 겉뜨기 16코, 다음 코에서 되돌아뜨기를 하고 돌린다.

8단: 겉뜨기 12코, 다음 코에서 되돌아뜨기를 하고 돌린다.

10단: 겉뜨기 8코, 다음 코에서 되돌아뜨기를 하고 돌린다.

12단: 겉뜨기 4코, 다음 코에서 되돌아뜨기를 하고 돌린다.

14단: 겉뜨기 4코, [겉뜨기 단에서 되돌아뜨기 정리, 겉뜨기 3코] 6회 반복한다.

1~14단까지 2회 반복한다

코막음한다.

완성하기

뜨개실의 라벨에 적힌 주의사항에 따라 각 편물을 부드럽게 다림질한다.

메리야스 잇기 방법으로 코의 시작단과 끝단을 꿰매고, 코에 솜을 넣는다. 사진의 위치를 참조하여 메리야스 잇기 방법으로 코를 머리 앞에 꿰매어 붙인다.

메리야스 잇기 방법으로 몸의 각 부위를 꿰매어 붙이는데, 남은 실 끝을 솔기 안으로 넣어 안 보이게 정리한다. 이때 작은 창구멍을 남기고 그 사이로 솜을 넣은 후 막는다.

메리야스 잇기 방법으로 꼬리의 겉감면 가장자리를 꿰매고, 남은 실 끝을 솔기 안으로 넣어 안 보이게 정리한다. 솜을 넣은 후에, 사진의 위치를 참조하여 시작단을 몸통 뒤판에 꿰매어 붙인다.

자수 놓기

얼굴: 양쪽 눈의 윤곽은 검은색 자수실로 박음질을 한다. 우선 눈 모양은 타원으로, 가운데 홍채의 양쪽 선은 세로선으로 박음질을 한다. 홍채 부분은 초록색 실로, 흰자위 부분은 흰색 실로 새틴 스티치를 한다. 코는 코끝을 짙은 갈색 실로 새틴 스티치를 한다. 124쪽을 참조한다.

강아지 오스카

오스카는 소시지 모양의 몸통에 줄무늬가 있는
희귀한 강아지입니다. 귀가 남달리 밝은 덕분에 약
15km 떨어진 곳에서 들려오는 발걸음 소리를 들을 수
있습니다. 또 가끔 옆방에서 나는 사람들의 말소리도
들을 수 있어요.

패턴

줄무늬 패턴

두 단은 A(진회색)실
두 단은 B(청록색)실
전체적으로 사용하지 않는 실은 안감면으로 밀어놓고
뜬다.

몸통, 머리, 다리

꼬은 코 만들기 방법(113쪽 참조)을 이용하여 3.75mm
장갑바늘과 A(진회색)실로 57코를 만든다.
코가 비틀어지지 않도록 해서 바늘 3개에 나누어 옮긴다.
첫 번째 코와 마지막 코를 한꺼번에 겉뜨기하여 원통을
만든다. 이곳이 단의 시작점인데, 스티치마커로 표시한다.
원형 1단(겉감면): 겉뜨기. (56코)

꼬리

원형 2단: 겉뜨기 26코, 겉뜨기 방향으로 2코 걸러뜨기,
겉뜨기 1코, 걸러뜨기한 코로 겉뜨기한 코를 덮어씌우기,
겉뜨기 27코. (54코)
원형 3단: 겉뜨기 25코, 겉뜨기 방향으로 2코 걸러뜨기,
겉뜨기 1코, 걸러뜨기한 코로 겉뜨기한 코를 덮어씌우기,
겉뜨기 26코. (52코)
원형 4단: 겉뜨기 20코, 오른코 줄이기, 겉뜨기 2코,
겉뜨기 방향으로 2코 걸러뜨기, 겉뜨기 1코, 걸러뜨기한
코로 겉뜨기한 코를 덮어씌우기, 겉뜨기 2코, 겉뜨기로 2코
모아뜨기, 겉뜨기 21코. (48코)
원형 5단: 겉뜨기 22코, 겉뜨기 방향으로 2코 걸러뜨기,
겉뜨기 1코, 걸러뜨기한 코로 겉뜨기한 코를 덮어씌우기,
겉뜨기 23코. (46코)

첫 번째 뒷다리

원형 6단: 겉뜨기 19코, 오른코 줄이기, 겉뜨기 방향으로
2코 걸러뜨기, 겉뜨기 1코, 걸러뜨기한 코로 겉뜨기한
코를 덮어씌우기, 겉뜨기로 2코 모아뜨기, 겉뜨기 19코,
방울뜨기. (42코)
원형 7단: 겉뜨기 19코, 겉뜨기 방향으로 2코 걸러뜨기,
겉뜨기 1코, 걸러뜨기한 코로 겉뜨기한 코를 덮어씌우기,
겉뜨기 20코. (40코)
원형 8단: 겉뜨기 16코, 오른코 줄이기, 겉뜨기 방향으로
2코 걸러뜨기, 겉뜨기 1코, 걸러뜨기한 코로 겉뜨기한 코를
덮어씌우기, 겉뜨기로 2코 모아뜨기, 겉뜨기 17코. (36코)
다섯(5) 단을 겉뜨기.

두 번째 뒷다리

원형 14단: 1코 남을 때까지 겉뜨기, 방울뜨기.

몸통

시작단에서 25cm 정도(86단) 될 때까지 원통으로
겉뜨기하고 마지막 줄무늬는 A실로 뜬다.

머리

다음 원형 단: 겉뜨기.
다음 원형 단: 겉뜨기 18코, 1코 만들기, 겉뜨기 18코.
(37코)
두(2) 단을 겉뜨기.
다음 원형 단: 겉뜨기 16코, 왼코 만들기, 겉뜨기 5코,
오른코 만들기, 겉뜨기 16코. (39코)
두(2) 단을 겉뜨기.
다음 원형 단: 겉뜨기 14코, 왼코 만들기, 겉뜨기 3코, 왼코
만들기, 겉뜨기 5코, 오른코 만들기, 겉뜨기 3코, 오른코
만들기, 겉뜨기 14코. (43코)
두(2) 단을 겉뜨기.
다음 원형 단: 겉뜨기 15코, 왼코 만들기, 겉뜨기 4코, 왼코
만들기, 겉뜨기 5코, 오른코 만들기, 겉뜨기 4코, 오른코
만들기, 겉뜨기 15코. (47코)

첫 번째 앞다리

다음 원형 단: 1코 남을 때까지 겉뜨기, 방울뜨기.

완성 크기 약 38cm

실 A: 진회색-미디움웨이트 얀(라이언 브랜
드 코튼-이즈 추천, 차콜 152) 100g 1타래

B: 청록색-A와 같은 실(터키석 148) 100g 1
타래

바늘 3.75mm 대바늘 2개, 3.75mm 장갑바늘 5
개

기타 스티치마커 1개, 돗바늘, 솜, 자수실(검은
색, 파란색, 흰색 약간씩)

게이지 3.75mm 대바늘로 10×10cm에 21코
34단 메리야스뜨기

약어 방울뜨기. 한 코에서 코 늘리기 하는 방
식으로 앞과 뒤로 겉뜨기 6회, [편물 돌리기,
안뜨기 6코, 편물 돌리기, 겉뜨기 6코] 3회, 편
물 돌리기, 안뜨기 6코, 편물 돌리기, [겉뜨기
로 2코 모아뜨기] 3회, 코막음한다.
주의: 다섯 번째 장갑바늘로 방울뜨기를 한다.

도구와 기법 110~126쪽 참조

도안 145쪽 참조

다음 원형 단: 겉뜨기 16코, 왼코 만들기, 겉뜨기 5코, 왼코 만들기, 겉뜨기 5코, 오른코 만들기, 겉뜨기 5코, 오른코 만들기, 겉뜨기 16코. (51코)
다섯(5) 단을 겉뜨기.
다음 원형 단: 겉뜨기 21코. 오른코 줄이기, 겉뜨기 5코, 겉뜨기로 2코 모아뜨기, 겉뜨기 21코. (49코)

두 번째 앞다리

다음 원형 단: 1코 남을 때까지 겉뜨기, 방울뜨기.
다음 원형 단: 겉뜨기 20코, 오른코 줄이기, 겉뜨기 5코, 겉뜨기로 2코 모아뜨기, 겉뜨기 20코. (47코)
다음 원형 단: 8코를 코막음하고, 8코 남을 때까지 겉뜨기, 코막음하고 마무리한다. (31코)
나머지 코에 A실을 다시 연결해서 3.75㎜ 대바늘로 평면뜨기를 한다.
다음 단: 겉뜨기 12코, 오른코 줄이기, 겉뜨기 3코, 겉뜨기로 2코 모아뜨기, 겉뜨기 12코. (29코)
다음 단: 안뜨기 1코, 안뜨기로 2코 모아뜨기, 3코 남을 때까지 안뜨기, 안뜨기로 2코 모아 꼬아뜨기, 안뜨기 1코. (27코)

코

네(4) 단을 메리야스뜨기.
다음 단: 겉뜨기 1코, 오른코 줄이기, 겉뜨기 8코, 오른코 줄이기, 겉뜨기 1코, 겉뜨기로 2코 모아뜨기, 겉뜨기 8코, 겉뜨기로 2코 모아뜨기, 겉뜨기 1코. (23코)
세(3) 단을 메리야스뜨기.
다음 단: 겉뜨기 1코, 오른코 줄이기, 겉뜨기 6코, 오른코 줄이기, 겉뜨기 1코, 겉뜨기로 2코 모아뜨기, 겉뜨기 6코, 겉뜨기로 2코 모아뜨기, 겉뜨기 1코. (19코)
다음 단: 안뜨기.
다음 단: 겉뜨기 1코, 오른코 줄이기, 겉뜨기 4코, 오른코 줄이기, 겉뜨기 1코, 겉뜨기로 2코 모아뜨기, 겉뜨기 4코, 겉뜨기로 2코 모아뜨기, 겉뜨기 1코. (15코)
다음 단: 안뜨기.
다음 단: 겉뜨기 1코, 오른코 줄이기, 겉뜨기 2코, 오른코 줄이기, 겉뜨기 1코, 겉뜨기로 2코 모아뜨기, 겉뜨기 2코, 겉뜨기로 2코 모아뜨기, 겉뜨기 1코. (11코)
다음 단: 안뜨기.
다음 단: 겉뜨기 1코, [오른코 줄이기] 2회, 겉뜨기 1코, [겉뜨기로 2코 모아뜨기] 2회, 겉뜨기 1코. (7코)
실을 길게 남기고 자른다. 실을 나머지 7코로 통과시켜서 꽉 잡아당긴다.

귀(양쪽)

엄지 방법을 이용하여 3.75㎜ 대바늘과 A실로 10코를 만든다.
A실을 자르고 B실로 귀를 완성한다.
✻**1단:** 겉뜨기.
2단: 걸러뜨기 1코, 끝까지 겉뜨기.
2단을 20회 반복한다.
23단: 겉뜨기로 2코 모아뜨기, 2코 남을 때까지 겉뜨기, 겉뜨기로 2코 모아뜨기.
24단: 겉뜨기.
23~24단을 1회 반복한 후에 23단을 1회 반복한다.
코막음한다.✻
시작단에서 A실을 조심스럽게 풀고 10코를 바늘에 걸러 뜬다.
✻부터 ✻까지 반복한다.

완성하기

남은 실 끝을 모두 보이지 않게 귀 끝에 정리한다.
몸통을 뒤집은 후, 둥글게 만 행주 위에 겉감면을 놓고 다시 말아서 뒤집는다. 편물을 잡아당기지 말고 김을 쐰다. 그대로 편물을 식힌 후에 행주를 뺀다. 양쪽 귀의 중앙에 주름을 잡고 사진의 위치를 참조하여 머리 꼭대기까지 박음질로 꿰맨다.
줄무늬를 맞춰서 메리야스 잇기로 코끝에서 가슴 아래까지 솔기를 꿰맨다. 꼬리 끝부터 솜을 넣는다. 메리야스 잇기로 꼬리 솔기를 꿰맨다.

자수 놓기

얼굴: 양쪽 눈의 윤곽은 검은색 자수실로 박음질을 한다. 우선 눈 모양은 타원으로, 가운데 홍채의 양쪽 선은 세로선으로 박음질을 한다. 홍채 부분은 파란색 실로, 흰자위 부분은 흰색 실로 새틴 스티치를 한다. 코는 코 끝 위에 검은색 실로 새틴 스티치를 한다. 수염은 목도리 끝에 하는 것처럼 흰색 실로 술을 만들어 양 볼에 있는 코 아래에 단다. 124쪽을 참조한다.

애기는 언제나 빨래를 하고 있습니다. 한 무더기를 빨아서 말리고 나면 빨래가 또 한 무더기 나오지요. 온 동네에서 빨래를 모아와 깨끗이 빠는 것이 애기의 일입니다. 하지만 가끔은 새로운 일을 하는 꿈을 꾸기도 하지요.

곰순이 애기

패턴

머리, 몸통, 다리

머리

엄지 방법(112쪽 참조)을 이용하여 3.5mm 장갑바늘과 A(분홍색)실로 49코를 만든다.

코가 꼬이지 않도록 해서 바늘 4개에 나누어 옮긴다. 다섯 번째 바늘로 첫 번째 코와 마지막 코를 한꺼번에 겉뜨기하여 원통을 만든다. 이곳이 단의 시작점인데, 스티치마커로 표시한다. (각 바늘에 12코씩)

두(2) 단을 겉뜨기.

여분의 짧은 면사를 마지막 단의 끝에 있는 코의 고리에 꿰어 뒤판 중앙을 표시한다.

원형 3단: 첫 번째/세 번째 바늘에서 겉뜨기 10코, 오른코 만들기, 겉뜨기 2코, 두 번째/네 번째 바늘에서 겉뜨기 2코, 왼코 만들기, 겉뜨기 10코. (각 바늘에 13코씩)

원형 4단: 첫 번째/세 번째 바늘에서 겉뜨기 11코, 오른코 만들기, 겉뜨기 2코, 두 번째/네 번째 바늘에서 겉뜨기 2코, 왼코 만들기, 겉뜨기 11코. (각 바늘에 14코씩)

원형 5단: 첫 번째/세 번째 바늘에서 겉뜨기 12코, 오른코 만들기, 겉뜨기 2코, 두 번째/네 번째 바늘에서 겉뜨기 2코, 왼코 만들기, 겉뜨기 12코. (각 바늘에 15코씩)

원형 6단: 첫 번째/세 번째 바늘에서 겉뜨기 13코, 오른코 만들기, 겉뜨기 2코, 두 번째/네 번째 바늘에서 겉뜨기 2코, 왼코 만들기, 겉뜨기 13코. (각 바늘에서 16코씩)

한(1) 단을 겉뜨기.

원형 8단: 첫 번째/세 번째 바늘에서 겉뜨기 14코, 오른코 만들기, 겉뜨기 2코, 두 번째/네 번째 바늘에서 겉뜨기 2코, 왼코 만들기, 겉뜨기 14코. (각 바늘에서 17코씩)

한(1) 단을 겉뜨기.

원형 10단: 첫 번째/세 번째 바늘에서 겉뜨기 15코, 오른코 만들기, 겉뜨기 2코, 두 번째/네 번째 바늘에서 겉뜨기 2코, 왼코 만들기, 겉뜨기 15코. (각 바늘에서 18코씩)

열(10) 단을 겉뜨기.

원형 21단: 첫 번째/세 번째 바늘에서 겉뜨기 14코, 겉뜨기로 2코 모아뜨기, 겉뜨기 2코, 두 번째/네 번째

바늘에서 겉뜨기 2코, 오른코 줄이기, 겉뜨기 14코. (각 바늘에서 17코씩)

스물네(24) 단을 겉뜨기.

원형 46단: 첫 번째/세 번째 바늘에서 겉뜨기 13코, 겉뜨기로 2코 모아뜨기, 겉뜨기 2코, 두 번째/네 번째 바늘에서 겉뜨기 2코, 오른코 줄이기, 겉뜨기 13코. (각 바늘에서 16코씩)

열두(12) 단을 겉뜨기.

원형 59단: 첫 번째/세 번째 바늘에서 겉뜨기 12코, 겉뜨기로 2코 모아뜨기, 겉뜨기 2코, 두 번째/네 번째 바늘에서 겉뜨기 2코, 오른코 줄이기, 겉뜨기 12코. (각 바늘에서 15코씩)

세(3) 단을 겉뜨기.

원형 63단: 겉뜨기 15코, 스티치마커를 이 지점으로 옮긴다.

스웨터

바늘을 4mm 장갑바늘로 바꾸고 B(검은색)실을 연결한다. 겉뜨기 단(겉감면)으로 시작해서 페어 아일 방식으로 배색하며 뜬다. 사용하지 않는 실은 안감면으로 밀어놓았다가 도안의 색깔 패턴에 따라 필요할 때 사용한다. 도안을 오른쪽에서 왼쪽으로 보면서 다음과 같이 뜬다.

원형 64~67단: 네(4) 단을 겉뜨기.

A(분홍색)실을 자르고 C(빨간색)실을 연결한다.

원형 68~75단: 여덟(8) 단을 겉뜨기.

D(밤색)실을 연결한다.

원형 76단: D실로 겉뜨기.

원형 77단: 첫 번째/세 번째 바늘에서 겉뜨기 1코, 오른코 만들기, 끝까지 겉뜨기, 두 번째/네 번째 바늘에서 1코 남을 때까지 겉뜨기, 왼코 만들기, 겉뜨기 1코. (각 바늘에서 16코씩)

원형 78단: 겉뜨기.

원형 79~96단: 77~78단을 9회 반복한다. (각 바늘에 25코씩)

완성 크기 약 50cm

실 A: 분홍색-라이트웨이트 얀(데비 블리스 베이비 캐시메리노 추천, 340025) 50g 2타래

B: 검은색-라이트웨이트 얀(서브라임 캐시메리노 실크 병태사 추천, 에보니 0013) 50g 1타래

C: 빨간색-B와 같은 실(티즈 0052) 50g 1타래

D: 밤색-B와 같은 실(대황색 0107) 50g 1타래

바늘 3.5mm 장갑바늘 5개, 4mm 장갑바늘 5개

기타 스티치마커 1개, 여분의 면사, 돗바늘, 솜, 자수실(검은색, 분홍색 약간씩)

게이지 3.5mm 대바늘로 10×10cm에 25코 36단 메리야스뜨기

도구와 기법 110~126쪽 참조

도안 146쪽 참조

원형 97~99단: 세(3) 단을 겉뜨기.
B, C, D실을 자르고 A실을 연결한다.

몸통
바늘을 3.5mm 장갑바늘로 바꾸고 코를 다음과 같이
나눠놓는다.

원형 100단: 겉뜨기 40코, 다음 20코를 여분의 면사에
걸어둔다. 3코 만들기. 겉뜨기 30코, 다음 20코를 여분의
면사로 옮긴다(면사로 옮긴 20코 중 마지막 10코는 이
단을 시작할 때 겉뜨기했던 40코 중 처음 10코). 3코
만들기. (66코─첫 번째 바늘에 15코, 두 번째 바늘에
18코, 세 번째 바늘에 15코, 네 번째 바늘에 18코)
스물네(24) 단을 겉뜨기.

첫 번째 다리
장갑바늘 5개 중에서 4개로만 뜨는데, 코를 다음과 같이
나눠놓는다.
원형 125단: 겉뜨기 15코, 다음 33코를 여분의 면사에
걸어둔다. 겉뜨기 18코, 3코 만들기. (36코)
코를 장갑바늘 3개에 고르게 나눠놓는다. (각 바늘에
12코씩)
쉰네(54) 단을 겉뜨기.
*180단: [겉뜨기 1코, 겉뜨기로 2코 모아뜨기] 12회. (총
24코)
두(2) 단을 겉뜨기.
원형 183단: [겉뜨기로 2코 모아뜨기] 12회. (총 12코)
한(1) 단을 겉뜨기.
A실을 10cm 정도 남기고 자른 후에 실을 돗바늘에 꿴다.
떠야 할 순서대로 돗바늘을 바늘에 있는 모든 코로
통과시킨다. 바늘 끝으로 첫 코부터 마지막 코까지
통과시킨 후 실을 팽팽하게 당겨서 모든 코를 꼭 아물린다.
실이 풀어지지 않게 끝을 단단히 잡아당긴다.*

두 번째 다리
첫 번째 다리를 오른쪽에 놓고, 면사에 걸어둔 코에서
처음 12코를 첫 번째 장갑바늘로, 그 다음 12코를 두 번째
장갑바늘로, 마지막 9코를 세 번째 장갑바늘로 옮기고
3코를 만든다.
쉰다섯(55) 단을 겉뜨기.
첫 번째 다리의 *부터 *까지를 그대로 한다.

첫 번째 팔
장갑바늘 5개 중에서 4개로만 뜨는데, 코를 다음과 같이
나눠놓는다.
뒤판 중앙을 오른쪽에 놓고, 면사에 걸어둔 코에서
처음 8코를 첫 번째 장갑바늘로, 그 다음 8코를 두 번째
장갑바늘로, 마지막 4코를 세 번째 장갑바늘로 옮기고

3코를 만든다. (첫 번째, 두 번째 장갑바늘에는 8코씩, 세
번째 장갑바늘에는 7코)
열두(12) 단을 겉뜨기.
원형 112단: [겉뜨기 1코, 겉뜨기로 2코 모아뜨기] 7회,
겉뜨기 2코. (총 16코)
두(2) 단을 겉뜨기.
원형 115단: [겉뜨기로 2코 모아뜨기] 8회, 겉뜨기 1코.
(총 8코)
한(1) 단을 겉뜨기.
첫 번째 다리처럼 A실을 10cm 정도 남기고 자른 후에
실을 돗바늘에 꿴다. 돗바늘을 단의 첫 코부터 시작해서
나머지 코로 통과시킨 후에, 실을 팽팽하게 당겨서 끝이
풀어지지 않게 한다.

두 번째 팔
첫 번째 팔을 오른쪽에 놓고 첫 번째 팔처럼 뜬다.

귀(2개)
엄지 방법을 이용하여 3.5mm 장갑바늘과 A실로 16코를
만든다.
코가 꼬이지 않도록 해서 바늘 3개에 나누어 옮긴다.
네 번째 바늘로 첫 번째 코와 마지막 코를 한꺼번에
겉뜨기하여 원통을 만든다. 이곳이 단의 시작점인데,
스티치마커로 표시한다. (각 바늘에 5코씩)
서른두(32) 단을 겉뜨기.
코막음한다.

완성하기
뜨개실의 라벨에 적힌 주의사항에 따라 각 편물을
부드럽게 다림질한다.
남은 실 끝을 몸통의 안감면으로 넣어 안 보이게 정리한다.
메리야스 잇기로 머리의 솔기를 꿰맨다. 양팔 아래와 다리
사이의 창구멍으로 솜을 넣고 메리야스 잇기를 하면서
창구멍을 막는다.
귀를 둥글게 말아서 사진의 위치를 참조하여 머리에
꿰매어 붙인다.

자수 놓기
얼굴: 양쪽 눈은 검은색 자수실로 반원 모양으로
박음질한다. 입은 분홍색 실로 ×자를 수놓는다. 124쪽을
참조한다.

스웨터

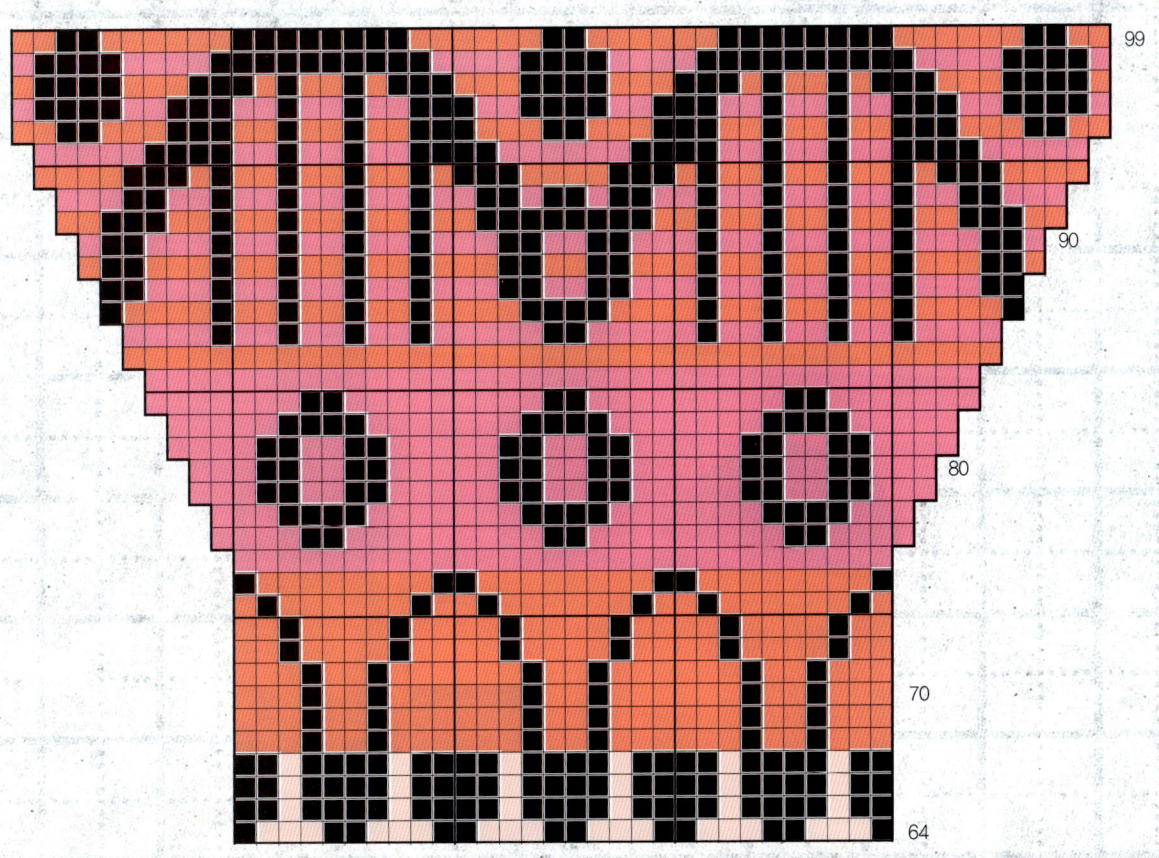

99

90

80

70

64

 A실

□ B실

□ C실

□ D실

시릴의 첫째 아들인 릴은 열렬한 캠핑 애호가예요. 모닥불에 노릇하게 구워먹을 유충과 벌레 잡는 것을 좋아하지요. 또 힘이 넘쳐서 항상 여기저기를 쏘다닌답니다.

라쿤여우 릴

패턴

주의: 트위드 털실은 두께가 일정하지 않으므로 로언 스코티시 트위드사를 두 겹으로 사용해서 두께를 고르게 한다.

앞판

첫 번째 다리
*엄지 방법(112쪽 참조)을 이용하여 A(주황색)실로 3코를 만든다.
1단(걸감면): 겉뜨기.
2단: 안뜨기 1코, 왼코 만들기, 안뜨기 1코, 오른코 만들기, 안뜨기 1코. (5코)
3단: 겉뜨기.
4단: 안뜨기.
5단: 겉뜨기.*
6단: 안뜨기 4코, 오른코 만들기, 안뜨기 1코. (6코)
실을 자르고 코를 안전핀에 걸어둔다.

두 번째 다리
첫 번째 다리의 *부터 *까지를 그대로 한다.
6단: 안뜨기 1코, 왼코 만들기, 안뜨기 4코. (6코)
코를 바늘에 그대로 두고 실을 자르지 않는다.

다리 연결하기
7단: 바늘에 있는 6코를 겉뜨기, 감아코로 10코 만들기, 걸감면이 보이게 놓고 안전핀에 걸어둔 6코를 겉뜨기. (22코)

몸통
8단: 안뜨기 5코, 안뜨기로 2코 모아뜨기, 안뜨기 8코, 안뜨기로 2코 모아 꼬아뜨기, 안뜨기 5코. (20코)
겉뜨기 단으로 시작해서 열아홉(19) 단을 메리야스뜨기.

팔
28단: 안뜨기 1코, 왼코 만들기, 안뜨기 18코, 오른코 만들기, 안뜨기 1코. (22코)
29단: 감아코로 3코 만들기, 끝까지 겉뜨기. (25코)
30단: 감아코로 3코 만들기, 끝까지 안뜨기. (28코)
31단: 겉뜨기 1코, 오른코 만들기, 겉뜨기 26코, 왼코 만들기, 겉뜨기 1코. (30코)
안뜨기 단으로 시작해서 두(2) 단을 메리야스뜨기.
34단: 안뜨기 1코, 안뜨기로 2코 모아뜨기, 안뜨기 24코, 안뜨기로 2코 모아 꼬아뜨기, 안뜨기 1코. (28코)
35단: 3코를 코막음하고, 끝까지 겉뜨기. (25코)
36단: 3코를 코막음하고, 끝까지 안뜨기. (22코)
37단: 겉뜨기 1코, 오른코 줄이기, 겉뜨기 16코, 겉뜨기로 2코 모아뜨기, 겉뜨기 1코. (20코)

머리
B(짙은 갈색)실을 연결한다.
안뜨기 단으로 시작해서 B실로 여섯(6) 단을 메리야스뜨기.
B실을 자르고 A실로 계속 뜬다.
44단: 안뜨기.

첫 번째 귀
45단: 겉뜨기 8코, 겉뜨기로 2코 모아뜨기, 편물을 돌린다.
9코로만 첫 번째 귀를 뜨고 나머지 코는 안전핀에 걸어둔다.
안뜨기 단으로 시작해서 다섯(5) 단을 메리야스뜨기.
51단: 겉뜨기 6코, 겉뜨기로 2코 모아뜨기, 겉뜨기 1코. (8코)
안뜨기 단으로 시작해서 열한(11) 단을 메리야스뜨기.
63단: 겉뜨기 1코, 오른코 줄이기, 겉뜨기 2코, 겉뜨기로 2코 모아뜨기, 겉뜨기 1코. (6코)
안뜨기 단으로 시작해서 세(3) 단을 메리야스뜨기.
67단: 겉뜨기 1코, 오른코 줄이기, 겉뜨기로 2코 모아뜨기,

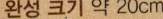

완성 크기 약 20cm

실 A: 주황색-라이트웨이트 얀(로언 스코티시 트위드 4ply 추천, 선셋 00011) 25g 2타래

B: 짙은 갈색-A와 같은 실(피트 00019) 25g 1타래

바늘 3.5mm 대바늘 2개

기타 안전핀 1개, 돗바늘, 솜, 자수실(흰색, 짙은 갈색 약간씩)

게이지 3.5mm 대바늘로 10×10cm에 18코 34단 메리야스뜨기

도구와 기법 110~126쪽 참조

도안 148쪽 참조

겉뜨기 1코. (4코)
68단: 안뜨기로 2코 모아뜨기, 안뜨기로 2코 모아
꼬아뜨기. (2코)
코막음한다.

두 번째 귀
안전핀에 걸어둔 코를 바늘로 옮기고 겉감면이 보이게
놓고 실을 다시 연결한다.
45단: 오른코 줄이기, 겉뜨기 8코. (9코)
안뜨기 단으로 시작해서 다섯(5) 단을 메리야스뜨기.
51단: 겉뜨기 1코, 오른코 줄이기, 겉뜨기 6코. (8코)
안뜨기 단으로 시작해서 열한(11) 단을 메리야스뜨기.
63단: 겉뜨기 1코, 오른코 줄이기, 겉뜨기 2코, 겉뜨기로
2코 모아뜨기, 겉뜨기 1코. (6코)
안뜨기 단으로 시작해서 세(3) 단을 메리야스뜨기.
67단: 겉뜨기 1코, 오른코 줄이기, 겉뜨기로 2코 모아뜨기,
겉뜨기 1코. (4코)
68단: 안뜨기로 2코 모아뜨기, 안뜨기로 2코 모아
꼬아뜨기. (2코)
코막음한다.

뒤판
앞판과 같은 방식으로 A실로만 뜬다.

꼬리
엄지 방법을 이용하여 A실로 18코를 만든다.
1단: A실로 겉뜨기.
2단: A실로 안뜨기.
B실을 연결한다.
3단: B실로 겉뜨기.
4단: B실로 안뜨기.
마지막 네 단은 줄무늬 패턴 메리야스뜨기이다. 패턴을
유지하면서 다음과 같이 뜬다.
다음 스물네(24) 단을 줄무늬 패턴 메리야스뜨기.
29단: A실로 [겉뜨기 3코, 1코 늘리기] 4회, 겉뜨기 2코.
(22코)
열다섯(15) 단을 줄무늬 패턴 메리야스뜨기.
45단: A실로 [겉뜨기 4코, 1코 늘리기, 겉뜨기 4코, 1코
늘리기] 2회, 겉뜨기 2코. (26코)
스물한(21) 단을 줄무늬 패턴 메리야스뜨기.
67단: B실로 [겉뜨기 4코, 겉뜨기로 2코 모아뜨기, 겉뜨기
4코, 겉뜨기로 2코 모아뜨기] 2회, 겉뜨기 2코. (22코)
68단: B실로 안뜨기.
69단: A실로 [겉뜨기 3코, 겉뜨기로 2코 모아뜨기] 4회,
겉뜨기 2코. (18코)
70코: A실로 안뜨기.
A실을 자른다.

71단: B실로 [겉뜨기 1코, 겉뜨기로 2코 모아뜨기] 6회.
(12코)
72단: [안뜨기로 2코 모아뜨기] 6회. (6코)
B실을 10cm 정도 남기고 자른 후에 실을 돗바늘에 꿴다.
떠야 할 순서대로 돗바늘을 바늘에 있는 모든 코로
통과시킨다. 바늘 끝으로 첫 코부터 마지막 코까지
통과시킨 후 실을 팽팽하게 당겨서 모든 코를 꼭 아문다.
실이 풀어지지 않게 끝을 단단히 잡아당긴다.

코
엄지 방법을 이용하여 A실로 12코를 만든다.
1단과 모든 홀수 단(안감면): 안뜨기.
2단: 겉뜨기 10코, 다음 코에서 되돌아뜨기를 하고 돌린다.
4단: 겉뜨기 8코, 다음 코에서 되돌아뜨기를 하고 돌린다.
6단: 겉뜨기 6코, 다음 코에서 되돌아뜨기를 하고 돌린다.
8단: 겉뜨기 4코, 다음 코에서 되돌아뜨기를 하고 돌린다.
10단: 겉뜨기 2코, 다음 코에서 되돌아뜨기를 하고 돌린다.
12단: 겉뜨기 2코, [겉뜨기 단에서 되돌아뜨기 정리,
겉뜨기 1코] 5회 반복한다.
13단: 안뜨기.
2~13단을 1회 반복한다.
코막음한다.

완성하기
뜨개실의 라벨에 적힌 주의사항에 따라 각 편물을
부드럽게 다림질한다.
메리야스 잇기 방법으로 코의 시작단과 끝단을 꿰매고
코에 솜을 넣는다. 사진의 위치를 참조하여 코를 메리야스
잇기 방법으로 머리 앞에 꿰매어 붙인다.

메리야스 잇기 방법으로 몸의 각 부위를 꿰매어 붙인다.
남은 실 끝을 솔기 안으로 넣어 안 보이게 정리한다. 이때
작은 창구멍을 남기고 그 사이로 솜을 넣은 후에 막는다.
메리야스 잇기 방법으로 꼬리의 가장자리를 꿰매어
붙이는데, 시작단은 그대로 둔다. 남은 실 끝을 안 보이게
정리하고, 시작단을 몸통 뒤판의 다리 바로 위, 가운데에
꿰매어 붙인다.

자수 놓기
얼굴: 양쪽 눈의 윤곽은 검은색 자수실로 박음질을 한다.
우선 눈 모양은 타원으로, 가운데 홍채의 양쪽 선은
세로선으로 박음질을 한다. 홍채 부분은 짙은 갈색 실로,
흰자위 부분은 흰색 실로 새틴 스티치를 한다. 코는 짙은
갈색 실로 코끝에 새틴 스티치를 한다. 124쪽을 참조한다.

달팽이 스틱은 재미있게 생긴 친구입니다. 행동은 아주 느리지만 약간 완벽주의 기질이 있어서 모든 일을 아주 잘하지요. 심지어 자기 껍데기를 하루에 두 번씩 닦아서 항상 반짝반짝 윤이 납니다. 동네에서 스틱의 껍데기가 제일 근사하답니다. 그의 껍데기를 본 사람마다 칭찬이 자자해서 스틱은 열심히 관리하는 것에 보람을 느낀답니다.

달팽이 스틱

패턴

몸통과 머리

꼬리

엄지 방법(112쪽 참조)을 이용하여 A(연한 갈색)실로 37코를 만든다.

코가 꼬이지 않도록 해서 바늘 3개에 나누어 옮긴다. 네 번째 바늘로 첫 번째 코와 마지막 코를 한꺼번에 겉뜨기하여 원통을 만든다. 이곳이 단의 시작점인데, 스티치마커로 표시한다. (각 바늘에 12코씩)

예순세(63) 단을 겉뜨기.

이제부터는 바늘 3개를 왔다 갔다 하면서 원형뜨기가 아니라 평면뜨기를 한다.

64단: 겉뜨기 34코, 다음 코에서 되돌아뜨기를 하고 돌린다.

65단: 걸러뜨기 1코, 안뜨기 31코, 다음 코에서 되돌아뜨기를 하고 돌린다.

66단: 걸러뜨기 1코, 겉뜨기 29코, 다음 코에서 되돌아뜨기를 하고 돌린다.

67단: 걸러뜨기 1코, 안뜨기 27코, 다음 코에서 되돌아뜨기를 하고 돌린다.

68단: 걸러뜨기 1코, 겉뜨기 25코, 다음 코에서 되돌아뜨기를 하고 돌린다.

69단: 걸러뜨기 1코, 안뜨기 23코, 다음 코에서 되돌아뜨기를 하고 돌린다.

70단: 걸러뜨기 1코, 겉뜨기 21코, 다음 코에서 되돌아뜨기를 하고 돌린다.

71단: 걸러뜨기 1코, 안뜨기 19코, 다음 코에서 되돌아뜨기를 하고 돌린다.

72단: 걸러뜨기 1코, 겉뜨기 17코, 다음 코에서 되돌아뜨기를 하고 돌린다.

73단: 걸러뜨기 1코, 안뜨기 15코, 다음 코에서 되돌아뜨기를 하고 돌린다.

74단: 걸러뜨기 1코, 겉뜨기 13코, 다음 코에서 되돌아뜨기를 하고 돌린다.

75단: 걸러뜨기 1코, 안뜨기 11코, 다음 코에서 되돌아뜨기를 하고 돌린다.

76단: 걸러뜨기 1코, 겉뜨기 9코, 다음 코에서 되돌아뜨기를 하고 돌린다.

77단: 걸러뜨기 1코, 안뜨기 7코, 다음 코에서 되돌아뜨기를 하고 돌린다.

78단: 걸러뜨기 1코, 겉뜨기 5코, 다음 코에서 되돌아뜨기를 하고 돌린다.

79단: 걸러뜨기 1코, 안뜨기 3코, 다음 코에서 되돌아뜨기를 하고 돌린다.

80단: 걸러뜨기 1코, 겉뜨기 3코, 겉뜨기 단에서 되돌아뜨기 정리, 다음 코에서 되돌아뜨기를 하고 돌린다.

81단: 걸러뜨기 1코, 안뜨기 4코, 안뜨기 단에서 되돌아뜨기 정리, 다음 코에서 되돌아뜨기를 하고 돌린다.

82단: 걸러뜨기 1코, 겉뜨기 5코, [겉뜨기 단에서 되돌아뜨기 정리] 2회, 다음 코에서 되돌아뜨기를 하고 돌린다.

83단: 걸러뜨기 1코, 안뜨기 7코, [안뜨기 단에서 되돌아뜨기 정리] 2회, 다음 코에서 되돌아뜨기를 하고 돌린다.

84단: 걸러뜨기 1코, 겉뜨기 9코, [겉뜨기 단에서 되돌아뜨기 정리] 2회, 다음 코에서 되돌아뜨기를 하고 돌린다.

85단: 걸러뜨기 1코, 안뜨기 11코, [안뜨기 단에서 되돌아뜨기 정리] 2회, 다음 코에서 되돌아뜨기를 하고 돌린다.

86단: 걸러뜨기 1코, 겉뜨기 13코, [겉뜨기 단에서 되돌아뜨기 정리] 2회, 다음 코에서 되돌아뜨기를 하고 돌린다.

87단: 걸러뜨기 1코, 안뜨기 15코, [안뜨기 단에서 되돌아뜨기 정리] 2회, 다음 코에서 되돌아뜨기를 하고 돌린다.

88단: 걸러뜨기 1코, 겉뜨기 17코, [겉뜨기 단에서 되돌아뜨기 정리] 2회, 다음 코에서 되돌아뜨기를 하고 돌린다.

89단: 걸러뜨기 1코, 안뜨기 19코, [안뜨기 단에서 되돌아뜨기 정리] 2회, 다음 코에서 되돌아뜨기를 하고 돌린다.

90단: 걸러뜨기 1코, 겉뜨기 21코, [겉뜨기 단에서 되돌아뜨기 정리] 2회, 다음 코에서 되돌아뜨기를 하고 돌린다.

91단: 걸러뜨기 1코, 안뜨기 23코, [안뜨기 단에서 되돌아뜨기 정리] 2회, 다음 코에서 되돌아뜨기를 하고 돌린다.

92단: 걸러뜨기 1코, 겉뜨기 25코, [겉뜨기 단에서 되돌아뜨기 정리] 2회, 다음 코에서 되돌아뜨기를 하고 돌린다.

93단: 걸러뜨기 1코, 안뜨기 27코, [안뜨기 단에서 되돌아뜨기 정리] 2회, 다음 코에서 되돌아뜨기를 하고

완성 크기 약 21cm.

실 A: 연한 갈색-라이트웨이트 얀(로언 울 코튼 추천, 드림 929) 50g 1타래

B: 분홍색-라이트웨이트 얀(로언 퓨터 울 병태사 추천, 페탈 024) 50g 1타래

전에 뜨개질하고 남은 실

바늘 3mm 대바늘 4개

기타 스티치마커, 여분의 면사, 돗바늘, 솜, 자수실(검은색, 흰색, 분홍색 약간씩)

게이지 3mm 대바늘로 10×10cm에 25코 36단 메리야스뜨기

도구와 기법 110~126쪽 참조

도안 149쪽 참조

돌린다.

94단: 걸러뜨기 1코, 겉뜨기 29코, [겉뜨기 단에서 되돌아뜨기 정리] 2회, 다음 코에서 되돌아뜨기를 하고 돌린다.

95단: 걸러뜨기 1코, 안뜨기 31코, [안뜨기 단에서 되돌아뜨기 정리] 2회, 안뜨기 1코, 편물을 돌린다.

96단: 걸러뜨기 1코, 겉뜨기 33코, 겉뜨기 단에서 되돌아뜨기 정리.

이제부터는 다시 원형뜨기를 한다.

원형 97단: 오른코 만들기를 하는 것처럼 원형뜨기의 첫 번째 코와 마지막 코 사이의 가로로 된 가닥을 들어 올려서 첫 번째 코와 한꺼번에 겉뜨기, 원형뜨기 단의 끝까지 겉뜨기.

원형 98~139단: 마흔두(42) 단을 겉뜨기.

첫 번째 눈자루

원형 140단: 겉뜨기 9코, 18코를 여분의 면사에 걸어둔다. 1코 만들기, 겉뜨기 9코. 코를 장갑바늘에 나눠놓는데, 첫 번째, 두 번째 바늘에는 6코씩 그리고 세 번째 바늘에는 7코를 옮긴다.

스무(20) 단을 겉뜨기.

원형 161단: [겉뜨기 1코, 겉뜨기로 2코 모아뜨기] 6회, 겉뜨기 1코. (첫 번째, 두 번째 바늘에는 4코씩, 세 번째 바늘에는 5코)

원형 162단: 겉뜨기.

원형 163단: [겉뜨기로 2코 모아뜨기, 겉뜨기 1코] 4회, 겉뜨기 1코. (총 9코)

원형 164단: 겉뜨기.

A실을 10cm 정도 남기고 자른 후에 실을 돗바늘에 꿴다. 떠야 할 순서대로 돗바늘을 바늘에 있는 코로 통과시킨다. 바늘 끝으로 첫 코부터 마지막 코까지 통과시킨 후 실을 팽팽하게 당겨서 모든 코를 꼭 아물린다. 실이 풀어지지 않게 끝을 단단히 잡아당긴다.

두 번째 눈자루

여분의 실에서 18코를 장갑바늘 2개에 나눠옮기고 앞판이 보이게 놓고 실을 다시 연결한다.

원형 140단: 원형뜨기를 시작하기 위해, 먼저 세 번째 바늘로 첫 번째 눈자루의 밑 부분에서 코를 주워 첫 번째 코를 만들고 네 번째 바늘로 겉뜨기 6코. 이제 빈 바늘로 겉뜨기 6코, 첫 번째 눈자루의 밑 부분에서 1코를 줍고 1코를 만든다. (첫 번째 바늘에 7코, 두 번째 바늘에 6코, 세 번째 바늘에 8코)

이곳이 단의 시작점인데, 스티치마커로 표시한다.

원형 141단: 첫 번째 바늘에서 겉뜨기로 2코 모아뜨기, 겉뜨기 5코, 두 번째 바늘에서 겉뜨기 6코, 세 번째 바늘에서 겉뜨기 5코, 겉뜨기로 2코 모아뜨기, 겉뜨기 1코. (첫 번째, 두 번째 바늘에 6코씩, 세 번째 바늘에 7코)

원형 142~160단: 열아홉(19) 단을 겉뜨기.

원형 161단: [겉뜨기 1코, 겉뜨기로 2코 모아뜨기] 6회, 겉뜨기 1코. (첫 번째, 두 번째 바늘에 4코씩, 세 번째 바늘에 5코)

원형 162단: 겉뜨기.

원형 163단: [겉뜨기로 2코 모아뜨기, 겉뜨기 1코] 4회, 겉뜨기 1코. (총 9코)

원형 164단: 겉뜨기.

첫 번째 눈자루처럼, A실을 10cm 정도 남기고 자른 후에 실을 돗바늘에 꿴다. 돗바늘을 단의 첫 코부터 시작해서 나머지 코로 통과시킨 후에, 실을 팽팽하게 당겨서 끝이 풀어지지 않게 한다.

껍데기

엄지 방법을 이용하여 B(분홍색)실로 37코를 만든다. 코가 꼬이지 않도록 해서 바늘 3개에 나누어 옮긴다. 네 번째 바늘로 첫 번째 코와 마지막 코를 한꺼번에 겉뜨기하여 원통을 만든다. 이곳이 단의 시작점인데, 스티치마커로 표시한다. (각 바늘에 12코씩)

원형 1~2단(안감면): B실로 겉뜨기.

전에 뜨개질을 하고 남은 실을 연결한다. 실 끝을 바깥쪽(안감면)으로 남겨둔다.

원형 3~4단: 남은 실로 겉뜨기.

실의 색깔을 바꿀 때마다 바깥쪽(안감면)에서 실을 꼬면서, 마지막 네(4) 단을 반복하며 100cm를 뜬다. 코막음한다.

완성하기

뜨개실의 라벨에 적힌 주의사항에 따라 각 편물을 부드럽게 다림질한다.

실 끝을 몸통 안에 넣어 안 보이게 정리하고, 솜을 넣고 메리야스 잇기 방법으로 창구멍을 막는다.

실 끝을 껍데기 안에 넣어 안 보이게 정리하고, 뚫려있는 시작단을 꿰매어 막는다. 안감면이 밖으로 나오도록 편물을 뒤집는다. 처음 30cm 정도는 그냥 돌돌 말고, 그 후부터 솜을 조금씩 넣어가며 계속 말면서 꿰매어 고정한다. 끝이 가까워지면 솜의 양을 점차 줄이고 구멍을 꿰매어 막는다. 사진의 위치를 참조하여 껍데기를 몸통에 꿰매어 붙인다.

자수 놓기

얼굴: 양쪽 눈의 윤곽은 검은색 자수실로 박음질을 한다. 우선 눈 모양은 타원으로, 가운데 홍채의 양쪽 선은 세로선으로 박음질을 한다. 홍채 부분은 짙은 갈색실로, 흰자위 부분은 흰색 실로 새틴 스티치를 한다. 입은 분홍색 실로 가로선 2개를 박음질한다. 124쪽을 참조한다.

앵그리 진저는 항상 짜증을 냅니다. 아무 이유 없이 심술을 부릴 때도 있지요. 이런 성격을 잘 아는 친구들 대부분은 앵그리 진저를 무시합니다. 그래서 앵그리 진저는 더 짜증이 나요. 앵그리 진저는 생강빵을 좋아해요. 생강빵을 먹으면 기분이 좋아지거든요.

앵그리 진저

패턴

주의: 처음부터 끝까지 A, B, C실을 함께 잡고서 뜬다.

머리. 몸통. 다리

A(주황색), B(적포도주색), C(금색)을 함께 잡고서 엄지 방법을 이용하여 바늘 하나로 6코를 만든다.

원형 1단(안감면): 원형뜨기를 시작하기 위해, 만든 코의 절반을 두 번째 바늘로 걸러 뜨고 첫 번째 바늘과 두 번째 바늘을 나란히 놓는다. 그러면 서로 다른 바늘에 있는 첫 코와 마지막 코가 가까이 있게 된다. 세 번째 바늘로 첫 코부터 두 코를 원형뜨기 겉뜨기를 시작한다. 네 번째 바늘로 첫 번째, 두 번째 바늘에서 한 코씩, 두 코를 겉뜨기한다(각 바늘에 두 코씩 있다). 마지막 2코를 겉뜨기하여 원형뜨기를 완성한다. 이곳이 단의 시작점인데, 스티치마커로 표시한다.

머리

원형 2단: [1코 늘리기] 6회. (각 바늘에 4코씩)

원형 3단: 겉뜨기.

원형 4단: [겉뜨기 1코, 1코 만들기] 12회. (각 바늘에 8코씩)

원형 5~6단: 겉뜨기.

원형 7단: [겉뜨기 3코, 1코 늘리기] 6회. (각 바늘에 10코씩)

스무(20) 단을 겉뜨기.

원형 28단: [겉뜨기 4코, 1코 늘리기] 6회. 각 바늘에 12코씩)

두(2) 단을 겉뜨기.

팔

원형 31단: 첫 번째 바늘에서 겉뜨기 6코, 2코 늘리기, 겉뜨기 2코, 2코 늘리기, 겉뜨기 2코. 두 번째 바늘에서

겉뜨기 12코. 세 번째 바늘에서 겉뜨기 2코, 2코 늘리기, 겉뜨기 2코, 2코 늘리기, 겉뜨기 6코. (첫 번째 바늘에 16코, 두 번째 바늘에 12코, 세 번째 바늘에 16코)

원형 32단: 겉뜨기.

원형 33단: 첫 번째 바늘에서 겉뜨기 16코, 편물 돌리기, 방금 뜬 코 중에서 안뜨기 8코, 편물 돌리기, 겉뜨기 8코. 두 번째 바늘에서 겉뜨기 12코. 세 번째 바늘에서 겉뜨기 8코, 편물 돌리기, 방금 뜬 8코를 안뜨기, 편물 돌리기, 겉뜨기 16코.

원형 34단: 첫 번째 바늘에서 겉뜨기 6코, [오른코 줄이기] 2회, 겉뜨기 2코, [겉뜨기로 2코 모아뜨기] 2회. 두 번째 바늘에서 겉뜨기 12코. 세 번째 바늘에서 [오른코 줄이기] 2회, 겉뜨기 2코, [겉뜨기로 2코 모아뜨기]2회, 겉뜨기 6코. (각 바늘에 12코씩)

몸통

열여섯(16) 단을 겉뜨기.

첫 번째 다리

원형 51단: [겉뜨기 15코, 3코 코막음] 2회. 뜨는 실에 걸려있지 않은 15코를 여분의 실에 옮겨놓는다.

✤ **원형 52단:** 원형뜨기를 시작하기 위해, 겉뜨기 6코, 빈 바늘로 겉뜨기 6코, 빈 바늘로 겉뜨기 3코, 감아코로 3코 만들기. (각 바늘에 6코씩)

마흔여섯(46) 단을 겉뜨기.

원형 99단: [겉뜨기 1코, 오른코 줄이기, 겉뜨기 1코, 겉뜨기로 2코 모아뜨기] 3회. (각 바늘에 4코씩)

두(2) 단을 겉뜨기.

원형 102단: [오른코 줄이기, 겉뜨기로 2코 모아뜨기] 3회. (각 바늘에 2코씩)

원형 103단: 겉뜨기.

실을 10cm 정도 남기고 자른 후에 실을 돗바늘에 꿴다.

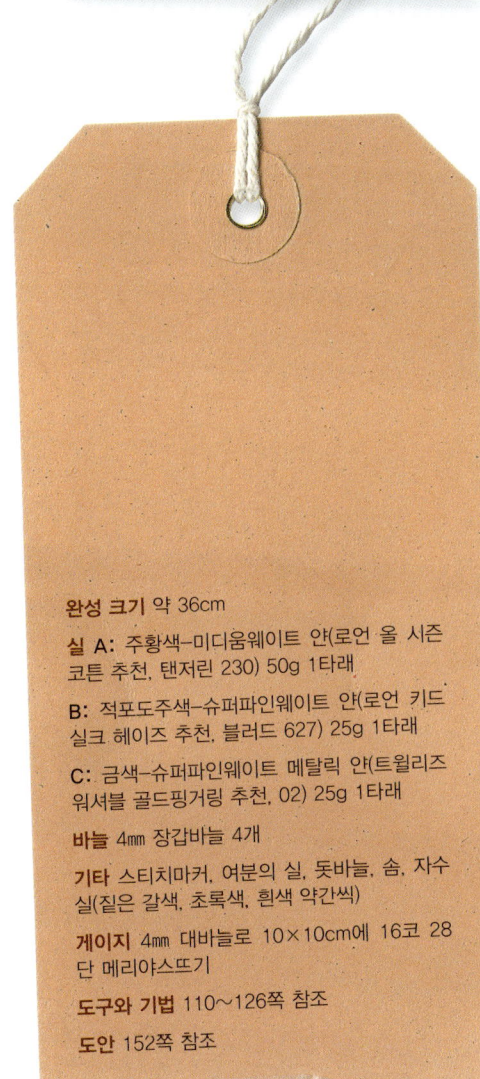

완성 크기 약 36cm

실 A: 주황색—미디엄웨이트 얀(로언 올 시즌 코튼 추천, 탠저린 230) 50g 1타래

B: 적포도주색—슈퍼파인웨이트 얀(로언 키드 실크 헤이즈 추천, 블러드 627) 25g 1타래

C: 금색—슈퍼파인웨이트 메탈릭 얀(트윌리즈 워셔블 골드핑거링 추천, 02) 25g 1타래

바늘 4mm 장갑바늘 4개

기타 스티치마커, 여분의 실, 돗바늘, 솜, 자수 실(짙은 갈색, 초록색, 흰색 약간씩)

게이지 4mm 대바늘로 10×10cm에 16코 28단 메리야스뜨기

도구와 기법 110~126쪽 참조

도안 152쪽 참조

떠야 할 순서대로 돗바늘을 바늘에 있는 모든 코로 통과시킨다. 바늘 끝으로 첫 코부터 마지막 코까지 통과시킨 후 실을 팽팽하게 당겨서 모든 코를 꼭 아물린다. 실이 풀어지지 않게 끝을 단단히 잡아당긴다. ✽

두 번째 다리

여분의 실에 걸어둔 15코를 장갑바늘 2개에 나눠놓는다. 실을 연결한다. 이 부분은 나중에 다리 사이의 공간이 된다.

첫 번째 다리의 ✽부터 ✽까지처럼 뜬다.

완성하기

뜨개실의 라벨에 적힌 주의사항에 따라 각 편물을 부드럽게 다림질한다.

남은 실 끝을 겉뜨기 면(안감면)에서 안 보이게 정리한다. 솜을 넣은 후 다리 사이의 창구멍을 메리야스 잇기 방법으로 막는다. 양쪽 팔의 튀어나온 부분에 한 줄로 홈질하고 실을 팽팽하게 잡아당기고 풀어지지 않게 매듭을 짓는다.

자수 놓기

얼굴: 양쪽 눈의 윤곽은 짙은 갈색 자수실로 박음질을 한다. 우선 눈 모양은 타원으로, 가운데 홍채의 양쪽 선은 세로선으로 박음질을 한다. 홍채 부분은 초록색 실로, 흰자위 부분은 흰색 실로 새틴 스티치를 한다. 눈썹은 짙은 갈색 실로 눈 위에 비스듬하게 박음질을 한다. 동그랗게 벌린 입과 입안의 이빨 윤곽선은 짙은 갈색 실로 박음질을 한다. 이빨은 흰색 실로 새틴 스티치를 한다.

가슴: 짙은 갈색 실로 짧은 선을 임의대로 스트레이트 스티치를 한다. 124쪽을 참조한다.

푸들 페트라

페트라는 도도한 강아지입니다. 항상 꼿꼿한 자세를
유지하며, 자신이 멋있다는 사실을 아주 잘 알고 있지요.
그래서 완벽하게 꾸민 모습을 보이고 싶어 해요. 그리고
페트라는 먼 곳으로 산책을 다녀온 후 몸에 좋은 차를
마시며 쉬는 것을 즐깁니다.

패턴

앞판

꼬은 코 만들기 방법을 이용하여 A(크림색)실로 40코를 만든다.

겉뜨기 단으로 시작해서 쉰여섯(56) 단을 메리야스뜨기.

등

57단(겉감면): 겉뜨기 33코, 마지막 7코를 안전핀에 걸어둔다.

58단: 안뜨기. (33코)

59단: 3코 남을 때까지 겉뜨기, 겉뜨기로 2코 모아뜨기, 겉뜨기 1코. (32코)

60단: 안뜨기 1코, 안뜨기로 2코 모아뜨기, 끝까지 안뜨기. (31코)

59~60단을 2회 반복한다. (27코)

65단: 3코 남을 때까지 겉뜨기, 겉뜨기로 2코 모아뜨기, 겉뜨기 1코. (26코)

66단: 안뜨기.

65~66단을 6회 반복한다. (20코)

79단: 3코 남을 때까지 겉뜨기, 겉뜨기로 2코 모아뜨기, 겉뜨기 1코. (19코)

80단: 안뜨기.

81단: 겉뜨기.

82단: 안뜨기.

79~82단을 2회 반복한다. (17코)

✽목

겉뜨기 단으로 시작해서 스물네(24) 단을 메리야스뜨기.

머리

115단: 겉뜨기 1코, 오른코 만들기, 1코 남을 때까지 겉뜨기, 왼코 만들기, 겉뜨기 1코. (19코)

116단: 안뜨기.

115~116단을 6회 반복한다. (31코)

겉뜨기 단으로 시작해서 네(4) 단을 메리야스뜨기.

133단: 겉뜨기 1코, 오른코 줄이기, 3코 남을 때까지 겉뜨기, 겉뜨기로 2코 모아뜨기, 겉뜨기 1코. (29코)

134단: 안뜨기.

133~134단을 1회 반복한다. (27코)

137단: 겉뜨기 1코, 오른코 줄이기, 3코 남을 때까지 겉뜨기, 겉뜨기로 2코 모아뜨기, 겉뜨기 1코. (25코)

138단: 안뜨기 1코, 안뜨기로 2코 모아뜨기, 3코 남을 때까지 안뜨기, 안뜨기로 2코 모아 꼬아뜨기, 안뜨기 1코. (23코)

137~138단을 2회 반복한다. (15코)

143단: 겉뜨기 1코, [오른코 줄이기] 2회, 5코 남을 때까지

겉뜨기, [겉뜨기로 2코 모아뜨기] 2회, 겉뜨기 1코. (11코)

144단: 안뜨기 1코, [안뜨기로 2코 모아뜨기] 2회, 안뜨기 1코, [안뜨기로 2코 모아 꼬아뜨기] 2회, 안뜨기 1코. (7코) 코막음한다.✽

꼬리

안전핀에 걸어둔 7코를 바늘 하나로 옮기고 겉감면이 보이게 놓고 실을 다시 연결한다.

겉뜨기 단으로 시작해서 여덟(8) 단을 메리야스뜨기.

다음 단: 겉뜨기 1코, 오른코 줄이기, 겉뜨기 1코, 겉뜨기로 2코 모아뜨기, 겉뜨기 1코. (5코)

다음 단: 안뜨기.

코막음한다.

뒤판

A실로 40코를 만든다.

겉뜨기 단으로 시작해서 쉰여섯(56) 단을 메리야스뜨기.

등

57단(겉감면): 겉뜨기 7코, 방금 겉뜨기한 7코를 안전핀에 걸어놓고 끝까지 겉뜨기.

58단: 안뜨기. (33코)

59단: 겉뜨기 1코, 오른코 줄이기, 끝까지 겉뜨기. (32코)

60단: 3코 남을 때까지 안뜨기, 안뜨기로 2코 모아 꼬아뜨기, 안뜨기 1코. (31코)

59~60단을 2회 반복한다. (27코)

65단: 겉뜨기 1코, 오른코 줄이기, 끝까지 겉뜨기. (26코)

66단: 안뜨기.

65~66단을 6회 반복한다. (20코)

79단: 겉뜨기 1코, 오른코 줄이기, 끝까지 겉뜨기. (19코)

80단: 안뜨기.

81단: 겉뜨기.

82단: 안뜨기.

79~82단을 2회 반복한다. (17코)

앞판의 ✽부터 ✽까지를 그대로 한다.

꼬리

안전핀에 걸어둔 7코를 바늘로 옮기고 안감면이 보이게 놓고 실을 다시 연결한다.

안뜨기 단으로 시작해서 일곱(7) 단을 메리야스뜨기.

다음 단: 겉뜨기 1코, 오른코 줄이기, 겉뜨기 1코, 겉뜨기로 2코 모아뜨기, 겉뜨기 1코. (5코)

다음 단: 안뜨기.

코막음한다.

완성 크기 약 42cm

실 A: 크림색—라이트웨이트 얀(데비 블리스 캐시메리노 병태사 추천, 18002) 50g 2타래

B: 크림색—파인웨이트 얀(데비 블리스 리알토 4ply 추천, 01) 50g 1타래

바늘 3.25mm 대바늘 2개

기타 안전핀 1개, 돗바늘, 솜, 두툼한 양모펠트 또는 판지(15×10cm), 핀, 자수실(검은색, 연녹색, 흰색 약간씩), 초록색 펠트지(60× 1cm)

게이지 3.25mm 대바늘로 10×10cm에 27코 36단 메리야스뜨기

도구와 기법 110~126쪽 참조

도안 150쪽 참조

밑받침

꼬은 코 만들기 방법을 이용하여 A실로 3코를 만든다.

1단: 겉뜨기.

2단: 안뜨기.

3단: 겉뜨기 1코, 오른코 만들기, 1코 남을 때까지 겉뜨기, 왼코 만들기, 겉뜨기 1코. (5코)

4단: 안뜨기.

3~4단을 8회 반복한다. (21코)

겉뜨기 단으로 시작해서 스물두(22) 단을 메리야스뜨기.

43단: 겉뜨기 1코, 오른코 줄이기, 3코 남을 때까지 겉뜨기, 겉뜨기로 2코 모아뜨기, 겉뜨기 1코. (19코)

44단: 안뜨기.

43~44단을 7회 반복한다. (5코)

59단: 오른코 줄이기, 겉뜨기 1코, 겉뜨기로 2코 모아뜨기. (3코)

60단: 안뜨기.

코막음한다.

코

꼬은 코 만들기 방법을 이용하여 A실로 12코를 만든다.

1단(안감면)과 모든 홀수 단: 안뜨기.

2단: 겉뜨기 8코, 다음 코에서 되돌아뜨기를 하고 돌린다.

4단: 겉뜨기 4코, 다음 코에서 되돌아뜨기를 하고 돌린다.

6단: 겉뜨기 4코, [겉뜨기 단에서 되돌아뜨기 정리, 겉뜨기 3코] 2회.

7단: 안뜨기.

2~7단을 4회 반복한다.

코막음한다.

귀(2개)

A실로 9코를 만든다.

1단: 겉뜨기 1코, 안뜨기 1코, 겉뜨기 5코, 안뜨기 1코, 겉뜨기 1코.

2단: 겉뜨기 1코, 안뜨기 7코, 겉뜨기 1코.

1~2단을 15회 반복한다.

33단: 겉뜨기 1코, 안뜨기 1코, 오른코 줄이기, 겉뜨기 1코, 겉뜨기로 2코 모아뜨기, 안뜨기 1코, 겉뜨기 1코. (7코)

34단: 겉뜨기 1코, 안뜨기 5코, 겉뜨기 1코.

35단: 겉뜨기 1코, 안뜨기 1코, 겉뜨기 방향으로 2코 걸러뜨기, 겉뜨기 1코, 걸러뜨기한 코로 뜬 코를 덮어씌우기, 안뜨기 1코, 겉뜨기 1코. (5코)

36단: [겉뜨기 1코, 안뜨기 1코] 2회, 겉뜨기 1코.

36단을 2회 반복한다.

실을 20cm 정도 남기고 자른다. 남은 5코로 실을 통과시킨 후 꽉 잡아당긴다.

완성하기

양쪽 귀의 남은 실 끝을 안 보이게 정리한다.

뜨개실의 라벨에 적힌 주의사항에 따라 각 편물을 부드럽게 다림질한다.

코의 시작단과 끝단을 메리야스 잇기 방법으로 꿰매어 붙인다. 코에 솜을 넣는다. 사진의 위치를 참조하여, 체인 스티치나 메리야스 잇기 방법으로 코를 머리 앞에 붙인다.

메리야스 잇기 방법으로 몸통과 머리를 돌아가며 몸의 각 부위를 꿰매어 붙인다. 남은 실 끝을 솔기 안으로 넣어 보이지 않게 정리한다.

양모 펠트나 판지 위에 밑받침을 대고 그린다. 그린 모양보다 5mm 안쪽에서 오린다. 오린 펠트나 판지를 밑받침 안감면 위에 놓는다. 밑받침을 몸통 아래에 놓고 핀으로 고정한 후 메리야스 잇기 방법으로 꿰매어 붙인다. 이때 작은 창구멍은 남겨서 그 사이로 솜을 넣은 후 창구멍을 막는다.

사진의 위치를 참조하여 다음과 같이 귀를 머리 양옆에 붙인다. 머리 꼭대기에 귀 겉감면이 아래로 가게 가로로 놓고 귀 끝(시작단)에서 머리에 핀을 꽂아 고정한다. 귀 시작단을 머리에 대고 박음질로 꿰매어 붙인다. 바느질 선 위로 귀를 접어 내린다.

B(크림색)실로 직경 3cm 정도의 방울 3개와 직경 10cm 정도의 방울 1개를 만든다. 작은 방울은 양쪽 귀 끝과 꼬리 끝에 하나씩, 큰 방울은 머리 위에 단다.

길게 자른 펠트지는 목에 나비넥타이처럼 맨다.

자수 놓기

얼굴: 양쪽 눈의 윤곽은 검은색 자수실로 박음질을 한다. 우선 눈 모양은 타원으로, 가운데 홍채의 양쪽 선은 세로선으로 박음질을 한다. 홍채 부분은 연녹색 실로, 흰자위 부분은 흰색 실로 새틴 스티치를 한다. 코는 검은색 실로 코끝에 새틴 스티치를 한다. 124쪽을 참조한다.

바네사는 운동광입니다. 어렸을 때부터 체조를 꾸준히 했답니다. 하루 동안의
스케줄은 요가와 필라테스, 조깅으로 빡빡하게 짜여있습니다.

산토끼 바네사

패턴

앞판

오른쪽 다리
꼰 코 만들기 방법을 이용하여 A(자주색)실로 8코를
만든다.

1단(겉감면): 겉뜨기.

2단: 안뜨기.

3단: 겉뜨기 2코, 오른코 만들기, 2코 남을 때까지 겉뜨기,
왼코 만들기, 겉뜨기 2코. (10코)

4단: 안뜨기.

3~4단을 2회 반복한다. (14코)

겉뜨기 단으로 시작해서 열다섯(15) 단을 메리야스뜨기.
A실을 자르고 B(연보라색)실을 연결한다.

24단: 안뜨기.

25단: [겉뜨기 1코, 안뜨기 1코] 2회, 겉뜨기 2코, 오른코
만들기, 겉뜨기 2코, 왼코 만들기, 겉뜨기 2코, [안뜨기 1코,
겉뜨기 1코] 2회. (16코)

26단: 안뜨기 2코, 겉뜨기 1코, 안뜨기 1코, 겉뜨기 1코,
안뜨기 6코, 겉뜨기 1코, 안뜨기 1코, 겉뜨기 1코, 안뜨기
2코.

27단: [겉뜨기 1코, 안뜨기 1코] 2회, 겉뜨기 8코, [안뜨기
1코, 겉뜨기 1코] 2회.

26~27단을 3회 반복한 후에 26단을 1회 더 반복한다.

35단: [겉뜨기 1코, 안뜨기 1코] 2회, 겉뜨기 1코, 오른코위
3코 교차뜨기, [겉뜨기 1코, 안뜨기 1코] 2회, 겉뜨기 1코.
26~35단을 6회 반복한다.

96단: 안뜨기 2코, 겉뜨기 1코, 안뜨기 1코, 겉뜨기 1코,
안뜨기 6코, 겉뜨기 1코, 안뜨기 1코, 겉뜨기 1코, 안뜨기
2코.

97단: [겉뜨기 1코, 안뜨기 1코] 2회, 겉뜨기 8코, [안뜨기
1코, 겉뜨기 1코] 2회.

96~97단을 2회 반복한 후에 96단을 1회 더 반복한다.
실을 자르고 코를 안전핀에 걸어둔다.

왼쪽 다리
오른쪽 다리처럼 뜨는데, 오른코위 3코 교차뜨기 대신
왼코위 3코 교차뜨기를 한다.
코를 바늘에 그대로 두고 실을 자르지 않는다.

다리 연결하기

1단(겉감면): 바늘에 걸려있는 코를 [겉뜨기 1코, 안뜨기
1코] 2회, 겉뜨기 8코, [안뜨기 1코, 겉뜨기 1코] 2회, 4코
만들기, 안전핀에 걸어둔 코를 [겉뜨기 1코, 안뜨기 1코]
2회, 겉뜨기 8코, [안뜨기 1코, 겉뜨기 1코] 2회. (36코)

몸통

2단: 안뜨기 2코, 겉뜨기 1코, 안뜨기 1코, 겉뜨기 1코,
안뜨기 6코, 겉뜨기 1코, 안뜨기 1코, 겉뜨기 1코, 안뜨기
8코, 겉뜨기 1코, 안뜨기 1코, 겉뜨기 1코, 안뜨기 6코,
겉뜨기 1코, 안뜨기 1코, 겉뜨기 1코, 안뜨기 2코.

3단: [겉뜨기 1코, 안뜨기 1코] 2회, 겉뜨기 1코, 왼코위
3코 교차뜨기, 겉뜨기 1코, 안뜨기 1코, 겉뜨기 10코,
안뜨기 1코, 겉뜨기 1코, 오른코위 3코 교차뜨기, [겉뜨기
1코, 안뜨기 1코] 2회, 겉뜨기 1코.

4단: 안뜨기 2코, 겉뜨기 1코, 안뜨기 1코, 겉뜨기 1코,
안뜨기 6코, 겉뜨기 1코, 안뜨기 1코, 겉뜨기 1코, 안뜨기
8코, 겉뜨기 1코, 안뜨기 1코, 겉뜨기 1코, 안뜨기 6코,
겉뜨기 1코, 안뜨기 1코, 겉뜨기 1코, 안뜨기 2코.

5단: [겉뜨기 1코, 안뜨기 1코] 2회, 겉뜨기 8코, 안뜨기
1코, 겉뜨기 10코, 안뜨기 1코, 겉뜨기 8코, [안뜨기 1코,
겉뜨기 1코] 2회.

4~5단을 1회 반복한 후에 4단을 1회 더 반복한다.

9단: [겉뜨기 1코, 안뜨기 1코] 2회, 겉뜨기 8코, 안뜨기
1코, 겉뜨기 1코, 왼코위 2코 교차뜨기, 오른코위 2코
교차뜨기, 겉뜨기 1코, 안뜨기 1코, 겉뜨기 8코, [안뜨기
1코, 겉뜨기 1코] 2회.

✱**10~11단:** 4~5단처럼 뜬다.

12단: 4단처럼 뜬다.

13단: 3단처럼 뜬다.

14단: 4단처럼 뜬다.

15단: 9단처럼 뜬다.

16~19단: 4~5단을 2회 반복한다.

20단: 4단처럼 뜬다.

21단: 9단처럼 뜬다.

22단: 4단처럼 뜬다.

23단: 3단처럼 뜬다.

24~25단: 4~5단처럼 뜬다.

완성 크기 약 55cm(귀 포함)

실 A: 연보라색-라이트웨이트 얀(로언 울
코튼 추천, 빌베리 풀 959) 50g 1타래

B: 연보라색-A와 같은 실(히스 952) 50g
2타래

C: 크림색-파인웨이트 얀(로언 퓨어 울
4ply 추천, 스노우 412) 약간

바늘 2.5mm 대바늘 2개

기타 꽈배기바늘, 안전핀 1개, 돗바늘, 솜,
자수실(검은색, 파란색, 흰색, 분홍색 약간
씩)

게이지 2.5mm 대바늘로 10×10cm에 28코
49단 메리야스뜨기

도구와 기법 110~126쪽 참조

도안 154쪽 참조

26단: 4단처럼 뜬다.
27단: 9단처럼 뜬다.✽
28~31단: 4~5단을 2회 반복한다.
32단: 4단처럼 뜬다.
33단: [겉뜨기 1코, 안뜨기 1코] 2회, 겉뜨기 1코, 왼코위 3코 교차뜨기, 겉뜨기 1코, 안뜨기 1코, 겉뜨기 1코, 왼코위 2코 교차뜨기, 오른코위 2코 교차뜨기, 겉뜨기 1코, 안뜨기 1코, 겉뜨기 1코, 오른코위 3코 교차뜨기, [겉뜨기 1코, 안뜨기 1코] 2회, 겉뜨기 1코.
34~37단: 4~5단을 2회 반복한다.
38단: 4단처럼 뜬다.
39단: 9단처럼 뜬다.
✽부터 ✽까지 반복한다.
58~59단: 4~5단처럼 뜬다.

팔
60단: 6코 만들기, 안뜨기 2코, [겉뜨기 1코, 안뜨기 1코] 4회, 겉뜨기 1코, 안뜨기 6코, 겉뜨기 1코, 안뜨기 1코, 겉뜨기 1코, 안뜨기 8코, 겉뜨기 1코, 안뜨기 1코, 겉뜨기 1코, 안뜨기 6코, 겉뜨기 1코, 안뜨기 1코, 겉뜨기 1코, 안뜨기 2코. (42코)
61단: 6코 만들기, [겉뜨기 1코, 안뜨기 1코] 5회, 겉뜨기 8코, 안뜨기 1코, 겉뜨기 10코, 안뜨기 1코, 겉뜨기 8코, [안뜨기 1코, 겉뜨기 1코] 5회. (48코)
62단: 안뜨기 2코, [겉뜨기 1코, 안뜨기 1코] 4회, 겉뜨기 1코, 안뜨기 6코, 겉뜨기 1코, 안뜨기 1코, 겉뜨기 1코, 안뜨기 8코, 겉뜨기 1코, 안뜨기 1코, 겉뜨기 1코, 안뜨기 6코, [겉뜨기 1코, 안뜨기 1코] 4회, 겉뜨기 1코, 안뜨기 2코.
63단: [겉뜨기 1코, 안뜨기 1코] 5회, 겉뜨기 1코, 왼코위 3코 교차뜨기, 겉뜨기 1코, 안뜨기 1코, 겉뜨기 1코, 왼코위 2코 교차뜨기, 오른코위 2코 교차뜨기, 겉뜨기 1코, 안뜨기 1코, 겉뜨기 1코, 오른코위 3코 교차뜨기, [겉뜨기 1코, 안뜨기 1코] 5회, 겉뜨기 1코.
64단: 62단처럼 뜬다.
65단: [겉뜨기 1코, 안뜨기 1코] 5회, 겉뜨기 8코, 안뜨기 1코, 겉뜨기 10코, 안뜨기 1코, 겉뜨기 8코, [안뜨기 1코, 겉뜨기 1코] 5회.
66~67단: 64~65단처럼 뜬다.
68단: 6코를 코막음하고, [안뜨기 1코, 겉뜨기 1코] 2회, 안뜨기 6코, 겉뜨기 1코, 안뜨기 1코, 겉뜨기 1코, 안뜨기 8코, 겉뜨기 1코, 안뜨기 1코, 겉뜨기 1코, 안뜨기 6코, [겉뜨기 1코, 안뜨기 1코] 4회, 겉뜨기 1코, 안뜨기 2코. (42코)
69단: 6코를 코막음하고, 안뜨기 1코, 겉뜨기 1코, 안뜨기 1코, 겉뜨기 8코, 안뜨기 1코, 겉뜨기 1코, 왼코위 2코 교차뜨기, 오른코위 2코 교차뜨기, 겉뜨기 1코, 안뜨기 1코, 겉뜨기 8코, [안뜨기 1코, 겉뜨기 1코] 2회. (36코)
70~71단: 4~5단처럼 뜬다.
72단: 4단처럼 뜬다.

73단: 3단처럼 뜬다.
74단: 4단처럼 뜬다.
75단: 9단처럼 뜬다.
76~79단: 4~5단을 2회 반복한다.
80단: 4단처럼 뜬다.
81단: 9단처럼 뜬다.
82단: 4단처럼 뜬다.
83단: [겉뜨기 1코, 안뜨기 1코] 2회, 겉뜨기 1코, 다음 3코를 꽈배기바늘로 걸러 떠서 뒤에 두기, 왼쪽 바늘의 다음 3코를 꽈배기바늘의 3코와 각각 1코씩 겉뜨기로 2코 모아뜨기, 겉뜨기 1코, 안뜨기 1코, 겉뜨기 10코, 안뜨기 1코, 겉뜨기 1코, 다음 3코를 꽈배기바늘로 걸러 떠서 앞에 두기, 왼쪽 바늘의 다음 3코를 꽈배기바늘의 3코와 각각 1코씩 겉뜨기로 2코 모아뜨기, [겉뜨기 1코, 안뜨기 1코] 2회, 겉뜨기 1코. (30코)

칼라
84단(안감면): 겉뜨기.
85~88단: 네(4) 단을 겉뜨기.

머리
겉뜨기 단으로 시작해서 스물네(24) 단을 메리야스뜨기. A실을 연결한다.
네(4) 단을 메리야스뜨기.
B실로 바꾼다.
117단: 겉뜨기.

첫 번째 귀
118단: 안뜨기 8코, 방금 안뜨기한 8코를 안전핀에 걸어둔다. 왼쪽 바늘에 7코 남을 때까지 코막음, 안뜨기 7코.
바늘에 있는 8코로 계속 뜬다.
✽✽✽**119단:** 겉뜨기.
120단: 안뜨기.
A실로 바꾼다.
네 단 줄무늬 패턴을 계속 떠서 줄무늬를 7개 만든다.
코막음한다.✽✽✽

두 번째 귀
안전핀에 걸어둔 코를 바늘로 옮기고 겉감면이 보이게 놓고 실을 다시 연결한다.
첫 번째 귀의 ✽✽✽부터 ✽✽✽까지를 그대로 한다.

뒤판
왼쪽 다리
✽꼬은 코 만들기 방법을 이용하여 A실로 8코를 만든다.
1단(겉감면): 겉뜨기.
2단: 안뜨기.
3단: 겉뜨기 2코, 오른코 만들기, 겉뜨기 2코, 왼코 만들기, 겉뜨기 2코, 왼코 만들기, 겉뜨기 2코. (11코)

4단: 안뜨기.
5단: 겉뜨기 2코, 오른코 만들기, 2코 남을 때까지 겉뜨기, 왼코 만들기, 겉뜨기 2코. (13코)
6단: 안뜨기.
5~6단을 1회 반복한다. (15코)
겉뜨기 단으로 시작해서 열다섯(15) 단을 메리야스뜨기.
A실을 자르고 B실을 연결한다.
24단: 안뜨기.
25단: 1코 남을 때까지 [겉뜨기 1코, 안뜨기 1코], 겉뜨기 1코.
26단: 안뜨기 2코, 1코 남을 때까지 [겉뜨기 1코, 안뜨기 1코], 안뜨기 1코.
25~26단은 멍석뜨기 모양.
B실로 일흔아홉(79) 단을 멍석뜨기.✽
실을 자르고 코를 안전핀에 걸어둔다.

오른쪽 다리
왼쪽 다리의 ✽부터 ✽까지를 그대로 한다.
코를 바늘에 그대로 두고 실을 자르지 않는다.

다리 연결하기
1단(겉감면): 바늘에 있는 코를 멍석뜨기로 뜨기, 3코 만들기, 안전핀에 걸어둔 코를 멍석뜨기로 뜨기. (33코)

몸통
2단: 안뜨기 2코, 1코 남을 때까지 [겉뜨기 1코, 안뜨기 1코], 안뜨기 1코.
3단: 1코 남을 때까지 [겉뜨기 1코, 안뜨기 1코], 겉뜨기 1코.
2~3단은 멍석뜨기 모양.
쉰아홉(59) 단을 멍석뜨기.

팔
60단: 6코 만들기, 안뜨기 2코, 1코 남을 때까지 [겉뜨기 1코, 안뜨기 1코], 안뜨기 1코. (39코)
61단: 6코 만들기, 1코 남을 때까지 [겉뜨기 1코, 안뜨기 1코], 겉뜨기 1코. (45코)
여섯(6) 단을 멍석뜨기로 뜬다.
68단: 6코를 코막음하고, 1코 남을 때까지 [안뜨기 1코, 겉뜨기 1코]. (39코)
69단: 6코를 코막음하고, 1코 남을 때까지 [안뜨기 1코, 겉뜨기 1코]. (33코)
70단: 안뜨기 2코, 1코 남을 때까지 [겉뜨기 1코, 안뜨기 1코], 안뜨기 1코.
71단: 1코 남을 때까지 [겉뜨기 1코, 안뜨기 1코], 겉뜨기 1코.
여든세(83) 단까지 멍석뜨기로 뜬다.

칼라
84단(안감면): 겉뜨기 1코, 겉뜨기로 2코 모아뜨기, 겉뜨기

13코, 겉뜨기로 2코 모아뜨기, 겉뜨기 12코, 겉뜨기로 2코 모아뜨기, 겉뜨기 1코. (30코)
네(4) 단을 겉뜨기.

머리
겉뜨기 단으로 시작해서 스물네(24) 단을 메리야스뜨기.
A실을 연결한다.
네(4) 단을 메리야스뜨기.
B실로 바꾼다.
117단: 겉뜨기.

첫 번째 귀
118단: 안뜨기 8코, 방금 안뜨기한 8코를 안전핀에 걸어둔다. 왼쪽 바늘의 나머지 코가 7코 남을 때까지 코막음하고, 안뜨기 7코.
바늘에 있는 8코로 계속 뜬다.
❋❋**119단:** 겉뜨기.
120단: 안뜨기.
A실로 바꾼다.
계속 네 단 줄무늬 패턴을 떠서 줄무늬를 7개 만든다.
코막음한다. ❋❋

두 번째 귀
안전핀에 걸어둔 코를 바늘로 옮기고 안감면이 보이게 놓고 실을 다시 연결한다.
첫 번째 귀의 ❋❋부터 ❋❋까지를 그대로 한다.

완성하기
편물을 다림질하지 않는다. 메리야스 잇기 방법으로 몸의 각 부위를 꿰매어 붙이고, 남은 실 끝을 솔기 안으로 넣어 정리한다. 이때 작은 창구멍을 남겨서 그 사이로 솜을 넣는데, 귀에는 넣지 않는다. 창구멍을 막는다. 다리는 솜을 넣으면서 솔기를 꿰매는 것이 더 수월하다. 작품을 아이에게 줄 것이 아니라면, 다리와 귀의 모양을 잡을 수 있게 다리와 귀에 철사를 집어넣어도 좋다.
C(크림색)실로 직경 5cm 정도의 방울을 만들어서 뒤판 다리 바로 위에 단다.

자수 놓기
얼굴: 양쪽 눈의 윤곽은 검은색 자수실로 박음질을 한다. 우선 눈 모양은 타원으로, 가운데 홍채의 양쪽 선은 세로선으로 박음질을 한다. 홍채 부분은 파란색 실로, 흰자위 부분은 흰색 실로 새틴 스티치를 한다. 입은 분홍색 실로 ×자를 수놓는다. 124쪽을 참조한다.

컵케이크와 마찬가지로 도넛은 정말 좋은 간식입니다. 맛있을 뿐만 아니라 지방 함량도 매우 낮죠. 또 바늘꽂이로도 아주 좋아요.

아이싱 도넛

패턴

도넛

아이싱 부분

엄지 방법을 이용하여 A(흰색)실로 113코를 만든다.
코가 꼬이지 않도록 해서 바늘 4개에 나누어 옮긴다.
다섯 번째 바늘로 첫 번째 코와 마지막 코를 한꺼번에
겉뜨기하여 원통을 만든다. 이곳이 단의 시작점인데,
스티치마커로 표시한다. (각 바늘에 28코씩)
다섯(5) 단을 겉뜨기.

원형 6단: [겉뜨기 5코, 겉뜨기로 2코 모아뜨기] 16회. (각
바늘에 24코씩)
두(2) 단을 겉뜨기.

원형 9단: [겉뜨기 4코, 겉뜨기로 2코 모아뜨기] 16회. (각
바늘에 20코씩)
두(2) 단을 겉뜨기.

원형 12단: [겉뜨기 3코, 겉뜨기로 2코 모아뜨기] 16회. (각
바늘에 16코씩)
두(2) 단을 겉뜨기.

원형 15단: [겉뜨기 2코, 겉뜨기로 2코 모아뜨기] 16회. (각
바늘에 12코씩)
두(2) 단을 겉뜨기.

원형 18단: [겉뜨기 1코, 겉뜨기로 2코 모아뜨기] 16회. (각
바늘에 8코씩)
두(2) 단을 겉뜨기.
A실을 자르고 B실을 연결한다.

빵 부분

여덟(8) 단을 겉뜨기.

원형 29단: [겉뜨기 2코, 오른코 만들기] 16회. (각 바늘에
12코씩)
두(2) 단을 겉뜨기.

원형 32단: [겉뜨기 3코, 오른코 만들기] 16회. (각 바늘에
16코씩)
두(2) 단을 겉뜨기.

원형 35단: [겉뜨기 4코, 오른코 만들기] 16회. (각 바늘에
20코씩)

두(2) 단을 겉뜨기.

원형 38단: [겉뜨기 5코, 오른코 만들기] 16회. (각 바늘에
24코씩)
두(2) 단을 겉뜨기.

원형 41단: [겉뜨기 6코, 오른코 만들기] 16회. (각 바늘에
28코씩)
다섯(5) 단을 겉뜨기.
코막음한다.

완성하기

뜨개실의 라벨에 적힌 주의사항에 따라 각 편물을
부드럽게 다림질한다.
메리야스 잇기 방법으로 편물의 가장자리를 꿰매어
붙이고, 남은 실 끝은 솔기로 넣어 안 보이게 정리한다.
이때 작은 창구멍은 남겨서 그 사이로 솜을 넣은 후
창구멍을 막는다.

자수 놓기

스프링클: 분홍색과 초록색, 빨간색, 파란색 자수실로
마음대로 스트레이트 스티치를 짧게 한다.

완성 크기 직경 약 12.5cm

실 A: 흰색—라이트웨이트 얀(로언 코튼 글
라세 추천, 블리치드 726) 50g 1타래

B: 갈색—라이트웨이트 얀(로언 울 코튼 추천,
브론즈 967) 50g 1타래

바늘 3mm 장갑바늘 5개

기타 스티치마커, 돗바늘, 솜, 자수실(분홍색,
초록색, 빨간색, 파란색 약간씩)

게이지 3mm 대바늘로 10×10cm에 25코 32
단 메리야스뜨기

도구와 기법 110~126쪽 참조

도안 153쪽 참조

랄프는 리타와 시릴 사이에서 태어난 둘째 아들인데 세상에 둘도 없는
장난꾸러기입니다. 형인 릴을 무려 한 시간이나 벽장에 가둔 적도 있어요.

악동 랄프

패턴

앞판
첫 번째 다리
✿엄지 방법(112쪽 참조)을 이용하여 3.25mm 대바늘과
A(짙은 갈색)실로 5코를 만든다.
1단(안감면): 안뜨기.
2단: 겉뜨기 1코, 오른코 만들기, 겉뜨기 3코, 왼코 만들기,
겉뜨기 1코. (7코)
3단: 안뜨기.
4단: 겉뜨기.
5단: 안뜨기.
6단: 겉뜨기 1코, 오른코 만들기, 겉뜨기 5코, 왼코 만들기,
겉뜨기 1코. (9코)
7단: 안뜨기.✿
실을 자르고 코를 안전핀에 걸어둔다.

두 번째 다리
첫 번째 다리의 ✿부터 ✿까지를 그대로 한다.
코를 바늘에 그대로 두고 실을 자르지 않는다.

다리 연결하기
8단: 바늘에 있는 9코를 겉뜨기, 감아코로 10코 만들기,
안전핀에 걸어둔 9코를 겉감면이 보이게 놓고 겉뜨기.
(28코)

몸통
9단: 안뜨기 8코, 안뜨기로 2코 모아뜨기, 안뜨기 8코,
안뜨기로 2코 모아 꼬아뜨기, 안뜨기 8코. (26코)
겉뜨기 단으로 시작해서 두(2) 단을 메리야스뜨기.
12단: 겉뜨기 1코, 오른코 줄이기, 겉뜨기 20코, 겉뜨기로
2코 모아뜨기, 겉뜨기 1코. (24코)
안뜨기 단으로 시작해서 다섯(5) 단을 메리야스뜨기.
18단: 겉뜨기 1코, 오른코 줄이기, 겉뜨기 18코, 겉뜨기로
2코 모아뜨기, 겉뜨기 1코. (22코)
안뜨기 단으로 시작해서 네(4) 단을 메리야스뜨기.

팔
23단: 안뜨기 1코, 왼코 만들기, 안뜨기 20코, 오른코
만들기, 안뜨기 1코. (24코)

24단: 감아코로 3코 만들기, 끝까지 겉뜨기. (27코)
25단: 감아코로 3코 만들기, 끝까지 안뜨기. (30코)
26단: 겉뜨기 1코, 오른코 만들기, 겉뜨기 28코, 왼코
만들기, 겉뜨기 1코. (32코)
안뜨기 단으로 시작해서 두(2) 단을 메리야스뜨기.
29단: 안뜨기 1코, 안뜨기로 2코 모아뜨기, 안뜨기 26코,
안뜨기로 2코 모아 꼬아뜨기, 안뜨기 1코. (30코)
30단: 3코를 코막음하고, 끝까지 겉뜨기. (27코)
31단: 3코를 코막음하고, 끝까지 안뜨기. (24코)
32단: 겉뜨기 1코, 오른코 줄이기, 겉뜨기 18코, 겉뜨기로
2코 모아뜨기, 겉뜨기 1코. (22코)
안뜨기 단으로 시작해서 세(3) 단을 메리야스뜨기.

머리
B실을 연결한다.
겉뜨기 단으로 시작해서 B실로 네(4) 단을 메리야스뜨기.
B실을 자르고 A실로 계속 뜬다.
겉뜨기 단으로 시작해서 두(2) 단을 메리야스뜨기.

첫 번째 귀
42단: 겉뜨기 1코, 오른코 만들기, 겉뜨기 10코, 편물을
돌린다.
이 12코로만 첫 번째 귀를 뜨고 나머지 코는 안전핀에
걸어둔다.
43단: 안뜨기.
44단: 겉뜨기 1코, 오른코 만들기, 겉뜨기 8코, 겉뜨기로
2코 모아뜨기, 겉뜨기 1코. (12코)
안뜨기 단으로 시작해서 세(3) 단을 메리야스뜨기.
44~47단을 1회 반복한다.
52단: 겉뜨기 1코, 오른코 만들기, 겉뜨기 8코, 겉뜨기로
2코 모아뜨기, 겉뜨기 1코. (12코)
53단: 안뜨기.
54단: 겉뜨기 1코, 오른코 줄이기, 겉뜨기 6코, 겉뜨기로
2코 모아뜨기, 겉뜨기 1코. (10코)
55단: 안뜨기.
56단: 겉뜨기 1코, 오른코 줄이기, 겉뜨기 4코, 겉뜨기로
2코 모아뜨기, 겉뜨기 1코. (8코)
57단: 안뜨기.

완성 크기 약 16cm

실 A: 짙은 갈색-라이트웨이트 얀(로언 울
코튼 추천, 커피 리치 956) 50g 1타래

B: 주황색-A와 같은 실(펌킨 962) 50g 1
타래

바늘 3.25mm 대바늘 2개, 3.25mm 장갑바늘
4개

기타 안전핀 1개, 돗바늘, 솜, 자수실(짙은
갈색, 파란색, 흰색 약간씩)

게이지 3.25mm 대바늘로 10×10cm에 23
코 35단 메리야스뜨기

도구와 기법 110~126쪽 참조

도안 156쪽 참조

58단: 겉뜨기 1코, 오른코 줄이기, 겉뜨기 2코, 겉뜨기로 2코 모아뜨기, 겉뜨기 1코. (6코)

59단: 안뜨기.

코막음한다.

두 번째 귀

안전핀에 걸어둔 코를 바늘로 옮기고 겉감면이 보이게 놓고 실을 다시 연결한다.

42단: 겉뜨기 10코, 왼코 만들기, 겉뜨기 1코. (12코)

43단: 안뜨기.

44단: 겉뜨기 1코, 오른코 줄이기, 겉뜨기 8코, 왼코 만들기, 겉뜨기 1코. (12코)

안뜨기 단으로 시작해서 세(3) 단을 메리야스뜨기.

44~47단을 1회 반복한다.

52단: 겉뜨기 1코, 오른코 줄이기, 겉뜨기 8코, 왼코 만들기, 겉뜨기 1코. (12코)

53단: 안뜨기.

54단: 겉뜨기 1코, 오른코 줄이기, 겉뜨기 6코, 겉뜨기로 2코 모아뜨기, 겉뜨기 1코. (10코)

55단: 안뜨기.

56단: 겉뜨기 1코, 오른코 줄이기, 겉뜨기 4코, 겉뜨기로 2코 모아뜨기, 겉뜨기 1코. (8코)

57단: 안뜨기.

58단: 겉뜨기 1코, 오른코 줄이기, 겉뜨기 2코, 겉뜨기로 2코 모아뜨기, 겉뜨기 1코. (6코)

59단: 안뜨기.

코막음다.

뒤판

A실로만 앞판과 같이 뜬다.

꼬리

엄지 방법을 이용하여 3.25mm 장갑바늘과 A실로 25코를 만든다.

코가 꼬이지 않도록 해서 바늘 3개에 나누어 옮긴다. 네 번째 바늘로 첫 번째 코와 마지막 코를 한꺼번에 겉뜨기하여 원통을 만든다. 이곳이 단의 시작점인데, 스티치마커로 표시한다. (각 바늘에 8코씩)

원형 1단: [겉뜨기 1코, 안뜨기 1코]를 단의 끝까지 반복한다.

1단을 7회 반복한다.

원형 9단: [겉뜨기 1코, 오른코 만들기]를 단의 끝까지 반복한다. (48코)

B실을 연결한다.

원형 10단: [A실로 겉뜨기 1코, B실로 겉뜨기 1코]를 단의 끝까지 반복한다.

10단을 29회 반복한다.

원형 40단: [B실로 겉뜨기로 2코 모아뜨기, A실로 오른코 줄이기]를 단의 끝까지 반복한다. (24코)

원형 41단: [B실로 겉뜨기 1코, A실로 겉뜨기 1코]를 단의

끝까지 반복한다.

원형 42단: 41단을 반복한다.

원형 43단: [A실로 겉뜨기로 2코 모아뜨기, B실로 오른코 줄이기]를 단의 끝까지 반복한다. (12코)

원형 44단: [A실로 겉뜨기 1코, B실로 겉뜨기 1코]를 단의 끝까지 반복한다.

원형 45단: [B실로 겉뜨기로 2코 모아뜨기, A실로 오른코 줄이기]를 단의 끝까지 반복한다. (6코)

A실과 B실을 10cm 정도 남기고 자른 후에 A실을 돗바늘에 꿴다.

떠야 할 순서대로 돗바늘을 바늘에 있는 코로 통과시킨다. 바늘 끝으로 첫 코부터 마지막 코까지 통과한 후 실을 팽팽하게 당겨서 모든 코를 꼭 아물린다. 실이 풀어지지 않게 끝을 단단히 잡아당긴다.

코

엄지 방법을 이용하여 3.25mm 대바늘과 A실로 16코를 만든다.

1단과 모든 홀수 단(안감면): 안뜨기.

2단: 겉뜨기 14코, 다음 코에서 되돌아뜨기를 하고 돌린다.

4단: 겉뜨기 12코, 다음 코에서 되돌아뜨기를 하고 돌린다.

6단: 겉뜨기 10코, 다음 코에서 되돌아뜨기를 하고 돌린다.

8단: 겉뜨기 8코, 다음 코에서 되돌아뜨기를 하고 돌린다.

10단: 겉뜨기 6코, 다음 코에서 되돌아뜨기를 하고 돌린다.

12단: 겉뜨기 4코, 다음 코에서 되돌아뜨기를 하고 돌린다.

14단: 겉뜨기 2코, 다음 코에서 되돌아뜨기를 하고 돌린다.

16단: 겉뜨기 2코, [겉뜨기단에서 되돌아뜨기 정리, 겉뜨기 1코] 7회 반복한다.

17단: 안뜨기.

2~17단을 1회 반복한다.

코막음한다.

완성하기

뜨개실의 라벨에 적힌 주의사항에 따라 각 편물을 부드럽게 다림질한다.

메리야스 잇기 방법으로 코의 시작단과 끝단을 꿰매고, 코에 솜을 넣는다. 사진의 위치를 참조하여 메리야스 잇기 방법으로 코를 머리 앞에 꿰매어 붙인다.

메리야스 잇기 방법으로 몸의 각 부위를 꿰매어 붙이는데, 남은 실 끝을 솔기 안으로 넣어 안 보이게 정리한다. 이때 작은 창구멍은 남겨서 그 사이로 솜을 넣은 후 창구멍을 막는다.

꼬리에 있는 남은 실 끝을 안 보이게 정리하고, 솜을 넣고 창구멍을 꿰매어 막는다. 꼬리를 뒤판의 다리 바로 위 가운데에 꿰매어 붙인다.

자수 놓기

얼굴: 양쪽 눈의 윤곽은 주황색 띠 부분에 짙은 갈색 자수실로 박음질을 한다. 우선 눈 모양은 타원으로, 가운데 홍채의 양쪽 선은 세로선으로 박음질을 한다. 홍채 부분은 파란색 실로, 흰자위 부분은 흰색 실로 새틴 스티치를 한다. 코는 짙은 갈색 실로 코끝에 새틴 스티치를 한다. 124쪽을 참조한다.

아기고양이 미튼은 한밤중에 파티 여는 것을 좋아해요. 모두 잠든 후 사방이
조용해지면 계단을 살금살금 내려와서 직접 파티 음식을 차립니다. 지금까지는
아무도 눈치채지 못했답니다. 미튼은 계속 그렇게 지내고 싶어 해요.

아기고양이 미튼

완성 크기 약 24cm

실 A: 청회색-라이트웨이트 얀(로언 퓨어 울 병태사 추천, 사이프러스 007) 50g 1타 래

B: 하늘색-A와 같은 실(피어 006) 50g 1 타래

C: 짙은 파란색-A와 같은 실(네이비 011) 50g 1타래

바늘 3.75mm 대바늘 2개

기타 안전핀 1개, 돗바늘, 솜, 자수실(검은 색, 초록색, 분홍색 약간씩)

게이지 3.75㎜ 대바늘로 10×10cm에 24 코 32단 메리야스뜨기

도구와 기법 110~126쪽 참조

도안 157쪽 참조

패 턴

앞판

뒷다리

엄지 방법(112쪽 참조)을 이용하여 A(청회색)실로 5코를 만든다.

1단(안감면): 안뜨기.

2단: 겉뜨기 1코, 오른코 만들기, 겉뜨기 3코, 왼코 만들기, 겉뜨기 1코. (7코)

3단: 안뜨기.

4단: 겉뜨기.

5단: 안뜨기.

6단: 겉뜨기 1코, 오른코 만들기, 겉뜨기 5코, 왼코 만들기, 겉뜨기 1코. (9코)

안뜨기 단으로 시작해서 두(2) 단을 메리야스뜨기.

9단: 안뜨기 1코, 안뜨기로 2코 모아뜨기, 끝까지 안뜨기. (8코)

실을 자르고 코를 안전핀에 걸어둔다.

두 번째 다리

엄지 방법을 이용하여 A실로 5코를 만든다.

1단(안감면): 안뜨기.

2단: 겉뜨기 1코, 오른코 만들기, 겉뜨기 3코, 왼코 만들기, 겉뜨기 1코. (7코)

안뜨기 단으로 시작해서 세(3) 단을 메리야스뜨기.

6단: 겉뜨기 1코, 오른코 만들기, 겉뜨기 5코, 왼코 만들기, 겉뜨기 1코. (9코)

안뜨기 단으로 시작해서 세(3) 단을 메리야스뜨기.

실을 자르고 코를 안전핀에 걸어둔다.

세 번째, 네 번째 다리

두 번째 다리처럼 뜬다.

네 번째 다리의 코를 바늘에 그대로 두고 실을 자르지 않는다.

다리 연결하기

10단: 바늘에 있는 9코를 겉뜨기, [감아코로 3코 만들기, 겉감면이 보이게 놓고 다음 다리의 9코를 겉뜨기] 2회. 감아코로 3코 만들기, 뒷다리에서 겉뜨기 5코, 겉뜨기로 2코 모아뜨기, 겉뜨기 1코. (43코)

몸통

11단: 안뜨기 1코, 안뜨기로 2코 모아뜨기, 안뜨기 4코, 안뜨기로 2코 모아뜨기, 안뜨기 1코, [안뜨기로 2코 모아 꼬아뜨기, 안뜨기 7코, 안뜨기로 2코 모아뜨기] 2회. 안뜨기 1코, 안뜨기로 2코 모아 꼬아뜨기, 안뜨기 8코. (36코)

겉뜨기(겉감면) 단으로 시작해서 페어 아일 방식으로 배색하며 뜬다. 사용하지 않는 실은 자르지 말고

안감면에서 실을 끌어올리면서, 도안의 색깔 패턴대로 다음과 같이 뜬다.

12~13단: B(하늘색)실을 연결한다.

14~15단: 메리야스뜨기.

16단: 3코 남을 때까지 겉뜨기, 겉뜨기로 2코 모아뜨기, 겉뜨기 1코. (35코)

17단: 안뜨기.

18~19단: 16~17단을 1회 반복한다. (34코)

20단: 3코 남을 때까지 겉뜨기, 겉뜨기로 2코 모아뜨기, 겉뜨기 1코. (33코)

21단: 안뜨기 1코, 안뜨기로 2코 모아뜨기, 끝까지 안뜨기. (32코)

22~23단: 20~21단을 1회 반복한다. (30코)

24~31단: 16~17단을 4회 반복한다. (26코)

머리

C(짙은 파란색)실을 연결한다.

32~75단: 겉뜨기 단으로 시작해서 마흔네(44) 단을 메리야스뜨기.

첫 번째 귀

76단: 겉뜨기 10코, 방금 뜬 10코를 안전핀에 걸어둔다. 6코를 코막음하고, 겉뜨기 9코.
첫 번째 귀는 이 10코로만 뜬다.

77단: 3코 남을 때까지 안뜨기, 안뜨기로 2코 모아 꼬아뜨기, 안뜨기 1코. (9코)

78단: 겉뜨기 1코, 오른코 줄이기, 끝까지 겉뜨기. (8코)

79~80단: 77~78단을 1회 반복한다. (6코)

81단: 안뜨기.

82단: 겉뜨기 1코, 오른코 줄이기, 끝까지 겉뜨기. (5코)

83~84단: 81~82단을 1회 반복한다. (4코)

85~87단: 안뜨기 단으로 시작해서 세(3) 단을 메리야스뜨기.

코막음한다.

두 번째 귀

안전핀에 걸어둔 코를 바늘에 옮겨놓고 안감면이 보이게 놓는다. B실과 C실을 다시 연결한다.

77단: 안뜨기 1코, 안뜨기로 2코 모아뜨기, 끝까지 안뜨기. (9코)

78단: 3코 남을 때까지 겉뜨기, 겉뜨기로 2코 모아뜨기, 겉뜨기 1코. (8코)

79~80단: 77~78단을 1회 반복한다. (6코)

81단: 안뜨기.

82단: 3코 남을 때까지 겉뜨기, 겉뜨기로 2코 모아뜨기, 겉뜨기 1코. (5코)

83~84단: 81~82단을 1회 반복한다. (4코)

85~87단: 안뜨기 단으로 시작해서 세(3) 단을

메리야스뜨기.

코막음한다.

뒤판

앞판의 설명에 따라 뒤판을 뜬다. 단, 대칭으로 떠야 하므로 설명에서 겉뜨기는 안뜨기로, 안뜨기는 겉뜨기로 해서 편물의 겉감면을 거꾸로 만든다. 118쪽의 '대칭뜨기'에 이에 관한 팁이 소개되어 있다.

꼬리

엄지 방법을 이용하여 A실로 11코를 뜬다. 겉뜨기(겉감면) 단으로 시작해서 페어 아일 방식으로 배색하며 뜬다. 사용하지 않는 실은 자르지 말고 도안의 색깔 패턴대로, 다음과 같이 뜬다.

1~82단: 메리야스뜨기.

코막음한다.

완성하기

뜨개실의 라벨에 적힌 주의사항에 따라 각 편물을 부드럽게 다림질한다.

C실로 꼬리의 가장자리 안쪽으로 2코 들어간 위치에서 메리야스 잇기를 한다. 이때 시작단 끝은 꿰매지 않고 그대로 둔다. 이것은 솔기를 꿰매어 솔기로 꼬리의 속을 채우는 방법이다. 사진의 위치를 참조하여 꼬리를 몸통 앞면에 핀으로 꽂는다. 메리야스 잇기 방법으로 몸의 각 부위를 꿰매어 붙이는데, 남은 실 끝과 꼬리를 솔기 안으로 넣어 안 보이게 정리한다. 이때 작은 창구멍은 남겨서 그 사이로 솜을 넣은 후 창구멍을 막는다. 작품을 아이에게 줄 것이 아니라면, 꼬리의 모양을 잡을 수 있게 꼬리 속에 긴 철사를 집어넣어도 좋다.

자수 놓기

얼굴: 양쪽 눈의 윤곽은 검은색 자수실로 박음질을 하는데 눈의 가운데에 두꺼운 세로선이 있는 타원형으로 수놓는다. 세로선 양쪽은 초록색 실로 새틴 스티치를 한다. 코와 입은 분홍색 실로 역삼각형과 그 꼭짓점에서 수직으로 내려오는 선, 그리고 그 선에서 양쪽 바깥을 향하는 부드러운 선을 박음질한다. 수염은 목도리 끝에 하는 것처럼 흰색 실로 술을 만들어 양 볼에 단다. 124쪽을 참조한다.

앞판 뒤판

A실
B실
C실

꼬리

82
80

70

60

50

40

30

20

10

1

완성 크기 약 9cm

실 A: 짙은 갈색-슈퍼파인웨이트 얀(로언 키드실크 헤이즈 추천, 빌리안 584) 25g 1타래

C: 크림색-A와 같은 실(크림 634) 25g 1타래

B: 노란색-자수실(DMC 자수 면사 추천, 728) 1타래

바늘 4mm 대바늘 2개, 2mm 장갑바늘 4개

기타 스티치마커, 돗바늘, 솜, 자수실(검은색, 파란색, 흰색, 분홍색 약간씩)

게이지 A(짙은 갈색)실과 2mm 대바늘로 10×10cm에 30코 36단 메리야스뜨기

C(크림색)실과 4mm 대바늘로 10×10cm에 20코 28단 메리야스뜨기

도구와 기법 110~126쪽 참조

도안 158쪽 참조

이벨은 참 바쁜 꿀벌입니다. 대부분의 시간을 붕 소리를 내면서 날아다닙니다. 할 일을 찾아서 한 시간에 약 160km까지도 날아갑니다. 한가한 시간에는 위험한 곡예비행을 즐기는데, 그중에서도 원을 그리며 나는 것을 좋아한답니다.

꿀벌 이벨

패턴

머리와 몸통

엄지 방법(112쪽 참조)을 이용하여 2㎜ 장갑바늘과 A(짙은 갈색)실로 바늘 하나에 6코를 만든다.

원형 1단(겉감면): 원형뜨기를 시작하기 위해, 만든 코의 절반을 두 번째 바늘로 걸러 뜨고 첫 번째 바늘과 두 번째 바늘을 나란히 놓는다. 그러면 서로 다른 바늘에 있는 첫 코와 마지막 코가 가까이 있게 된다. 세 번째 바늘로 첫 코부터 두 코를 겉뜨기한다. 네 번째 바늘로 첫 번째, 두 번째 바늘에서 한 코씩, 두 코를 겉뜨기한다. (각 바늘에 2코씩 있다). 마지막 2코를 겉뜨기하여 원형뜨기를 완성한다. 이곳이 단의 시작점인데, 스티치마커로 표시한다.

원형 2단(겉감면): [1코 늘리기] 6회. (각 바늘에 4코씩)

두(2) 단을 겉뜨기.

원형 5단: [1코 늘리기] 12회. (각 바늘에 8코씩)

두(2) 단을 겉뜨기.

원형 8단: [겉뜨기 1코, 1코 늘리기] 12회. (각 바늘에 12코씩)

열(10) 단을 겉뜨기.

B실을 연결한다.

원형 19~20단: B(노란색)실로 겉뜨기. (두 단)

원형 21~23단: A실로 겉뜨기. (세 단)

19~23단을 4회 반복한다.

B실을 자른다.

A실로 두(2) 단을 겉뜨기.

원형 46단: [겉뜨기 1코, 겉뜨기로 2코 모아뜨기] 12회. (각 바늘에 8코씩)

두(2) 단을 겉뜨기.

솜을 채운다.

원형 49단: [겉뜨기로 2코 모아뜨기] 12회. (각 바늘에 4코씩)

한(1) 단을 겉뜨기.

원형 51단: [겉뜨기로 2코 모아뜨기] 6회. (각 바늘에 2코씩)

A실을 10cm 정도 남기고 자른 후에 실을 돗바늘에 꿴다. 떠야 할 순서대로 돗바늘을 바늘에 있는 코로 통과시킨다. 바늘 끝으로 첫 코부터 마지막 코까지 통과시킨 후 실을 팽팽하게 당겨서 모든 코를 꼭 아물린다. 실이 풀어지지 않게 끝을 단단히 잡아당긴다.

날개(2개를 함께 뜬다)

엄지 방법을 이용하여 4㎜ 바늘과 C(크림색)실로 20코를 만든다.

1단(안감면): 안뜨기.

2단: 겉뜨기.

3단: 안뜨기 1코, 왼코 만들기, 1코 남을 때까지 안뜨기, 오른코 만들기, 안뜨기 1코. (22코)

4단: 겉뜨기 1코, 오른코 만들기, 1코 남을 때까지 겉뜨기, 왼코 만들기, 겉뜨기 1코. (24코)

5단: 안뜨기 1코, 왼코 만들기, 1코 남을 때까지 안뜨기, 오른코 만들기, 안뜨기 1코. (26코)

4~5단을 1회 반복한다(30코).

8단: 겉뜨기.

9단: 안뜨기.

10단: 겉뜨기.

11단: 안뜨기 1코, 안뜨기로 2코 모아뜨기, 3코 남을 때까지 안뜨기, 안뜨기로 2코 모아 꼬아뜨기, 안뜨기 1코. (28코)

12단: 겉뜨기 1코, 오른코 줄이기, 3코 남을 때까지 겉뜨기, 겉뜨기로 2코 모아뜨기, 겉뜨기 1코. (26코)

13단: 안뜨기 1코, 안뜨기로 2코 모아뜨기, 3코 남을 때까지 안뜨기, 안뜨기로 2코 모아 꼬아뜨기, 안뜨기 1코. (24코)

14~15단: 12~13단을 반복한다. (20코)

16단: 겉뜨기.

17단: 안뜨기.

코막음한다.

완성하기

뜨개실의 라벨에 적힌 주의사항에 따라 각 편물에 김을 가볍게 쐰다.

날개의 가운데를 주름잡고 사진의 위치를 참조하여 박음질로 몸통의 위에 붙인다.

자수 놓기

얼굴: 양쪽 눈은 홍채와 흰자위를 줄무늬로 새틴 스티치한다. 홍채는 파란색 자수실로, 흰자위는 흰색 실로 한다. 입은 분홍색 실로 부드러운 곡선을 박음질한다. 124쪽을 참조한다.

버트는 상냥한 곰돌이예요. 그리고 풍선껌을 좋아하는데, 풍선을 자기 머리보다도 크게 불 수 있어요. 엄청난 식욕으로 유명하고, 냄새를 아주 잘 맡아요.

곰돌이 버트

패턴

앞판과 뒤판(똑같음)

첫 번째 다리

✽8코를 만든다.

1단(겉감면): 겉뜨기.

2단: 안뜨기.

3단: 겉뜨기 2코, 오른코 만들기, 2코 남을 때까지 겉뜨기, 왼코 만들기, 겉뜨기 2코. (10코)

4단: 안뜨기.

3~4단을 2회 반복한다. (14코)

겉뜨기 단으로 시작해서 열두(12) 단을 메리야스뜨기.✽

실을 자르고 코를 안전핀에 걸어둔다.

두 번째 다리

첫 번째 다리의 ✽부터 ✽까지를 그대로 한다.

코를 바늘에 그대로 두고 실을 자르지 않는다.

다리 연결하기

바늘에 있는 14코를 겉뜨기, 꼬은 코 만들기 방법(113쪽 참조)으로 10코 만들기, 안전핀에 걸어둔 14코를 겉뜨기. (38코)

몸통

안뜨기 단으로 시작해서 서른아홉(39) 단을 메리야스뜨기.

팔

다음 단: 겉뜨기 2코, 오른코 만들기, 2코 남을 때까지 겉뜨기, 왼코 만들기, 겉뜨기 2코. (40코)

다음 단: 안뜨기.

마지막 두(2) 단을 1회 반복한다. (42코)

다음 단: 8코 만들기, 끝까지 겉뜨기. (50코)

다음 단: 8코 만들기, 끝까지 안뜨기. (58코)

다음 단: 겉뜨기 2코, 오른코 만들기, 2코 남을 때까지 겉뜨기, 왼코 만들기, 겉뜨기 2코. (60코)

다음 단: 안뜨기.

마지막 두(2) 단을 1회 반복한다. (62코)

다음 단: 겉뜨기 2코, 오른코 줄이기, 4코 남을 때까지 겉뜨기, 겉뜨기로 2코 모아뜨기, 겉뜨기 2코. (60코)

다음 단: 안뜨기.

마지막 두(2) 단을 1회 반복한다. (58코)

다음 단: 6코를 코막음하고, 끝까지 겉뜨기. (52코)

다음 단: 6코를 코막음하고, 끝까지 안뜨기. (46코)

다음 단: 4코를 코막음하고, 끝까지 겉뜨기. (42코)

다음 단: 4코를 코막음하고, 끝까지 안뜨기. (38코)

겉뜨기 단으로 시작해서 여덟(8) 단을 메리야스뜨기.

머리

다음 단: 겉뜨기 2코, 오른코 만들기, 2코 남을 때까지 겉뜨기, 왼코 만들기, 겉뜨기 2코. (40코)

다음 단: 안뜨기.

마지막 두(2) 단을 12회 반복한다. (64코)

겉뜨기 단으로 시작해서 여섯(6) 단을 메리야스뜨기.

첫 번째 귀

다음 단: 겉뜨기 28코, 방금 뜬 28코를 안전핀에 걸어둔다.

8코를 코막음하고, 끝까지 겉뜨기.

마지막 28코로만 뜬다.

안뜨기 단으로 시작해서 세(3) 단을 메리야스뜨기.

다음 단: 겉뜨기 2코, 오른코 줄이기, 끝까지 겉뜨기. (27코)

다음 단: 4코 남을 때까지 안뜨기, 안뜨기로 2코 모아 꼬아뜨기, 안뜨기 2코. (26코)

마지막 두(2) 단을 1회 반복한다. (24코)

✽✽겉뜨기 단으로 시작해서 여섯(6) 단을 메리야스뜨기.

다음 단: 겉뜨기 2코, 오른코 줄이기, 4코 남을 때까지 겉뜨기, 겉뜨기로 2코 모아뜨기, 겉뜨기 2코. (22코)

안뜨기 단으로 시작해서 세(3) 단을 메리야스뜨기.

마지막 네(4) 단을 1회 반복한다. (20코)

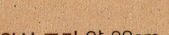

완성 크기 약 38cm

실 갈색-미디움웨이트 얀(라이언 브랜드 피셔맨즈 울 추천, 네이처스 브라운 126) 227g 1타래

주의: 피셔맨즈 울 1타래로 인형 3개를 만들 수 있다.

바늘 3.25mm 대바늘 2개

기타 안전핀 1개, 돗바늘, 솜, 자수실(검은 색, 파란색, 흰색 약간씩)

게이지 3.25mm 대바늘로 10×10cm에 27코 35단 메리야스뜨기

도구와 기법 110~126쪽 참조

도안 159쪽 참조

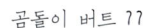

다음 단: 겉뜨기 2코, 오른코 줄이기, 4코 남을 때까지 겉뜨기, 겉뜨기로 2코 모아뜨기, 겉뜨기 2코. (18코)
다음 단: 안뜨기 2코, 안뜨기로 2코 모아뜨기, 4코 남을 때까지 안뜨기, 안뜨기로 2코 모아 꼬아뜨기, 안뜨기 2코. (16코)
마지막 두(2) 단을 2회 반복한다. (8코)
다음 단: 겉뜨기 2코, 오른코 줄이기, 겉뜨기로 2코 모아뜨기, 겉뜨기 2코. (6코)
안뜨기 방향으로 코막음한다. ✳✳

두 번째 귀

안전핀에 걸어둔 코를 바늘로 옮기고 안감면이 보이게 놓고 실을 코의 오른쪽에 다시 연결한다.
안뜨기 단으로 시작해서 세(3) 단을 메리야스뜨기.
다음 단: 4코 남을 때까지 겉뜨기, 겉뜨기로 2코 모아뜨기, 겉뜨기 2코. (27코)
다음 단: 안뜨기 2코, 안뜨기로 2코 모아뜨기, 끝까지 안뜨기. (26코)
마지막 두(2) 단을 1회 반복한다. (24코)
✳✳부터 ✳✳까지 반복한다.

코

4코를 만든다.
1단(겉감면): 안뜨기.

2단: 1코 늘리기, 2코 남을 때까지 겉뜨기, 1코 늘리기, 겉뜨기 1코. (6코)
3단: 1코 늘리기, 2코 남을 때까지 안뜨기, 1코 늘리기, 안뜨기 1코. (8코)
마지막 두(2) 단을 1회 반복한 후에 2단을 1회 반복한다. (14코)
7단: 안뜨기.
8단: 2단처럼 뜬다. (16코)
안뜨기 단으로 시작해서 다섯(5) 단을 메리야스뜨기.
14단: 오른코 줄이기, 2코 남을 때까지 겉뜨기, 겉뜨기로 2코 모아뜨기. (14코)
15단: 안뜨기.
16단: 14단처럼 뜬다. (12코)
17단: 안뜨기로 2코 모아뜨기, 2코 남을 때까지 안뜨기, 안뜨기로 2코 모아 꼬아뜨기. (10코)
18단: 14단처럼 뜬다. (8코)
19단: 17단처럼 뜬다. (6코)
20단: 14단처럼 뜬다. (4코)
코막음한다.

완성하기

코는 동그란 모양이 되도록 핀을 꽂으면서, 편물을 뜨개실의 라벨에 적힌 주의사항에 따라 다림질한다.
사진의 위치를 참조하여 코를 얼굴 한가운데에 핀을 꽂아 고정한다. 돗바늘에 실을 꿰어 코의 가장자리에 체인 스티치를 하여 얼굴에 붙인다.
다 꿰매기 전에 코 안에 솜을 넣는다.
메리야스 잇기 방법으로 몸의 각 부위를 꿰매어 붙이고, 꼬리 끝과 남은 실 끝을 솔기 안으로 넣어 안 보이게 정리한다. 이때 작은 창구멍을 남겨서 그 사이로 솜을 넣은 후에 창구멍을 막는다.

자수 놓기

얼굴: 양쪽 눈의 윤곽은 검은색 자수실로 박음질을 한다.
우선 눈 모양은 타원으로, 가운데 홍채의 양쪽 선은 세로선으로 박음질을 한다. 홍채 부분은 파란색 실로, 흰자위 부분은 흰색 실로 새틴 스티치를 한다. 코는 검은색 실로 역삼각형을 새틴 스티치하고, 입은 검은색 실로 원을 박음질한다. 그리고 역시 검은색 실로 역삼각형의 꼭짓점과 원을 연결하는 수직선을 박음질한다. 검은색 실로 원 안에 윗니 하나의 윤곽선을 박음질한다. 124쪽을 참조한다.

플라밍고 피지

피지는 굉장한 수다쟁이입니다. 어떤 일이 생겼는지 누가 무엇을
했는지 항상 궁금해하기에 친구들과 몇 시간이고 이야기할
수 있어요. 한번은 호주에 있는 친구와 무려 일곱 시간이나
쉬지 않고 전화통화를 했을 정도입니다. 그러고는 어마어마한
전화요금 청구서를 받았지요!

완성 크기 약 98cm(부리부터 꼬리까지)

실 A: 검은색-라이트웨이트 얀(데비 블리스 프리마 추천, 35701) 50g 1타래

B: 밝은 분홍색-라이트웨이트 얀(데비 블리스 베이비 캐시메리노 추천, 3400129) 50g 1타래

C: 분홍색-B와 같은 실(340016) 50g 1타래

바늘 3mm 장갑바늘 4개

기타 스티치마커, 돗바늘, 솜, 자수실(검은색, 파란색, 흰색 약간씩)

게이지 3mm 대바늘로 10×10cm에 25코 40단 메리야스뜨기

도구와 기법 110~126쪽 참조

도안 160쪽 참조

패턴

머리와 몸통

엄지 방법(112쪽 참조)을 이용하여 A(검은색)실로 바늘 하나에 6코를 만든다.

원형 1단(걸감면): 원형뜨기를 시작하기 위해, 만든 코의 절반을 두 번째 바늘로 걸러 뜨고 첫 번째 바늘과 두 번째 바늘을 나란히 놓는다. 그러면 서로 다른 바늘에 있는 첫 코와 마지막 코가 가까이 있게 된다. 세 번째 바늘로 첫 코부터 두 코를 원형뜨기 겉뜨기를 시작한다. 네 번째 바늘로 첫 번째, 두 번째 바늘에서 한 코씩, 두 코를 겉뜨기한다. (각 바늘에 두 코씩 있다.) 마지막 2코를 겉뜨기하여 원형뜨기를 완성한다. 이곳이 단의 시작점인데, 스티치마커로 표시한다.

원형 2단: 겉뜨기.

원형 3단: [1코 늘리기] 6회. (각 바늘에 4코씩)

두(2) 단을 겉뜨기.

원형 6단: [1코 늘리기] 12회. (각 바늘에 8코씩)

네(4) 단을 겉뜨기.

원형 11단: 첫 번째 바늘에서 [겉뜨기 2코, 오른코 만들기] 4회, 두 번째 바늘에서 [겉뜨기 2코, 오른코 만들기] 4회, 세 번째 바늘에서 겉뜨기 8코. (첫 번째, 두 번째 바늘에 12코씩, 세 번째 바늘에 8코)

네(4) 단을 겉뜨기.

원형 16단: 첫 번째 바늘에서 [겉뜨기 3코, 오른코 만들기] 4회, 두 번째 바늘에서 [겉뜨기 3코, 오른코 만들기] 4회, 세 번째 바늘에서 겉뜨기 8코. (첫 번째, 두 번째 바늘에 16코씩, 세 번째 바늘에서 8코)

서른여섯(36) 단을 겉뜨기.

A실을 자르고 B(밝은 분홍색)실을 연결한다.

원형 53단: 겉뜨기.

원형 54단: [겉뜨기 1코, 안뜨기 1코]를 단의 끝까지 반복한다.

54단을 10회 더 반복한다.

B실을 자르고 C(분홍색)실을 연결한다.

부리에 솜을 넣는다.

머리

원형 65단: 겉뜨기.

두(2) 단을 안뜨기.

서른(30) 단을 겉뜨기.

원형 98단: [겉뜨기 2코, 겉뜨기로 2코 모아뜨기] 10회. (첫 번째, 두 번째 바늘에 12코씩, 세 번째 바늘에 6코)

머리에 솜을 넣는다.

목

백아흔네(194) 단을 겉뜨기.

대략 서른(30) 단 간격으로 목에 솜을 넣는다.

몸통

원형 293단: [겉뜨기 3코, 오른코 만들기] 10회. (첫 번째, 두 번째 바늘에 16코씩, 세 번째 바늘에 8코)

두(2) 단을 겉뜨기.

원형 296단: [겉뜨기 4코, 오른코 만들기] 10회. (첫 번째, 두 번째 바늘에 20코씩, 세 번째 바늘에 10코)

두(2) 단을 겉뜨기.

원형 299단: [겉뜨기 5코, 오른코 만들기] 10회. (첫 번째, 두 번째 바늘에 24코씩, 세 번째 바늘에 12코)

두(2) 단을 겉뜨기.

원형 302단: [겉뜨기 6코, 오른코 만들기] 10회. (첫 번째, 두 번째 바늘에 28코씩, 세 번째 바늘에 14코)

두(2) 단을 겉뜨기.

원형 305단: [겉뜨기 7코, 오른코 만들기] 10회. (첫 번째, 두 번째 바늘에 32코씩, 세 번째 바늘에 16코)

서른(30) 단을 겉뜨기.

몸통에 솜을 넣는다.

원형 336단: [겉뜨기 6코, 겉뜨기로 2코 모아뜨기] 10회. (첫 번째, 두 번째 바늘에 28코씩, 세 번째 바늘에 14코)

두(2) 단을 겉뜨기.

원형 339단: [겉뜨기 5코, 겉뜨기로 2코 모아뜨기] 10회. (첫 번째, 두 번째 바늘에 24코씩, 세 번째 바늘에 12코)

네(4) 단을 겉뜨기.

원형 344단: [겉뜨기 4코, 겉뜨기로 2코 모아뜨기] 10회. (첫 번째, 두 번째 바늘에 20코씩, 세 번째 바늘에 10코)

여덟(8) 단을 겉뜨기.

원형 353단: [겉뜨기 3코, 겉뜨기로 2코 모아뜨기] 10회. (첫 번째, 두 번째 바늘에 16코씩, 세 번째 바늘에 8코)

여덟(8) 단을 겉뜨기.

원형 362단: [겉뜨기 2코, 겉뜨기로 2코 모아뜨기] 10회. (첫 번째, 두 번째 바늘에 12코씩, 세 번째 바늘에 6코)

여덟(8) 단을 겉뜨기.

솜을 넣는다.

원형 371단: [겉뜨기 1코, 겉뜨기로 2코 모아뜨기] 10회. (첫 번째, 두 번째 바늘에 8코씩, 세 번째 바늘에 4코)

여덟(8) 단을 겉뜨기.

솜을 넣는다.

원형 380단: [겉뜨기로 2코 모아뜨기] 10회. (첫 번째, 두 번째 바늘에 4코씩, 세 번째 바늘에 2코)

여덟(8) 단을 겉뜨기.

원형 389단: [겉뜨기로 2코 모아뜨기] 5회. (첫 번째, 두 번째 바늘에 2코씩, 세 번째 바늘에 1코)

원형 390단: 겉뜨기.

C실을 10cm 정도 남기고 자른 후에 실을 돗바늘에 꿴다. 떠야 할 순서대로 돗바늘을 바늘에 있는 코로 통과시킨다. 바늘 끝으로 첫 코부터 마지막 코까지 통과한 후 실을 팽팽하게 당겨서 모든 코를 꼭 아물린다. 실이 풀어지지 않게 끝을 단단히 잡아당긴다.

다리(2개)

엄지 방법을 이용하여 B실로 바늘 하나에 12코를 만든다. 코를 바늘 3개에, 각 바늘에 4코씩 나눠놓는다. 이곳이 단의 시작점인데, 스티치마커로 표시한다. 길이가 시작단에서 62cm 될 때까지 겉뜨기를 한다.

다음 단: [겉뜨기로 2코 모아뜨기] 6회. (각 바늘에 2코씩)

다음 단: 겉뜨기.

몸통처럼 B실을 10cm 정도 남기고 자른 후에 실을 돗바늘에 꿴다. 돗바늘을 단의 첫 번째 코부터 남은 코로 통과시키고 실을 꽉 당긴다.

완성하기

뜨개실의 라벨에 적힌 주의사항에 따라 편물을 다림질한다.

다리에는 솜을 넣지 않는다.

메리야스 잇기 방법으로 다리를 몸통 아래쪽에 꿰매어 붙인다. 작품을 아이에게 줄 것이 아니라면, 꼬리의 모양을 잡을 수 있게 꼬리 속에 긴 철사를 집어넣어도 좋다.

자수 놓기

얼굴: 양쪽 눈의 윤곽은 검은색 자수실로 박음질을 한다. 우선 눈 모양은 타원으로, 가운데 홍채의 양쪽 선은 세로선으로 박음질을 한다. 홍채 부분은 파란색 실로, 흰자위 부분은 흰색 실로 새틴 스티치를 한다. 124쪽을 참조한다.

앨버트는 아주 작은 지방 출신이라서 주변에 사람이 많은 것을 좋아하지 않아요. 그냥 혼자서 시골길을 거니는 것을 좋아하지요. 도시를 방문할 때면 시끄러운 소음을 견디기 위해 꼭 귀마개를 합니다.

사랑스러운 앨버트

패턴

머리. 몸통. 다리

머리

엄지 방법(112쪽 참조)을 이용하여 3.75㎜ 장갑바늘와 A(파란색)실로 57코를 만든다.

코를 바늘 4개에 나누어 옮긴다. 다섯 번째 바늘로 첫 번째 코와 마지막 코를 한꺼번에 겉뜨기하여 원통을 만든다. 이곳이 단의 시작점인데, 스티치마커로 표시한다. (각 바늘에 14코씩)

두(2) 단을 겉뜨기.

마지막 단의 마지막 코의 고리에 여분의 실을 걸어놓는다. 이곳이 뒤판의 중심이다.

원형 3단: 첫 번째/세 번째 바늘에서 겉뜨기 13코, 오른코 만들기, 겉뜨기 1코, 두 번째/네 번째 바늘에서 겉뜨기 1코, 왼코 만들기, 겉뜨기 13코. (각 바늘에 15코씩)

원형 4단: 첫 번째/세 번째 바늘에서 겉뜨기 13코, 오른코 만들기, 겉뜨기 2코, 두 번째/네 번째 바늘에서 겉뜨기 2코, 왼코 만들기, 겉뜨기 13코. (각 바늘에 16코씩)

원형 5단: 첫 번째/세 번째 바늘에서 겉뜨기 13코, 오른코 만들기, 겉뜨기 3코, 두 번째/네 번째 바늘에서 겉뜨기 3코, 왼코 만들기, 겉뜨기 13코. (각 바늘에 17코씩)

한(1) 단을 겉뜨기.

원형 7단: 첫 번째/세 번째 바늘에서 겉뜨기 13코, 오른코 만들기, 겉뜨기 4코, 두 번째/네 번째 바늘에서 겉뜨기 4코, 왼코 만들기, 겉뜨기 13코. (각 바늘에 18코씩)

한(1) 단을 겉뜨기.

원형 9단: 첫 번째/세 번째 바늘에서 겉뜨기 13코, 오른코 만들기, 겉뜨기 5코, 두 번째/네 번째 바늘에서 겉뜨기 5코, 왼코 만들기, 겉뜨기 13코. (각 바늘에 19코씩)

한(1) 단을 겉뜨기.

원형 11단: 첫 번째/세 번째 바늘에서 겉뜨기 13코, 오른코 만들기, 겉뜨기 6코, 두 번째/네 번째 바늘에서 겉뜨기 6코, 왼코 만들기, 겉뜨기 13코. (각 바늘에 20코씩)

한(1) 단을 겉뜨기.

원형 13단: 첫 번째/세 번째 바늘에서 겉뜨기 13코, 오른코 만들기, 겉뜨기 7코, 두 번째/네 번째 바늘에서 겉뜨기 7코, 왼코 만들기, 겉뜨기 13코. (각 바늘에 21코씩)

두(2) 단을 겉뜨기.

원형 16단: 첫 번째/세 번째 바늘에서 겉뜨기 13코, 오른코 만들기, 겉뜨기 8코, 두 번째/네 번째 바늘에서 겉뜨기 8코, 왼코 만들기, 겉뜨기 13코. (각 바늘에 22코씩)

두(2) 단을 겉뜨기.

원형 19단: 첫 번째/세 번째 바늘에서 겉뜨기 13코, 오른코 만들기, 겉뜨기 9코, 두 번째/네 번째 바늘에서 겉뜨기 9코, 왼코 만들기, 겉뜨기 13코. (각 바늘에 23코씩)

두(2) 단을 겉뜨기.

원형 22단: 첫 번째/세 번째 바늘에서 겉뜨기 13코, 오른코 만들기, 겉뜨기 10코, 두 번째/네 번째 바늘에서 겉뜨기 10코, 왼코 만들기, 겉뜨기 13코. (각 바늘에 24코씩)

귀 뜨기 위해 코 분리하기

원형 23단: 겉뜨기 13코, 다음 22코를 여분의 실에 걸어놓기, 4코 만들기, 겉뜨기 26코, 다음 22코를 여분의 실에 걸어놓기, 4코 만들기, 겉뜨기 13코. (60코)

코를 바늘 4개에, 각 바늘에 15코씩 나눠 놓는다.

몸통

일곱(7) 단을 겉뜨기.

원형 31단: 첫 번째/세 번째 바늘에서 겉뜨기 11코, 겉뜨기로 2코 모아뜨기, 겉뜨기 2코, 두 번째/네 번째 바늘에서 겉뜨기 2코, 오른코 줄이기, 겉뜨기 11코. (각 바늘에 14코씩)

완성 크기 약 16cm

실 A: 파란색—미디움웨이트 얀(서브라임 앙고라 메리노 추천, 더스키 0047) 50g 1타래

B: 흰색—A와 같은 실(페더 040) 50g 1타래

바늘 3.75㎜ 대바늘 2개, 3.75㎜ 장갑바늘 5개

기타 스티치마커, 여분의 면사, 돗바늘, 솜, 자수실(검은색, 파란색, 흰색 약간씩), 파란색 펠트지(1.5×26cm)

게이지 3.75㎜ 대바늘로 10×10cm에 25코 36단 메리야스뜨기

도구와 기법 110~126쪽 참조

도안 162쪽 참조

일곱(7) 단을 겉뜨기.

원형 39단: 첫 번째/세 번째 바늘에서 겉뜨기 10코, 겉뜨기로 2코 모아뜨기, 겉뜨기 2코, 두 번째/네 번째 바늘에서 겉뜨기 2코, 오른코 줄이기, 겉뜨기 10코. (각 바늘에 13코씩)

일곱(7) 단을 겉뜨기.

원형 47단: 첫 번째/세 번째 바늘에서 겉뜨기 9코, 겉뜨기로 2코 모아뜨기, 겉뜨기 2코, 두 번째/네 번째 바늘에서 겉뜨기 2코, 오른코 줄이기, 겉뜨기 9코. (각 바늘에 12코씩)

두(2) 단을 겉뜨기.

원형 50단: 첫 번째/세 번째 바늘에서 겉뜨기 11코, 왼코 만들기, 겉뜨기 1코, 두 번째/네 번째 바늘에서 겉뜨기 1코, 오른코 만들기, 겉뜨기 11코. (각 바늘에 13코씩)

한(1) 단을 겉뜨기.

원형 52단: 첫 번째/세 번째 바늘에서 겉뜨기 12코, 왼코 만들기, 겉뜨기 1코, 두 번째/네 번째 바늘에서 겉뜨기 1코, 오른코 만들기, 겉뜨기 12코. (각 바늘에 14코씩)

한(1) 단을 겉뜨기.

첫 번째 다리

장갑바늘 5개 중에서 4개만 사용하여 다음과 같이 코를 나눠옮긴다.

원형 54단: 겉뜨기 21코, 다음 21코를 여분의 실에 걸어두기, 다음 21코를 두 번째 실에 걸어두기(이 중 마지막 7코는 단을 시작할 때 겉뜨기한 것), 1코 만들기. 시계 방향으로, 새로 만든 코 앞, 뒤 코의 고리에 각각 여분의 짧은 실을 걸어둔다. 새로 만든 코 앞의 코를 첫 코로 하여 첫 번째 다리를 뜨기 시작한다. (15코)

코를 장갑바늘 3개에 똑같이 나누어 옮긴다.

다섯(5) 단을 겉뜨기.

원형 60단: [겉뜨기 1코, 겉뜨기로 2코 모아뜨기] 5회. (총 10코)

한(1) 단을 겉뜨기.

A실을 10cm 정도 남기고 자른 후에 실을 돗바늘에 꿴다. 떠야 할 순서대로 돗바늘을 바늘에 있는 코로 통과시킨다. 바늘 끝으로 첫 코부터 마지막 코까지 통과한 후 실을 팽팽하게 당겨서 모든 코를 꼭 아물린다. 실이 풀어지지 않게 끝을 단단히 잡아당긴다.

두 번째 다리

첫 번째 다리를 오른쪽으로 놓고, 첫 번째 실에 걸어둔 코에서 처음 7코와 두 번째 실에 걸어둔 코에서 마지막 7코를 장갑바늘 2개에 각각 옮긴다.

원형 54단: 세 번째 바늘로 첫 번째 다리에 처음 표시한 첫 코에서 1코 줍기, 겉뜨기 5코, 네 번째 바늘로 겉뜨기 2코, 1코 만들기, 겉뜨기 2코. 이제 빈 바늘로 겉뜨기 5코, 첫

번째 다리에 두 번째로 표시한 코에서 1코 줍기, 첫 번째 다리의 새로 만들었던 코에서 1코 줍기. (첫 번째 바늘에 6코, 두 번째 바늘에 5코, 세 번째 바늘에 7코)

원형 55단: 첫 번째 바늘에서 겉뜨기로 2코 모아뜨기, 겉뜨기 4코, 두 번째 바늘에서 겉뜨기 5코, 세 번째 바늘에서 겉뜨기 4코, 겉뜨기로 2코 모아뜨기, 겉뜨기 1코. (첫 번째, 두 번째 바늘에 5코씩, 세 번째 바늘에 6코)

네(4) 단을 겉뜨기.

원형 60단: 겉뜨기로 2코 모아뜨기, [겉뜨기로 2코 모아뜨기, 겉뜨기 1코] 4회, 겉뜨기로 2코 모아뜨기. (총 10코)

한(1) 단을 겉뜨기.

첫 번째 다리처럼, A실을 10cm 정도 남기고 자른 후에 실을 돗바늘에 꿴다. 돗바늘을 단의 첫 코부터 시작해서 나머지 코로 통과시키고 실을 꽉 당긴다.

세 번째 다리

두 번째 다리처럼 뜬다.

네 번째 다리

세 번째 다리를 오른쪽으로 놓고, 첫 번째 실에 걸어둔 코에서 처음 7코와 두 번째 실에 걸어둔 코에서 마지막 7코를 장갑바늘 2개에 각각 옮긴다.

원형 54단: 세 번째 바늘로 세 번째 다리에 처음 표시한 코에서 1코 줍기, 겉뜨기 5코, 네 번째 바늘로 겉뜨기 5코. 이제 빈 바늘로 겉뜨기 4코, 세 번째 다리에 두 번째로 표시한 코에서 1코 줍기, 세 번째 다리의 새로 만든 코에서 1코 줍기. (첫 번째 바늘에 6코, 두 번째 바늘에 5코, 세 번째 바늘에 6코)

원형 55단: 첫 번째 바늘에서 겉뜨기로 2코 모아뜨기, 겉뜨기 4코, 두 번째 바늘에서 겉뜨기 5코, 세 번째 바늘에서 겉뜨기 3코, 겉뜨기로 2코 모아뜨기, 겉뜨기 1코. (각 바늘에 5코씩)

네(4) 단을 겉뜨기.

원형 60단: [겉뜨기 1코, 겉뜨기로 2코 모아뜨기] 5회. (총 10코)

한(1) 단을 겉뜨기.

첫 번째 다리처럼, A실을 10cm 정도 남기고 자른 후에 실을 돗바늘에 꿴다. 돗바늘을 단의 첫 코부터 시작해서 나머지 코로 통과시키고 실을 꽉 당긴다.

첫 번째 귀

뒤판의 중심을 오른쪽에 놓고, 코를 다음과 같이 장갑바늘 4개에 나누어 옮긴다. 실에 걸린 코에서 7코를 첫 번째 바늘에, 7코를 두 번째 바늘에, 7코를 세 번째 바늘에, 첫 번째 코를 네 번째 바늘에 옮긴다. A실을 첫 번째 바늘의 첫 코에 연결한다.

원형 24단: 첫 번째, 두 번째, 세 번째 바늘에서 각각 겉뜨기 7코, 네 번째 바늘로 겉뜨기 1코, 새로 만든 코 앞의 몸통 코에서 1코 줍기, 새로 만든 4코의 각 코에서 1코 줍기, 다음 몸통 코에서 1코 줍기. (각 바늘에 7코씩)

여섯(6) 단을 겉뜨기.

원형 31단: 첫 번째, 두 번째, 세 번째 바늘에서 겉뜨기 7코, 네 번째 바늘에서 겉뜨기 1코, 겉뜨기로 2코 모아뜨기, 겉뜨기 1코, 오른코 줄이기, 겉뜨기 1코. (첫 번째, 두 번째, 세 번째 바늘에 각 7코씩, 네 번째 바늘에 5코)

한(1) 단을 겉뜨기.

원형 33단: 첫 번째 바늘에서 오른코 줄이기, 겉뜨기 5코, 두 번째 바늘에서 겉뜨기 7코, 세 번째 바늘에서 겉뜨기 5코, 겉뜨기로 2코 모아뜨기, 네 번째 바늘에서 겉뜨기 5코. (첫 번째 바늘에 6코, 두 번째 바늘에 7코, 세 번째 바늘에 6코, 네 번째 바늘에 5코)

한(1) 단을 겉뜨기.

원형 35단: 첫 번째 바늘에서 오른코 줄이기, 겉뜨기 4코, 두 번째 바늘에서 겉뜨기 7코, 세 번째 바늘에서 겉뜨기 4코, 겉뜨기로 2코 모아뜨기, 네 번째 바늘에서 겉뜨기 5코. (첫 번째 바늘에 5코, 두 번째 바늘에 7코, 세 번째와 네 번째 바늘에 5코씩)

한(1) 단을 겉뜨기.

원형 37단: 첫 번째 바늘에서 오른코 줄이기, 겉뜨기 3코, 두 번째 바늘에서 겉뜨기 7코, 세 번째 바늘에서 겉뜨기 3코, 겉뜨기로 2코 모아뜨기, 네 번째 바늘에서 겉뜨기 5코. (첫 번째 바늘에 4코, 두 번째 바늘에 7코, 세 번째 바늘에 4코, 네 번째 바늘에 5코)

한(1) 단을 겉뜨기.

원형 39단: 첫 번째 바늘에서 오른코 줄이기, 겉뜨기 2코, 두 번째 바늘에서 겉뜨기 7코, 세 번째 바늘에서 겉뜨기 2코, 겉뜨기로 2코 모아뜨기, 네 번째 바늘에서 겉뜨기 5코. (첫 번째 바늘에 3코, 두 번째 바늘에 7코, 세 번째 바늘에 3코, 네 번째 바늘에 5코)

바늘 하나를 빼고 바늘 3개, 각 바늘에 6코씩 나눠 놓는다.

스물한(21) 단을 겉뜨기.

원형 61단: [겉뜨기 1코, 겉뜨기로 2코 모아뜨기] 6회. (총 12코)

한(1) 단을 겉뜨기.

원형 63단: [겉뜨기 1코, 겉뜨기로 2코 모아뜨기] 4회. (총 8코)

한(1) 단을 겉뜨기.

첫 번째 다리처럼 A실을 10cm 정도 남기고 자른 후에 실을 돗바늘에 꿴다. 돗바늘을 단의 첫 코부터 시작해서 나머지 코로 통과시키고 실을 꽉 당긴다.

두 번째 귀

첫 번째 귀를 오른쪽으로 놓고 겉감면이 보이게 놓고 첫 번째 귀처럼 뜬다.

코

엄지 방법을 이용하여 3.75㎜ 바늘과 B(흰색)실로 7코를 만든다.

1단(안감면): 안뜨기.

2단: 겉뜨기.

3단: 안뜨기.

4단: 겉뜨기 1코, 오른코 만들기, 1코 남을 때까지 겉뜨기, 왼코 만들기, 겉뜨기 1코. (9코)

5~7단: 메리야스뜨기.

4~7단을 3회 반복한다. (15코)

20단: 겉뜨기 1코, 오른코 만들기, 1코 남을 때까지 겉뜨기, 왼코 만들기, 겉뜨기 1코. (17코)

21단: 안뜨기.

22단: 겉뜨기 1코, 오른코 만들기, 겉뜨기 6코, 겉뜨기 방향으로 2코 걸러뜨기, 겉뜨기 1코, 걸러뜨기한 코로 뜬 코를 덮어씌우기, 겉뜨기 6코, 왼코 만들기, 겉뜨기 1코.

23단: 안뜨기.

24단: 겉뜨기 1코, 오른코 만들기, 겉뜨기 7코, 1코 걸러뜨기, 겉뜨기 7코, 왼코 만들기, 겉뜨기 1코. (19코)

25단: 안뜨기.

26단: 겉뜨기 1코, 오른코 만들기, 겉뜨기 7코, 겉뜨기 방향으로 2코 걸러뜨기, 겉뜨기 1코, 걸러뜨기한 코로 뜬 코를 덮어씌우기, 겉뜨기 7코, 왼코 만들기, 겉뜨기 1코.

27단: 안뜨기.

28단: 겉뜨기 1코, 오른코 만들기, 겉뜨기 8코, 1코 걸러뜨기, 겉뜨기 8코, 왼코 만들기, 겉뜨기 1코. (21코)

29단: 안뜨기.

30단: 겉뜨기 9코, 겉뜨기 방향으로 2코 걸러뜨기, 겉뜨기 1코, 걸러뜨기한 코로 뜬 코를 덮어씌우기, 겉뜨기 9코. (19코)

31단: 안뜨기.

32단: 겉뜨기 9코, 1코 걸러뜨기, 겉뜨기 9코.

33단: 안뜨기.

34단: 겉뜨기 8코, 겉뜨기 방향으로 2코 걸러뜨기, 겉뜨기 1코, 걸러뜨기한 코로 뜬 코를 덮어씌우기, 겉뜨기 8코. (17코)

35단: 안뜨기.

36단: 겉뜨기 7코, 겉뜨기 방향으로 2코 걸러뜨기, 겉뜨기 1코, 걸러뜨기한 코로 뜬 코를 덮어씌우기, 겉뜨기 7코. (15코)

37단: 안뜨기.

5코를 코막음하고, 겉뜨기 방향으로 2코 걸러뜨기, 겉뜨기 1코, 걸러뜨기한 코로 뜬 코를 덮어씌우기, 오른쪽

바늘 끝에서 가장 먼 코로 바늘 끝에서 가장 가까운 코를 덮어씌우기, 끝까지 코막음하고, 실 끝을 단단히 잡아당긴다.

완성하기

뜨개실의 라벨에 적힌 주의사항에 따라 각 편물을 부드럽게 다림질한다.

실 끝을 몸통의 안감면으로 넣어 안 보이게 정리한다. 솜을 넣고 메리야스 잇기 방법으로 창구멍을 막는다. 사진의 위치를 참조하여 코를 앞판에 놓고 핀을 꽂는다. 메리야스 잇기 방법으로 바깥 가장자리를 따라 코를 몸통에 꿰매어 붙인다. 이때 작은 창구멍을 남겨서 그 사이로 솜을 넣은 후에 창구멍을 막는다.

자수 놓기

얼굴: 양쪽 눈의 윤곽은 검은색 자수실로 박음질을 한다. 우선 눈 모양은 타원으로, 가운데 홍채의 양쪽 선은 세로선으로 박음질을 한다. 홍채 부분은 파란색 실로, 흰자위 부분은 흰색 실로 새틴 스티치를 한다. 코는 검은색 실로 역삼각형 모양으로 새틴 스티치한다. 124쪽을 참조한다.

앨버트의 목둘레에 맞게 펠트지를 잘라서 목에 둘러주고 그 끝을 꿰맨다.

험프리는 왕자, 더 나아가 왕이 되고 싶은 산토끼입니다. 편안하게 쉬는 것을 좋아하고 누군가 자신 대신에 집 안을 정돈해주길 원하죠. 가끔 왕처럼 차려입고 판지로 만든 가짜 왕관을 쓰고 거울 앞에 서기도 한답니다.

산토끼 험프리

패턴

몸통, 다리, 귀

주의: 이 부분은 등 중심에서 시작해서 옆으로 뜬다. 꼬은 코 만들기 방법(113쪽 참조)을 이용하여 60코를 만든다.

1단(겉감면): 겉뜨기.

2단: 안뜨기.

다리

✽**3단:** 33코를 만든다. 끝까지 겉뜨기. (93코)

4단: 안뜨기.

5단: 3코를 만든다. 끝까지 겉뜨기. (96코)

6단: 안뜨기.

5~6단을 1회 반복한다. (99코)

겉뜨기 단으로 시작해서 세(3) 단을 메리야스뜨기.

귀

12단: 30코 만들기, 끝까지 안뜨기. (129코)

겉뜨기 단으로 시작해서 네(4) 단을 메리야스뜨기.

17단: 3코를 코막음하고, 끝까지 겉뜨기. (126코)

18단: 안뜨기.

17~18단을 1회 반복한다. (123코)

21단: 3코 만들기, 끝까지 겉뜨기. (126코)

22단: 안뜨기.

21~22단을 1회 반복한다. (129코)

겉뜨기 단으로 시작해서 세(3) 단을 메리야스뜨기.

28단: 30코를 코막음하고, 끝까지 안뜨기. (99코)

겉뜨기 단으로 시작해서 네(4) 단을 메리야스뜨기.

33단: 3코를 코막음하고, 끝까지 겉뜨기. (96코)

34단: 안뜨기.

33~34단을 1회 반복한다. (93코)

37단: 33코를 코막음하고, 끝까지 겉뜨기. (60코)✽

안뜨기 단으로 시작해서 세(3) 단을 메리야스뜨기.

✽부터 ✽까지를 반복한다.

안뜨기 단으로 시작해서 두(2) 단을 메리야스뜨기. 코막음한다.

팔(2개)

18코를 만든다.

겉뜨기 단으로 시작해서 여덟(8) 단을 메리야스뜨기. 코막음한다.

완성하기

뜨개실의 라벨에 적힌 주의사항에 따라 각 편물을 부드럽게 다림질한다.

메리야스 잇기 방법으로 시작단과 끝단을 맞추어 등 중심 솔기를 꿰맨다. 솔기를 등 중앙에 놓고, 한쪽 귀 끝에서 아래로, 머리 꼭대기를 지나 두 번째 귀의 위로 올라가 끝까지 꿰맨다. 뚫린 다리 부분으로 머리와 몸통에 솜을 넣는다(귀에는 넣지 않는다). 그리고 한쪽 발의 옆에서 발을 지나 위로 올라가 첫 번째 다리, 아래로 내려와 두 번째 다리, 두 번째 발 순서대로 다리 솔기를 꿰맨다. 다리에 솜을 넣고 솔기를 꿰맨다.

양쪽 팔을 반으로 접어 단 끝을 맞춘다. 메리야스 잇기 방법으로 시작단과 끝단을 함께 꿰맨다. 솜을 넣고, 체인 스티치나 메리야스 잇기로 팔을 몸통 옆에 꿰매어 붙인다. C(크림색)실로 직경 5cm 정도의 방울을 만들어서 몸통 뒤 다리 위에 꿰매어 붙인다.

자수 놓기

얼굴: 양쪽 눈의 윤곽은 검은색 자수실로 박음질을 한다. 우선 눈 모양은 타원으로, 가운데 홍채의 양쪽 선은 세로선으로 박음질을 한다. 홍채 부분은 파란색 실로, 흰자위 부분은 흰색 실로 새틴 스티치를 한다. 입은 분홍색 실로 ×자를 수놓는다. 124쪽을 참조한다.

라쿤 리타는 워커홀릭입니다. 항상 이메일을 확인하고 전화 통화를 하죠. 이뿐만 아니라 늘 여기저기를 쏘다니는 릴과 말썽꾸러기 랄프 형제도 찾으러 다녀야 합니다. 가끔 너무 바쁜 나머지 몇 분 동안 정신이 멍해져서 얼음이 된 듯 꼼짝도 않고 있다가 다시 움직이곤 합니다.

라쿤 리타

패턴

앞판

첫 번째 다리

✱엄지 방법(112쪽 참조)을 이용하여 A(검은색)실로 5코를 만든다.

1단과 모든 홀수 단(안감면): 안뜨기.

2단: 겉뜨기 1코, 오른코 만들기, 겉뜨기 3코, 왼코 만들기, 겉뜨기 1코. (7코)

4단: 겉뜨기 1코, 오른코 만들기, 겉뜨기 5코, 왼코 만들기, 겉뜨기 1코. (9코)

5단: 안뜨기.

6단: 겉뜨기.

7단: 안뜨기. ✱

8단: 겉뜨기 1코, 오른코 만들기, 끝까지 겉뜨기. (10코)

9단: 안뜨기.

실을 자르고 코를 안전핀에 걸어둔다.

두 번째 다리

첫 번째 다리의 ✱부터 ✱까지를 그대로 한다.

8단: 1코 남을 때까지 겉뜨기, 왼코 만들기, 겉뜨기 1코. (10코)

9단: 안뜨기.

코를 바늘에 그대로 둔다.

다리 연결하기

10단(겉감면): 바늘에 있는 10코를 겉뜨기, 감아코로 12코 만들기, 안전핀에 걸어둔 10코를 겉감면이 보이게 놓고 겉뜨기. (32코)

11단: 안뜨기 9코, 안뜨기로 2코 모아뜨기, 안뜨기 10코, 안뜨기로 2코 모아 꼬아뜨기, 안뜨기 9코. (30코)

겉뜨기 단으로 시작해서 스물여섯(26) 단을 메리야스뜨기.

팔

38단: 겉뜨기 1코, 오른코 만들기, 1코 남을 때까지 겉뜨기, 왼코 만들기, 겉뜨기 1코. (32코)

39단: 안뜨기 1코, 왼코 만들기, 1코 남을 때까지 안뜨기, 오른코 만들기, 안뜨기 1코. (34코)

38~39단을 1회 반복한다. (38코)

겉뜨기 단으로 시작해서 두(2) 단을 메리야스뜨기.

44단: 겉뜨기 1코, 오른코 줄이기, 3코 남을 때까지 겉뜨기, 겉뜨기로 2코 모아뜨기, 겉뜨기 1코. (36코)

45단: 안뜨기 1코, 안뜨기로 2코 모아뜨기, 3코 남을 때까지 안뜨기, 안뜨기로 2코 모아 꼬아뜨기, 안뜨기 1코. (34코)

44~45단을 1회 반복한다. (30코)

겉뜨기 단으로 시작해서 여덟(8) 단을 메리야스뜨기.

머리

B(크림색)실을 연결한다.

A실을 안감면 오른쪽으로 밀어놓고, 겉뜨기 단으로 시작해서 B실로 여섯(6) 단을 메리야스뜨기.

B실을 자르고 A실로 계속 뜬다.

겉뜨기 단으로 시작해서 여섯(6) 단을 메리야스뜨기.

첫 번째 귀

68단: 겉뜨기 15코, 편물을 돌린다.

이 15코로만 첫 번째 귀를 뜨고 나머지 코는 안전핀에 걸어둔다.

69단: 안뜨기 1코, 안뜨기로 2코 모아뜨기, 끝까지 안뜨기. (14코)

70단: 3코 남을 때까지 겉뜨기, 겉뜨기로 2코 모아뜨기, 겉뜨기 1코. (13코)

69~70단을 4회 반복한다. (5코)

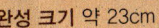

완성 크기 약 23cm

실 A: 검은색─라이트웨이트 얀(로언 울 코튼 추천, 잉키 908) 50g 1타래

B: 크림색─A와 같은 실(앤티크 900) 50g 1타래

바늘 3.25mm 대바늘 2개

기타 안전핀, 돗바늘, 솜, 자수실(검은색, 파란색 약간씩)

게이지 3.25mm 대바늘로 10×10cm에 23코 35단 메리야스뜨기

도구와 기법 110~126쪽 참조

도안 164쪽 참조

79단: 안뜨기.
코막음한다.

두 번째 귀

안전핀에 걸어둔 15코를 바늘로 옮기고 겉감면이 보이게
놓고 실을 다시 연결한다.
68단: 겉뜨기 15코.
69단: 3코 남을 때까지 안뜨기, 안뜨기로 2코 모아
꼬아뜨기, 안뜨기 1코. (14코)
70단: 겉뜨기 1코, 오른코 줄이기, 끝까지 겉뜨기. (13코)
69~70단을 4회 반복한다. (5코)
79단: 안뜨기.
코막음한다.

뒤판

A실로만 앞판과 똑같이 뜬다.

꼬리(2개)

엄지 방법을 이용하여 A실로 10코를 만든다.
겉뜨기 단으로 시작해서 네(4) 단을 메리야스뜨기.
B실을 연결하고 사용하지 않는 실은 자르지 말고 안감
면에서 끌어올리면서 뜬다.
B실로 겉뜨기 단으로 시작해서 두(2) 단을 메리야스뜨기.
7단: 겉뜨기 1코, 오른코 만들기, 1코 남을 때까지 겉뜨기,
왼코 만들기, 겉뜨기 1코. (12코)
8단: 안뜨기.
1~8단을 8회 반복한다. (28코)
A실로 겉뜨기 단으로 시작해서 네(4) 단을 메리야스뜨기.
B실로 겉뜨기 단으로 시작해서 네(4) 단을 메리야스뜨기.
A실로 겉뜨기 단으로 시작해서 네(4) 단을
메리야스뜨기.
B실로 겉뜨기 단으로 시작해서 네(4)
단을 메리야스뜨기.
A실로
89단: 겉뜨기 1코, 오른코
줄이기, 3코 남을 때까지
겉뜨기, 겉뜨기로 2코
모아뜨기, 겉뜨기 1코. (26코)
90단: 안뜨기.
89~90단을 1회 반복한다.
(24코)
B실로
93단: 89단처럼 뜬다. (22코)
94단: 안뜨기 1코, 안뜨기로 2코 모아뜨기,
3코 남을 때까지 안뜨기, 안뜨기로 2코 모아
꼬아뜨기, 안뜨기 1코. (20코)
93~94단을 1회 반복한다. (16코)
B실을 자르고 A실로 계속 뜬다.
97단: 89단처럼 뜬다. (14코)
98단: 안뜨기.
코막음한다.

코

엄지 방법을 이용하여 A실로 28코를 만든다.
1단과 모든 홀수 단(안감면): 안뜨기.
2단: 겉뜨기 24코, 다음 코에서 되돌아뜨기를 하고 돌린다.
4단: 겉뜨기 20코, 다음 코에서 되돌아뜨기를 하고 돌린다.
6단: 겉뜨기 16코, 다음 코에서 되돌아뜨기를 하고 돌린다.
8단: 겉뜨기 12코, 다음 코에서 되돌아뜨기를 하고 돌린다.
10단: 겉뜨기 8코, 다음 코에서 되돌아뜨기를 하고 돌린다.
12단: 겉뜨기 4코, 다음 코에서 되돌아뜨기를 하고 돌린다.
14단: 겉뜨기 4코, [겉뜨기 단에서 되돌아뜨기 정리,
겉뜨기 3코] 6회 반복한다.
15~42단: 1~14단을 2회 반복한다.

코막음한다.

완성하기

뜨개실의 라벨에 적힌 주의사항에 따라 각 편물을
부드럽게 다림질한다.
메리야스 잇기 방법으로 코의 시작단과 끝단을 함께
꿰맨다. 코에 솜을 넣는다. 사진의 위치를 참조하여
메리야스 잇기 방법으로 코를 머리 앞에 꿰매어 붙인다.
메리야스 잇기 방법으로 몸의 각 부위를 꿰매어 붙인다.
남은 실 끝을 솔기 안으로 넣어 안 보이게 정리한다. 이때
작은 창구멍은 남겨서 그 사이로 솜을 넣은 후 창구멍을
막는다.
메리야스 잇기 방법으로 꼬리의 가장자리를 함께 꿰매는데
시작단은 꿰매지 않는다. 남은 실 끝은 보이지 않게
정리하고 솜을 넣는다. 시작단은 몸통 뒤판의 다리 바로
위에 꿰매어 붙인다.

자수 놓기

얼굴: 흰 띠 부분에 양쪽 눈을 수놓는다. 눈의 윤곽을
검은색 자수실로 박음질을 한다. 우선 눈 모양은 타원으로,
가운데 홍채의 양쪽 선은 세로선으로 박음질을 한다. 홍채
부분은 파란색 실로 새틴 스티치를 한다. 코는 코끝에
검은색 실로 새틴 스티치를 한다. 124쪽을 참조한다.

퍼시벌은 고상한 개입니다. 최상품의 소시지를 냄새로 찾아내고, 최고가 아니면 절대 만족하지 않죠. 요즘에는 돼지고기와 마멀레이드로 만든 소시지를 좋아합니다.

길쭉이 퍼시벌

완성 크기 약 93cm

실 주황색, 갈색이 섞인 실-미디움웨이트
얀(랑 얀즈 웨스트 추천, 732.0059) 50g 2
타래

바늘 4mm 대바늘 2개

기타 돗바늘, 솜, 자수실(검은색, 흰색 약간
씩)

게이지 4mm 대바늘로 10×10cm에 19코
26단 메리야스뜨기

도구와 기법 110~126쪽 참조

도안 166쪽 참조

패턴

몸통, 머리, 다리

꼬은 코 만들기 방법(113쪽 참조)을 이용하여 53코를
만든다.

1단(겉감면): 겉뜨기.

2단: 안뜨기.

꼬리와 첫 번째 뒷다리

3단: 8코 만들기, 겉뜨기 34코, 오른코 만들기, 겉뜨기
1코, 왼코 만들기, 겉뜨기 26코. (63코)

4단: 8코 만들기, 끝까지 안뜨기. (71코)

5단: 겉뜨기 2코, 오른코 만들기, 겉뜨기 31코, 오른코
줄이기, 겉뜨기 1코, 겉뜨기로 2코 모아뜨기, 겉뜨기 31코,
왼코 만들기, 겉뜨기 2코. (71코)

6단: 안뜨기 33코, 안뜨기로 2코 모아뜨기, 안뜨기 1코,
안뜨기로 2코 모아 꼬아뜨기, 안뜨기 33코. (69코)

7단: 겉뜨기 2코, 오른코 만들기, 겉뜨기 30코, 오른코
줄이기, 겉뜨기 1코, 겉뜨기로 2코 모아뜨기, 겉뜨기 30코,
왼코 만들기, 겉뜨기 2코. (69코)

8단: 안뜨기 32코, 안뜨기로 2코 모아뜨기, 안뜨기 1코,
안뜨기로 2코 모아 꼬아뜨기, 안뜨기 32코. (67코)

9단: 겉뜨기 2코, 오른코 줄이기, 겉뜨기 27코, 오른코
줄이기, 겉뜨기 1코, 겉뜨기로 2코 모아뜨기, 겉뜨기 27코,
겉뜨기로 2코 모아뜨기, 겉뜨기 2코. (63코)

10단: 안뜨기 29코, 안뜨기로 2코 모아뜨기, 안뜨기 1코,
안뜨기로 2코 모아 꼬아뜨기, 안뜨기 29코. (61코)

11단: 겉뜨기 2코, 오른코 줄이기, 4코 남을 때까지
겉뜨기, 겉뜨기로 2코 모아뜨기, 겉뜨기 2코. (59코)

12단: 안뜨기.

13단: 8코를 코막음하고, 끝까지 겉뜨기. (51코)

14단: 8코를 코막음하고, 끝까지 안뜨기. (43코)

겉뜨기 단으로 시작해서 네(4) 단을 메리야스뜨기.

두 번째 뒷다리

19단: 8코 만들기, 끝까지 겉뜨기. (51코)

20단: 8코 만들기, 끝까지 안뜨기. (59코)

21단: 겉뜨기 2코, 오른코 만들기, 2코 남을 때까지
겉뜨기, 왼코 만들기, 겉뜨기 2코. (61코)

22단: 안뜨기.

21~22단을 1회 반복한다. (63코)

25단: 겉뜨기 2코, 오른코 줄이기, 4코 남을 때까지
겉뜨기, 겉뜨기로 2코 모아뜨기, 겉뜨기 2코. (61코)

26단: 안뜨기.

25~26단을 1회 반복한다. (59코)

29단: 8코를 코막음하고, 끝까지 겉뜨기. (51코)

39단: 8코를 코막음하고, 끝까지 안뜨기. (43코)

몸통

겉뜨기 단으로 시작해서 길이가 시작단에서 76cm 될
때까지 메리야스뜨기. 안뜨기 단으로 끝낸다.

머리와 첫 번째 앞다리

다음 단: 8코 만들기, 끝까지 겉뜨기. (51코)

다음 단: 8코 만들기, 끝까지 안뜨기. (59코)

다음 단: 겉뜨기 2코, 오른코 만들기, 겉뜨기 27코, 오른코
만들기, 겉뜨기 1코, 왼코 만들기, 겉뜨기 27코, 왼코
만들기, 겉뜨기 2코. (63코)

다음 단, 이어지는 교대 단 세 단: 안뜨기.

다음 단: 겉뜨기 2코, 오른코 만들기, 겉뜨기 28코, 오른코
만들기, 겉뜨기 3코, 왼코 만들기, 겉뜨기 28코, 왼코
만들기, 겉뜨기 2코. (67코)

다음 단: 겉뜨기 2코, 오른코 줄이기, 겉뜨기 28코, 오른코 만들기, 겉뜨기 3코, 왼코 만들기, 겉뜨기 28코, 겉뜨기로 2코 모아뜨기, 겉뜨기 2코. (67코)
다음 단: 겉뜨기 2코, 오른코 줄이기, 겉뜨기 28코, 오른코 만들기, 겉뜨기 3코, 왼코 만들기, 겉뜨기 28코, 겉뜨기로 2코 모아뜨기, 겉뜨기 2코. (67코)
다음 단: 8코를 코막음하고, 겉뜨기 23코, 오른코 만들기, 겉뜨기 3코, 왼코 만들기, 겉뜨기 32코. (61코)
다음 단: 8코를 코막음하고, 끝까지 안뜨기. (53코)
다음 단: 겉뜨기 25코, 오른코 만들기, 겉뜨기 3코, 왼코 만들기, 겉뜨기 25코. (55코)
안뜨기 단으로 시작해서 세(3) 단을 메리야스뜨기.

머리와 두 번째 앞다리
다음 단: 8코 만들기, 끝까지 겉뜨기. (63코)
다음 단: 8코 만들기, 끝까지 안뜨기. (71코)
다음 단: 겉뜨기 2코, 오른코 만들기, 겉뜨기 30코, 오른코 줄이기, 겉뜨기 3코, 겉뜨기로 2코 모아뜨기, 겉뜨기 30코, 왼코 만들기, 겉뜨기 2코. (71코)
다음 단, 이어지는 교대 단 세 단: 안뜨기.
다음 단: 겉뜨기 2코, 오른코 만들기, 겉뜨기 30코, 오른코 줄이기, 겉뜨기 3코, 겉뜨기로 2코 모아뜨기, 겉뜨기 30코, 왼코 만들기, 겉뜨기 2코. (71코)
다음 단: 겉뜨기 2코, 오른코 줄이기, 겉뜨기 28코, 오른코 줄이기, 겉뜨기 3코, 겉뜨기로 2코 모아뜨기, 겉뜨기 28코, 겉뜨기로 2코 모아뜨기, 겉뜨기 2코. (67코)
다음 단: 겉뜨기 2코, 오른코 줄이기, 겉뜨기 26코, 오른코 줄이기, 겉뜨기 3코, 겉뜨기로 2코 모아뜨기, 겉뜨기 26코, 겉뜨기로 2코 모아뜨기, 겉뜨기 2코. (63코)
다음 단: 8코를 코막음하고, 겉뜨기 20코, 오른코 줄이기, 겉뜨기 1코, 겉뜨기로 2코 모아뜨기, 겉뜨기 29코. (53코)
다음 단: 8코를 코막음하고, 끝까지 안뜨기. (45코)
다음 단: 겉뜨기 2코, 오른코 줄이기, 겉뜨기 16코, 오른코 줄이기, 겉뜨기 1코, 겉뜨기로 2코 모아뜨기, 겉뜨기 16코, 겉뜨기로 2코 모아뜨기, 겉뜨기 2코. (41코)
다음 단: 안뜨기.

다음 단: 겉뜨기 2코, 오른코 줄이기, 겉뜨기 2코, 오른코 줄이기, 겉뜨기 10코, 오른코 줄이기, 겉뜨기 1코, 겉뜨기로 2코 모아뜨기, 겉뜨기 10코, 겉뜨기로 2코 모아뜨기, 겉뜨기 2코, 겉뜨기로 2코 모아뜨기, 겉뜨기 2코. (35코)
다음 단: 안뜨기 2코, 안뜨기로 2코 모아뜨기, 4코 남을 때까지 안뜨기, 안뜨기로 2코 모아 꼬아뜨기, 안뜨기 2코. (33코)
다음 단: 겉뜨기 2코, 오른코 줄이기, 겉뜨기 2코, 오른코 줄이기, 겉뜨기 6코, 오른코 줄이기, 겉뜨기 1코, 겉뜨기로 2코 모아뜨기, 겉뜨기 6코, 겉뜨기로 2코 모아뜨기, 겉뜨기 2코, 겉뜨기로 2코 모아뜨기, 겉뜨기 2코. (27코)
다음 단: 안뜨기 2코, 안뜨기로 2코 모아뜨기, 4코 남을 때까지 안뜨기, 안뜨기로 2코 모아 꼬아뜨기, 안뜨기 2코. (25코)
다음 단: 겉뜨기 2코, 오른코 줄이기, 겉뜨기 6코, 오른코 줄이기, 겉뜨기 1코, 겉뜨기로 2코 모아뜨기, 겉뜨기 6코, 겉뜨기로 2코 모아뜨기, 겉뜨기 2코. (21코)
안뜨기 단으로 시작해서 아홉(9) 단을 메리야스뜨기.

코
다음 단: 겉뜨기 2코, 오른코 줄이기, 겉뜨기 4코, 오른코 줄이기, 겉뜨기 1코, 겉뜨기로 2코 모아뜨기, 겉뜨기 4코, 겉뜨기로 2코 모아뜨기, 겉뜨기 2코. (17코)
다음 단: 안뜨기 2코, 안뜨기로 2코 모아뜨기, 안뜨기 2코, 안뜨기로 2코 모아뜨기, 안뜨기 1코, 안뜨기로 2코 모아 꼬아뜨기, 안뜨기 2코, 안뜨기로 2코 모아 꼬아뜨기, 안뜨기 2코. (13코)
코막음한다.

귀(양쪽 귀를 함께 뜬다)
엄지 방법을 이용하여 51코를 만든다.
1단: 1코 남을 때까지 [겉뜨기 1코, 안뜨기 1코]를 반복, 겉뜨기 1코.
1단은 멍석뜨기 모양.
1단을 1회 반복한다.
3단: [겉뜨기 1코, 안뜨기 1코] 2회, 겉뜨기 1코, 오른코 만들기, 5코 남을 때까지 겉뜨기, 왼코 만들기, [겉뜨기 1코, 안뜨기 1코] 2회, 겉뜨기 1코. (53코)
4단: [겉뜨기 1코, 안뜨기 1코] 2회, 3코 남을 때까지 안뜨기, 겉뜨기 1코, 안뜨기 1코, 겉뜨기 1코.
3~4단을 1회 반복한다. (55코)
7단: [겉뜨기 1코, 안뜨기 1코] 2회, 겉뜨기 1코, 오른코 줄이기, 7코 남을 때까지 겉뜨기, 겉뜨기로 2코 모아뜨기, [겉뜨기 1코, 안뜨기 1코] 2회, 겉뜨기 1코. (53코)
8단: [겉뜨기 1코, 안뜨기 1코] 2회, 3코 남을 때까지 안뜨기, 겉뜨기 1코, 안뜨기 1코, 겉뜨기 1코.
7~8단을 1회 반복한다. (51코)
11단: 1코 남을 때까지 [겉뜨기 1코, 안뜨기 1코]를 반복, 겉뜨기 1코.
11단을 1회 반복한다.
멍석뜨기하면서 코막음한다.

완성하기
뜨개실의 라벨에 적힌 주의사항에 따라 각 편물을 부드럽게 다림질한다.
편물을 길게 반으로 접어 다리를 맞춘다. 귀 가운데를 주름잡고 사진의 위치를 참조하여 머리에 꿰매어 붙인다. 메리야스 잇기 방법으로 몸통 아랫단을 꿰매어 붙이고, 남은 실 끝을 솔기 안으로 넣어 안 보이게 정리한다.
꿰매면서 솜을 넣는다.

자수 놓기
얼굴: 양쪽 눈의 윤곽은 검은색 자수실로 박음질을 한다. 우선 눈 모양은 타원으로, 가운데 홍채의 양쪽 선은 세로선으로 박음질을 한다. 홍채 부분은 파란색 실로, 흰자위 부분은 흰색 실로 새틴 스티치를 한다. 코는 코끝에 검은색 실로 역삼각형 모양으로 새틴 스티치를 한다. 수염은 검은색 실로 양 볼에 컬 모양으로 박음질한다. 124쪽을 참조한다.

완성 크기 약 20cm

실 A: 흰색-라이트웨이트 얀(로언 코튼 글라
세 추천, 블리치드 726) 50g 1타래

D: 분홍색-A와 같은 실(버블스 724) 50g 1타
래

B: 갈색-라이트웨이트 얀(로언 울 코튼 추천,
브론즈 967) 50g 1타래

C: 연분홍색- B와 같은 실(텐더 951) 50g 1
타래

E: 빨간색-파인웨이트 얀(로언 4ply 소프트 추
천, 홍크 374) 50g 1타래

바늘 3mm 장갑바늘 4개

기타 스티치마커, 돗바늘, 솜

게이지 3mm 대바늘로 10×10cm에 25코 33단
메리야스뜨기

도구와 기법 110~126쪽 참조

도안 168쪽 참조

지방이 전혀 없는 이 컵케이크는 간식으로 가볍게 먹을 수 있습니다. 아이싱을 뜰 때, 레몬 장식 케이크를 좋아하면 노란색 실로, 딸기 파르페를 좋아하면 분홍색 실로 바꾸어서 떠보세요.

컵케이크

패턴

컵케이크

아이싱 부분

엄지 방법(112쪽 참조)을 이용하여 A(흰색)실로 바늘 하나에 6코를 만든다.

원형 1단(겉감면): 원형뜨기를 시작하기 위해. 만든 코의 절반을 두 번째 바늘로 걸러 뜨고 첫 번째 바늘과 두 번째 바늘을 나란히 놓는다. 그러면 서로 다른 바늘에 있는 첫 코와 마지막 코가 가까이 있게 된다. 세 번째 바늘로 첫 코부터 두 코를 원형뜨기 겉뜨기를 시작한다. 네 번째 바늘로 첫 번째, 두 번째 바늘에서 한 코씩, 두 코를 겉뜨기한다. (각 바늘에 두 코씩 있다). 원형뜨기 준비가 되었다. 이곳이 단의 시작점인데. 스티치마커로 표시한다.

원형 2단: [1코 늘리기] 6회.
(각 바늘에 4코씩)

원형 3단: 겉뜨기.

원형 4단: [겉뜨기 1코, 오른코 만들기] 12회.
(각 바늘에 8코씩)

원형 5단: 겉뜨기.

원형 6단: [겉뜨기 2코, 오른코 만들기] 12회.
(각 바늘에 12코씩)

원형 7단: 겉뜨기.

원형 8단: [겉뜨기 3코, 오른코 만들기] 12회.
(각 바늘에 16코씩)

원형 9단~10단: 겉뜨기.

원형 11단: [겉뜨기 4코, 오른코 만들기] 12회.
(각 바늘에 20코씩)

원형 12~13단: 겉뜨기.

원형 14단: [겉뜨기 5코, 오른코 만들기] 12회.
(각 바늘에 24코씩)
네(4) 단을 겉뜨기.
A실을 자르고 B(갈색)실을 연결한다.

케이크

스무(20) 단을 겉뜨기.

원형 39단: [겉뜨기 4코, 오른코 줄이기, 겉뜨기 4코, 겉뜨기로 2코 모아뜨기] 6회.
(각 바늘에 20코씩)
B실을 자르고 C(연분홍색)실과 D(분홍색)실을 연결한다.

컵

원형 40단: [C실로 겉뜨기 1코, D실로 겉뜨기 1코]를 끝까지 반복한다.
40단을 23회 반복한다.
D실로 두(2) 단을 겉뜨기.
D실을 자른다.

바닥

C실로만 뜬다.
세(3) 단을 안뜨기.
남은 실 끝을 안 보이게 정리하고 솜을 넣는다.

원형 69단: [겉뜨기 3코, 겉뜨기로 2코 모아뜨기] 12회.
(각 바늘에 16코씩)

원형 70단: 안뜨기.

원형 71단: 겉뜨기.

원형 72단: 안뜨기.

원형 73단: [겉뜨기 2코, 겉뜨기로 2코 모아뜨기] 12회.
(각 바늘에 12코씩)

원형 74단: 안뜨기.

원형 75단: 겉뜨기.

원형 76단: 안뜨기.
솜을 넣는다.

원형 77단: [겉뜨기 1코, 겉뜨기로 2코 모아뜨기] 12회.
(각 바늘에 8코씩)

원형 78단: 안뜨기.

원형 79단: 겉뜨기.

원형 80단: 안뜨기.

원형 81단: [겉뜨기로 2코 모아뜨기] 12회.
(각 바늘에 4코씩)

원형 82단: 안뜨기.
C실을 10cm 정도 남기고 자른 후에 실을 돗바늘에 꿴다. 떠야 할 순서대로 돗바늘을 바늘에 있는 코로 통과시킨다. 바늘 끝으로 첫 코부터 마지막 코까지 통과한 후 실을 팽팽하게 당겨서 모든 코를 꼭 아물린다. 실이 풀어지지 않게 끝을 단단히 잡아당긴다.

체리

엄지 방법을 이용하여 E(빨간색)실로 12코를 만든다.

1단(안감면): 안뜨기.

2단: 겉뜨기.

3~16단: 1~2단을 7회 또는 편물이 정사각형이 될 때까지 반복한다.
코막음한다.

완성하기

체리 만들기: 정사각형으로 뜬 체리 편물의 가장자리를 따라 홈질을 하고, 중심에 솜을 넣은 후, 바늘땀을 세게 당겨서 꼭 아물리고 끝이 풀어지지 않게 한다. 체리를 컵케이크 꼭대기에 꿰매어 붙인다.

미미 버섯은 숨바꼭질을 정말 잘해요. 특히 주변 숲에 숨으면 아무도 못 찾아요.
몸집이 작고 인내심이 많아서 오랜 시간을 조용하게 가만히 있을 수 있어요.

미미 버섯

패턴

앞판

첫 번째 다리
엄지 방법(112쪽 참조)을 이용하여 5코를 만든다.
1단(안감면): 안뜨기.
2단: 겉뜨기 1코, 오른코 만들기, 끝까지 겉뜨기. (6코)
3단: 안뜨기.
2~3단을 3회 반복한다. (9코)
10단: 겉뜨기 1코, 오른코 만들기, 겉뜨기 5코, 겉뜨기로 2코 모아뜨기, 겉뜨기 1코. (9코)
11단: 안뜨기.
12단: 10단처럼 뜬다.
13단: 안뜨기.
실을 자르고 코를 안전핀에 걸어둔다.

두 번째 다리
엄지 방법을 이용하여 5코를 만든다.
1단(안감면): 안뜨기.
2단: 겉뜨기 1코, 오른코 만들기, 겉뜨기 3코, 왼코 만들기, 겉뜨기 1코. (7코)
3단: 안뜨기.
4단: 겉뜨기.
5단: 안뜨기.
코를 바늘에 그대로 두고 실을 자르지 않는다.

다리 연결하기
14단: 바늘에 있는 7코를 겉뜨기, 감아코로 3코 만들기, 겉감면이 보이게 놓고 안전핀에서 6코를 겉뜨기, 겉뜨기로 2코 모아뜨기, 겉뜨기 1코. (18코)

몸통
15단: 안뜨기 7코, 안뜨기로 2코 모아뜨기, 안뜨기 1코, 안뜨기로 2코 모아 꼬아뜨기, 안뜨기 6코. (16코)
겉뜨기 단으로 시작해서 아홉(9) 단을 메리야스뜨기.

스커트의 물결무늬
25~27단: 겉뜨기.
겉뜨기 단으로 시작해서 열(10) 단을 메리야스뜨기.

팔
38단: 겉뜨기 1코, 오른코 만들기, 끝까지 겉뜨기. (17코)
39단: 감아코로 2코 만들기, 끝까지 안뜨기. (19코)
40단: 겉뜨기.
41단: 안뜨기 1코, 왼코 만들기, 끝까지 안뜨기. (20코)
42단: 겉뜨기 1코, 오른코 만들기, 끝까지 겉뜨기. (21코)
43단: 안뜨기 1코, 안뜨기로 2코 모아뜨기, 1코 남을 때까지 안뜨기, 오른코 만들기, 안뜨기 1코.
44단: 겉뜨기 1코, 오른코 만들기, 끝까지 겉뜨기. (22코)
45단: 2코를 코막음하고, 끝까지 안뜨기. (20코)
46단: 겉뜨기 1코, 오른코 줄이기, 3코 남을 때까지 겉뜨기, 겉뜨기로 2코 모아뜨기, 겉뜨기 1코. (18코)
47단: 안뜨기.
48단: 겉뜨기 1코, 오른코 줄이기, 끝까지 겉뜨기. (17코)
49단: 안뜨기.
50단: 겉뜨기 1코, 오른코 줄이기, 1코 남을 때까지 겉뜨기, 왼코 만들기, 겉뜨기 1코.
51단: 안뜨기.
52단: 1코 남을 때까지 겉뜨기, 왼코 만들기, 겉뜨기 1코. (18코)
51~52단을 1회 반복한다. (19코)
55단: 안뜨기.
56단: 겉뜨기 1코, 오른코 만들기, 1코 남을 때까지 겉뜨기, 왼코 만들기, 겉뜨기 1코. (21코)
55~56단을 1회 반복한다. (23코)

정수리
59단: 감아코로 4코 만들기, 끝까지 안뜨기. (27코)
60단: 감아코로 7코 만들기, 끝까지 겉뜨기. (34코)
61단: 안뜨기.
62단: 겉뜨기 1코, 오른코 줄이기, 끝까지 겉뜨기. (33코)
63단: 안뜨기.
64단: 겉뜨기.
65단: 안뜨기.
66단: 겉뜨기 1코, 오른코 줄이기, 끝까지 겉뜨기. (32코)
안뜨기 단으로 시작해서 세(3) 단을 메리야스뜨기.
70단: 겉뜨기 1코, 오른코 줄이기, 3코 남을 때까지 겉뜨기, 겉뜨기로 2코 모아뜨기, 겉뜨기 1코. (30코)
71단: 안뜨기.

72단: 3코 남을 때까지 겉뜨기, 겉뜨기로 2코 모아뜨기, 겉뜨기 1코. (29코)
73단: 안뜨기.
70~73단을 2회 반복한다. (23코)
82단: 겉뜨기 1코, 오른코 줄이기, 3코 남을 때까지 겉뜨기, 겉뜨기로 2코 모아뜨기, 겉뜨기 1코. (21코)
83단: 안뜨기.
82~83단을 1회 반복한다. (19코)
86단: 겉뜨기 1코, 오른코 줄이기, 3코 남을 때까지 겉뜨기, 겉뜨기로 2코 모아뜨기, 겉뜨기 1코. (17코)
87단: 안뜨기 1코, 안뜨기로 2코 모아뜨기, 3코 남을 때까지 안뜨기, 안뜨기로 2코 모아 꼬아뜨기, 안뜨기 1코. (15코)
86~87단을 1회 반복한다. (11코)
코막음한다.

뒤판

앞판과 같은 방식으로 뜬다. 단, 대칭으로 떠야 하므로 설명에서 겉뜨기는 안뜨기로, 안뜨기는 겉뜨기로 해서 편물의 겉감면을 거꾸로 만든다. 118쪽의 '대칭뜨기'에 이에 관한 팁이 소개되어 있다.

완성하기

뜨개실의 라벨에 적힌 주의사항에 따라 각 편물을 부드럽게 다림질한다.
메리야스 잇기 방법으로 몸의 각 부위를 꿰매어 붙인다. 이때 작은 창구멍을 남기고, 그 구멍으로 솜을 넣어 채운 후 구멍을 막는다.

자수 놓기

얼굴: 양쪽 눈은 검은색 자수실로 타원형을 박음질한다. 홍채 부분은 검은색 실로 가운데를 넓게 새틴 스티치하고, 흰자위 부분은 흰색 실로 새틴 스티치한다. 눈썹은 검은색 실로 눈 위에 박음질한다. 동그랗게 벌린 입과 입안의 이빨 윤곽선은 검은색 실로 박음질한 후에 주황색 실로 입을 새틴 스티치한다. 볼은 주황색 실로 동그랗게 박음질한다. 124쪽을 참조한다.

완성 크기 약 23cm

실 모래색-라이트웨이트 안(데비 블리스
프리마 추천, 35705) 50g 1타래

바늘 3.25mm 대바늘 2개

기타 안전핀 1개, 돗바늘, 솜, 자수실(검은
색, 흰색, 주황색 약간씩)

게이지 3.25mm 대바늘로 10×10cm에 26
코 37단 메리야스뜨기

도구와 기법 110~126쪽 참조

도안 169쪽 참조

로빈은 다정하고 상냥한 새입니다. 이제 막 날기를 배우는 새들에게
스카이다이빙을 가르쳐줍니다. 그런데 로빈은 벌레를 특히 좋아하기 때문에
체중이 늘지 않도록 조심해야 해요.

울새 로빈

완성된 크기 약 17cm(다리 제외)

실 A: 빨간색-라이트웨이트 앤(데비 블리스
레알토 추천. 12) 50g 1타래

B: 갈색-A와 같은 실(05) 50g 1타래

C: 분홍색-A와 같은 실(13) 50g 1타래

바늘 3.25mm 대바늘 2개

기타 돗바늘, 솜, 크림색 펠트지 조각, 펠트지
에 어울리는 실과 바늘, 자수실(검은색, 초록
색, 흰색 약간씩)

게이지 3.25mm 대바늘로 10×10cm에 24코
34단 메리야스뜨기

도구와 기법 110~126쪽 참조

도안 170쪽 참조

패턴

주의: 2코 모아뜨기에서 첫 번째와 두 번째 코의 모양이 다를 때, 두 번째 코가 겉뜨기코이면 겉뜨기로 2코 모아뜨기, 안뜨기코이면 안뜨기로 2코 모아뜨기를 한다.

앞판
꼬은 코 만들기 방법(113쪽 참조)을 이용하여 A(빨간색)실로 30코를 만든다.
1단(겉감면): 겉뜨기.
2단: 안뜨기.

배
3단: 겉뜨기 2코, 오른코 만들기, 2코 남을 때까지 겉뜨기, 왼코 만들기, 겉뜨기 2코. (32코)
4단: 안뜨기.
3~4단을 5회 반복한다. (42코)
겉뜨기 단으로 시작해서 스물두(22) 단을 메리야스뜨기.
코막음한다.

머리
코막음한 끝단에서 B(갈색)실로 42코를 줍는다.
다음 단: 안뜨기.
✻**다음 단:** 2코 남을 때까지 [안뜨기 2코, 겉뜨기 2코]를 반복, 안뜨기 2코.
다음 단: 2코 남을 때까지 [겉뜨기 2코, 안뜨기 2코]를 반복, 겉뜨기 2코.
마지막 두(2) 단을 3회 반복한다.
다음 단: 2코 남을 때까지 [안뜨기 2코, 겉뜨기 2코]를 반복, 안뜨기 2코.
다음 단: 코 줄이기, 2코 남을 때까지 2코 고무뜨기, 코 줄이기. (40코)
세(3) 단을 고무뜨기.
마지막 네(4) 단을 1회 반복한다. (38코)
다음 단: 코 줄이기, 2코 남을 때까지 2코 고무뜨기, 코 줄이기. (36코)
한(1) 단을 고무뜨기.
마지막 두(2) 단을 3회 반복한다. (30코)
다음 단: 코 줄이기, 2코 남을 때까지 2코 고무뜨기, 코 줄이기.
마지막 단을 5회 반복한다. (18코)
코막음한다. ✻

뒤판
꼬은 코 만들기 방법을 이용하여 B실로 30코를 만든다.
1단(겉감면): 2코 남을 때까지 [겉뜨기 2코, 안뜨기 2코]를 반복, 겉뜨기 2코.
2단: 2코 남을 때까지 [안뜨기 2코, 겉뜨기 2코]를 반복, 안뜨기 2코.

3단: 2코 만들기, 끝까지 [안뜨기 2코, 겉뜨기 2코]를 반복한다. (32코)
4단: 2코 만들기, 2코 남을 때까지 [겉뜨기 2코, 안뜨기 2코]를 반복, 겉뜨기 2코. (34코)
5단: 2코 남을 때까지 [안뜨기 2코, 겉뜨기 2코]를 반복, 안뜨기 2코.
6단: 2코 남을 때까지 [겉뜨기 2코, 안뜨기 2코]를 반복, 겉뜨기 2코.
7단: 2코 만들기, 끝까지 [겉뜨기 2코, 안뜨기 2코]를 반복한다. (36코)
8단: 2코 만들기, 2코 남을 때까지 [안뜨기 2코, 겉뜨기 2코]를 반복, 안뜨기 2코. (38코)
9단: 2코 남을 때까지 [겉뜨기 2코, 안뜨기 2코]를 반복, 겉뜨기 2코.
10단: 2코 남을 때까지 [안뜨기 2코, 겉뜨기 2코], 안뜨기 2코.
11단: 3코 만들기, 안뜨기 3코, 2코 남을 때까지 [겉뜨기 2코, 안뜨기 2코]를 반복, 겉뜨기 2코. (41코)
12단: 3코 만들기, 겉뜨기 3코, 5코 남을 때까지 [안뜨기 2코, 겉뜨기 2코]를 반복, 안뜨기 2코, 겉뜨기 3코. (44코)
13단: 안뜨기 3코, 5코 남을 때까지 [겉뜨기 2코, 안뜨기 2코]를 반복, 겉뜨기 2코, 안뜨기 3코.
14단: 겉뜨기 3코, 5코 남을 때까지 [안뜨기 2코, 겉뜨기 2코]를 반복, 안뜨기 2코, 겉뜨기 3코.
13~14단을 10회 반복한다.
35단: 13단처럼 뜬다.
36단: 코 줄이기, 겉뜨기 1코, 5코 남을 때까지 [안뜨기 2코, 겉뜨기 2코]를 반복, 안뜨기 2코, 겉뜨기 1코, 코 줄이기. (42코)
앞판의 ✻ 부터 ✻ 까지를 그대로 한다.

날개(2개)
엄지 방법을 이용하여 B실로 9코를 만든다.
1단(안감면): 1코 남을 때까지 [겉뜨기 1코, 안뜨기 1코]를 반복, 겉뜨기 1코.
1단을 2회 반복한다.
4단: 겉뜨기 1코, 안뜨기 1코, 겉뜨기 1코, 오른코 만들기, 3코 남을 때까지 겉뜨기, 왼코 만들기, 겉뜨기 1코, 안뜨기 1코, 겉뜨기 1코. (11코)
5단: 겉뜨기 1코, 1코 남을 때까지 안뜨기, 겉뜨기 1코.
4~5단을 2회 반복한다. (15코)
10단: 겉뜨기 1코, 안뜨기 1코, 2코 남을 때까지 겉뜨기, 안뜨기 1코, 겉뜨기 1코.
11단: 겉뜨기 1코, 1코 남을 때까지 안뜨기, 겉뜨기 1코.
10~11단을 5회 반복한다.
22단: 겉뜨기 1코, 안뜨기 1코, 겉뜨기 1코, 오른코 줄이기, 5코 남을 때까지 겉뜨기, 겉뜨기로 2코 모아뜨기, 겉뜨기 1코, 안뜨기 1코, 겉뜨기 1코. (13코)
23단: 겉뜨기 1코, 1코 남을 때까지 안뜨기, 겉뜨기 1코.
22~23단을 2회 반복한다. (9코)

28단: 겉뜨기 1코, 안뜨기 1코, 겉뜨기 1코, 겉뜨기 방향으로 2코 걸러뜨기, 겉뜨기 1코, 걸러뜨기한 코로 뜬 코를 덮어씌우기, 겉뜨기 1코, 안뜨기 1코, 겉뜨기 1코. (7코)
29단: 겉뜨기 1코, 1코 남을 때까지 안뜨기, 겉뜨기 1코.
30단: 겉뜨기 1코, 안뜨기 1코, 겉뜨기 방향으로 2코 걸러뜨기, 겉뜨기 1코, 걸러뜨기한 코로 뜬 코를 덮어씌우기, 안뜨기 1코, 겉뜨기 1코. (5코)
31단: [겉뜨기 1코, 안뜨기 1코] 2회, 겉뜨기 1코.
31단을 2회 반복한다.
34단: 겉뜨기 1코, 안뜨기로 3코 모아뜨기, 겉뜨기 1코. (3코)
35단: 겉뜨기 1코, 안뜨기 1코, 겉뜨기 1코.
35단을 4회 반복한다.
실을 길게 남기고 자른다. 실을 나머지 3코로 통과시킨 후 꽉 잡아당긴다.

발(2개)
꼬은 코 만들기 방법을 이용하여 C(분홍색)실로 18코를 만든다.
✻5코를 코막음하고, 오른쪽 바늘에 있는 코를 왼쪽 바늘로 걸러뜨기.
5코 만들기.✻
✻ 부터 ✻ 까지를 반복한다.
18코를 코막음한다.

벌레(선택)
꼬은 코 만들기 방법을 이용하여 C실로 40코를 느슨하게 만든다. 모든 코를 바짝 조이면서 코막음한다.

완성하기
뜨개실의 라벨에 적힌 주의사항에 따라 각 편물을 부드럽게 다림질한다.
남은 실 끝은 안 보이게 정리한다.
메리야스 잇기 방법으로 몸의 각 부위를 꿰매어 붙인다. 이때 작은 창구멍은 남겨서 그 사이로 솜을 넣은 후 창구멍을 막는다. 사진의 위치를 참조하여 다리를 몸통 아래쪽에 꿰매어 붙인다. 날개의 시작단을 몸통에 비스듬히 놓는다. 날개의 앞쪽과 위쪽 가장자리를 공그르기로 몸통에 꿰매어 붙인다. 날개 끝은 꿰매지 않고 위를 향해 구부려준다.
펠트지를 마름모꼴로 자르고 반으로 접어 부리를 만든다. 부리를 얼굴 위에 놓고 마름모의 가운데를 열십자로 꿰매어 붙인다. 벌레를 만들어 부리에 꿰매어 붙인다.

자수 놓기
양쪽 눈의 윤곽은 검은색 자수실로 박음질을 한다. 우선 눈 모양은 타원으로, 가운데 홍채의 양쪽 선은 세로선으로 박음질을 한다. 홍채 부분은 초록색 실로, 흰자위 부분은 흰색 실로 새틴 스티치를 한다. 124쪽을 참조한다.

디드리는 세상에서 가장 매력적인 생물입니다. 새로운 날개를 쇼핑하는 것이 취미이죠. 그래서 항상 고급 날개 매장에 가서 최신 유행하는 색의 날개를 고른답니다.

잠자리 디드리

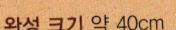

패턴

주의: 구슬을 넣어 뜨개질하려면 가는 바늘에 면사를 꿰어 A실에 매어놓은 후, 바늘로 구슬을 꿰어 구슬을 뜨개실 아래쪽으로 놓는다.

몸통과 머리

꼬리

엄지 방법(112쪽 참조)을 이용하여 3mm 장갑바늘 4개로 바늘 하나에 6코를 만든다.

원형 1단(겉감면): 원형뜨기를 시작하기 위해, 만든 코의 절반을 두 번째 바늘로 걸러 뜨고 첫 번째 바늘과 두 번째 바늘을 나란히 놓는다. 그러면 서로 다른 바늘에 있는 첫 코와 마지막 코가 가까이 있게 된다. 세 번째 바늘로 첫 코부터 두 코를 원형뜨기 겉뜨기를 시작한다. 네 번째 바늘로 첫 번째, 두 번째 바늘에서 한 코씩, 두 코를 겉뜨기한다. (각 바늘에 두 코씩 있다). 비워진 첫 번째 바늘로 겉뜨기 2코를 하여 원형뜨기를 시작한다.

원형 2단: [1코 늘리기] 6회.
(각 바늘에 4코씩)
코를 바늘 4개에 나눠놓는다.
(각 바늘에 3코씩)
이곳이 단의 시작점인데, 스티치마커로 표시한다. 겉뜨기 단(겉감면)으로 시작해서 도안대로 구슬을 놓는다. 첫 번째, 세 번째 바늘에는 양옆 코가, 두 번째, 네 번째 바늘에는 앞쪽과 뒤쪽 코가 있다. 이렇게 구슬을 넣어가며 뜨개질을 한다. 뜨개질은 다음과 같이 한다.

원형 3~4단(겉감면): 두(2) 단을 겉뜨기.

원형 5단: 첫 번째/세 번째 바늘에서 겉뜨기 3코, 두 번째/네 번째 바늘에서 겉뜨기 1코, 오른코 만들기, 겉뜨기 1코, 왼코 만들기, 겉뜨기 1코. (첫 번째 바늘에 3코, 두 번째 바늘에 5코, 세 번째 바늘에 3코, 네 번째 바늘에 5코)

원형 6~7단: 두(2) 단을 겉뜨기.

원형 8단: 첫 번째/세 번째 바늘에서 겉뜨기 3코, 다음과 같이 뜬다: 두 번째/네 번째 바늘에서 겉뜨기 1코, 오른코 만들기, 겉뜨기 1코, PB(구슬 놓기), 겉뜨기 1코, 왼코 만들기, 겉뜨기 1코. (첫 번째 바늘에 3코, 두 번째 바늘에 7코, 세 번째 바늘에 3코, 네 번째 바늘에 7코)

원형 9단: 한(1) 단을 겉뜨기.

원형 10단: 첫 번째/세 번째 바늘에서 겉뜨기 3코, 다음과 같이 뜬다: 두 번째/네 번째 바늘에서 겉뜨기 1코, PB, 겉뜨기 3코, PB, 겉뜨기 1코.
계속해서 도안대로 두 번째, 네 번째 바늘에 구슬을 놓는다.

원형 11~44단: 서른네(34) 단을 겉뜨기.

원형 45단: 첫 번째/세 번째 바늘에서 겉뜨기 3코, 두 번째/네 번째 바늘에서 겉뜨기 1코, 오른코 만들기, 겉뜨기 1코, PB, 겉뜨기 1코, PB, 겉뜨기 1코, 왼코 만들기, 겉뜨기 1코. (첫 번째 바늘에 3코, 두 번째 바늘에 9코, 세 번째 바늘에 3코, 네 번째 바늘에 9코)

원형 46~86단: 마흔한(41) 단을 겉뜨기.

원형 87단: 첫 번째/세 번째 바늘에서 겉뜨기 3코, 두 번째/네 번째 바늘에서 겉뜨기 1코, 오른코 만들기, PB, 겉뜨기 5코, PB, 왼코 만들기, 겉뜨기 1코. (첫 번째 바늘에 3코, 두 번째 바늘에 11코, 세 번째 바늘에 3코, 네 번째 바늘에 11코)

원형 88~122단: 서른다섯(35) 단을 겉뜨기.
솜을 넣는다.

원형 123단: 첫 번째/세 번째 바늘에서 겉뜨기 3코, 두 번째/네 번째 바늘에서 겉뜨기 1코, 오른코 줄이기, 겉뜨기 5코, 겉뜨기로 2코 모아뜨기, 겉뜨기 1코. (첫 번째 바늘에

완성 크기 약 40cm

실 A: 초록색─라이트웨이트 얀(데비 블리스 베이비 캐시메리노 추천, 340016) 50g 1타래

B: 금색─A와 같은 실(340025) 50g 1타래

구슬 직경 4mm의 둥근 구슬(미라클 비드 추천) 무지갯빛 보라색 238개.

바늘 3mm 대바늘 2개, 3mm 장갑바늘 5개

기타 스티치마커, 여분의 면사, 돗바늘, 솜, 자수실(검은색, 파란색, 흰색 약간씩)

게이지 3mm 대바늘로 10×10cm에 26코 46단 메리야스뜨기

약어 구슬 놓기: 실을 앞으로 놓고, 구슬을 편물 앞으로 당겨 놓고, 1코를 걸러뜨기, 실을 뒤로 보낸다.

도구와 기법 110~126쪽 참조

도안 172쪽 참조

3코, 두 번째 바늘에 9코, 세 번째 바늘에 3코, 네 번째 바늘에 9코).

원형 124~126단: 세(3) 단을 겉뜨기.

원형 127단: 첫 번째/세 번째 바늘에서 겉뜨기 3코, 두 번째/네 번째 바늘에서 겉뜨기 1코, 오른코 줄이기, 겉뜨기 3코, 겉뜨기로 2코 모아뜨기, 겉뜨기 1코. (첫 번째 바늘에 3코, 두 번째 바늘에 7코, 세 번째 바늘에 3코, 네 번째 바늘에 7코).

원형 128~132단: 다섯(5) 단을 겉뜨기.

원형 133단: 첫 번째/세 번째 바늘에서 겉뜨기 3코, 두 번째/네 번째 바늘에서 겉뜨기 1코, 오른코 줄이기, PB, 겉뜨기로 2코 모아뜨기, 겉뜨기 1코. (첫 번째 바늘에 3코, 두 번째 바늘에 5코, 세 번째 바늘에 3코, 네 번째 바늘에 5코).

원형 134단: 한(1) 단을 겉뜨기.
솜을 넣는다.

머리

원형 135~136단: 두(2) 단을 겉뜨기.

원형 137단: 첫 번째/세 번째 바늘에서 겉뜨기 3코, 두 번째/네 번째 바늘에서 겉뜨기 1코, 오른코 만들기, 겉뜨기 3코, 왼코 만들기, 겉뜨기 1코. (첫 번째 바늘에 3코, 두 번째 바늘에 7코, 세 번째 바늘에 3코, 네 번째 바늘에 7코).

원형 138단: 첫 번째/세 번째 바늘에서 겉뜨기 3코, 두 번째/네 번째 바늘에서 겉뜨기 1코, 오른코 만들기, 겉뜨기 5코, 왼코 만들기, 겉뜨기 1코. (첫 번째 바늘에 3코, 두 번째 바늘에 9코, 세 번째 바늘에 3코, 네 번째 바늘에 9코).

원형 139~140단: 두(2) 단을 겉뜨기.

원형 141단: 첫 번째/세 번째 바늘에서 겉뜨기 3코, 두 번째/네 번째 바늘에서 겉뜨기 1코, 오른코 만들기, 겉뜨기 7코, 왼코 만들기, 겉뜨기 1코. (첫 번째 바늘에 3코, 두 번째 바늘에 11코, 세 번째 바늘에 3코, 네 번째 바늘에 11코).

원형 142~152단: 열한(11) 단을 겉뜨기.

원형 153단: 첫 번째/세 번째 바늘에서 겉뜨기 1코, 겉뜨기로 2코 모아뜨기, 두 번째/네 번째 바늘에서 겉뜨기 2코, 겉뜨기로 2코 모아뜨기, 겉뜨기 1코, 겉뜨기로 2코 모아뜨기, 겉뜨기 2코, 겉뜨기로 2코 모아뜨기. (첫 번째 바늘에 2코, 두 번째 바늘에 8코, 세 번째 바늘에 2코, 네 번째 바늘에 8코).

원형 154~155단: 두(2) 단을 겉뜨기.
솜을 넣는다.

원형 156단: 첫 번째/세 번째 바늘에서 겉뜨기로 2코 모아뜨기, 두 번째/네 번째 바늘에서 [겉뜨기로 2코 모아뜨기] 4회. (첫 번째 바늘에 1코, 두 번째 바늘에 4코, 세 번째 바늘에 1코, 네 번째 바늘에 4코).

원형 157단: 한(1) 단을 겉뜨기.
A실을 10cm 정도 남기고 자른 후에 실을 돗바늘에 꿴다. 떠야 할 순서대로 돗바늘을 바늘에 있는 코로 통과시킨다. 바늘 끝으로 첫 코부터 마지막 코까지 통과한 후 실을 팽팽하게 당겨서 모든 코를 꼭 아물린다. 실이 풀어지지 않게 끝을 단단히 잡아당긴다.

큰 날개(2개)

엄지 방법을 이용하여 B실과 3mm 대바늘로 10코를 만든다.
1단: 꼬아서 겉뜨기, [안뜨기 1코, 겉뜨기 1코] 4회, 실을 바늘 사이 앞으로 가져오기, 안뜨기 방향으로 1코 걸러뜨기.
1단을 3회 반복한다.
5단: 꼬아서 겉뜨기, 1코 늘리기, [안뜨기 1코, 겉뜨기 1코] 3회, 1코 늘리기, 실을 바늘 사이 앞으로 가져오기, 안뜨기 방향으로 1코 걸러뜨기. (12코)
6단: 꼬아서 겉뜨기, 1코 늘리기, [안뜨기 1코, 겉뜨기 1코] 4회, 1코 늘리기, 실을 바늘 사이 앞으로 가져오기, 안뜨기 방향으로 1코 걸러뜨기. (14코)
7단: 꼬아서 겉뜨기, [겉뜨기 1코, 안뜨기 1코] 6회, 실을 바늘 사이 앞으로 가져오기, 안뜨기 방향으로 1코 걸러뜨기.
8단: 꼬아서 겉뜨기, 1코 늘리기, [겉뜨기 1코, 안뜨기 1코] 5회, 1코 늘리기, 실을 바늘 사이 앞으로 가져오기, 안뜨기 방향으로 1코 걸러뜨기. (16코)
9단: 꼬아서 겉뜨기, [안뜨기 1코, 겉뜨기 1코] 7회, 실을 바늘 사이 앞으로 가져오기, 안뜨기 방향으로 1코 걸러뜨기.
10단: 꼬아서 겉뜨기, 1코 늘리기, [안뜨기 1코, 겉뜨기 1코] 6회, 1코 늘리기, 실을 바늘 사이 앞으로 가져오기, 안뜨기 방향으로 1코 걸러뜨기. (18코)
11단: 꼬아서 겉뜨기, [겉뜨기 1코, 안뜨기 1코] 8회, 실을 바늘 사이 앞으로 가져오기, 안뜨기 방향으로 1코 걸러뜨기.
12단: 꼬아서 겉뜨기, [안뜨기 1코, 겉뜨기 1코] 8회, 실을 바늘 사이 앞으로 가져오기, 안뜨기 방향으로 1코 걸러뜨기.
13단: 11단을 반복한다.
14단: 꼬아서 겉뜨기, 1코 늘리기, [겉뜨기 1코, 안뜨기 1코] 7회, 1코 늘리기, 실을 바늘 사이 앞으로 가져오기,

안뜨기 방향으로 1코 걸러뜨기. (20코)
15코: 꼬아서 겉뜨기, [안뜨기 1코, 겉뜨기 1코] 9회, 실을 바늘 사이 앞으로 가져오기, 안뜨기 방향으로 1코 걸러뜨기.
16코: 꼬아서 겉뜨기, [겉뜨기 1코, 안뜨기 1코] 9회, 실을 바늘 사이 앞으로 가져오기, 안뜨기 방향으로 1코 걸러뜨기.
15~16단을 9회 반복한다.
35단: 꼬아서 겉뜨기, 오른코 줄이기, [안뜨기 1코, 겉뜨기 1코] 7회, 겉뜨기로 2코 모아뜨기, 실을 바늘 사이 앞으로 가져오기, 안뜨기 방향으로 1코 걸러뜨기. (18코)
36단: 꼬아서 겉뜨기, 오른코 줄이기, [안뜨기 1코, 겉뜨기 1코] 6회, 겉뜨기로 2코 모아뜨기, 실을 바늘 사이 앞으로 가져오기, 안뜨기 방향으로 1코 걸러뜨기. (16코)
다음과 같이 코막음: 오른코 줄이기, 겉뜨기 1코, 오른쪽 바늘의 첫 번째 코로 두 번째 코를 덮어씌우기, 멍석뜨기하면서 2코 남을 때까지 코막음, 겉뜨기로 2코 모아뜨기, 오른쪽 바늘의 첫 번째 코로 두 번째 코를 덮어씌우기.
실을 코 사이로 통과시켜 마무리한다.

작은 날개(2개)

엄지 방법을 이용하여 B실과 3mm 대바늘로 10코를 만든다.
1단: 꼬아서 겉뜨기, [안뜨기 1코, 겉뜨기 1코] 4회, 실을 바늘 사이 앞으로 가져오기, 안뜨기 방향으로 1코 걸러뜨기.
1단을 3회 반복한다.
5단: 꼬아서 겉뜨기, 1코 늘리기, [안뜨기 1코, 겉뜨기 1코] 3회, 1코 늘리기, 실을 바늘 사이 앞으로 가져오기, 안뜨기 방향으로 1코 걸러뜨기. (12코)
6단: 꼬아서 겉뜨기, [겉뜨기 1코, 안뜨기 1코] 5회, 실을 바늘 사이 앞으로 가져오기, 안뜨기 방향으로 1코 걸러뜨기.
7단: 꼬아서 겉뜨기, [안뜨기 1코, 겉뜨기 1코] 5회, 실을 바늘 사이 앞으로 가져오기, 안뜨기 방향으로 1코 걸러뜨기.
6~7단을 14회 반복한다.
36단: 꼬아서 겉뜨기, 오른코 줄이기, [겉뜨기 1코, 안뜨기 1코] 3회, 겉뜨기로 2코 모아뜨기, 실을 바늘 사이 앞으로 가져오기, 안뜨기 방향으로 1코 걸러뜨기. (10코)
다음과 같이 코막음: 오른코 줄이기, 안뜨기 1코, 오른쪽 바늘의 첫 번째 코로 두 번째 코를 덮어씌우기, 멍석뜨기하면서 2코 남을 때까지 코막음, 겉뜨기로 2코 모아뜨기, 오른쪽 바늘의 첫 번째 코로 두 번째 코를

덮어씌우기.
실을 코 사이로 통과시켜 마무리한다.

완성하기

뜨개실의 라벨에 적힌 주의사항에 따라 각 편물을
부드럽게 다림질한다.
사진의 위치를 참조하여 감침질로 날개를 몸통에
연결한다.

자수 놓기

양쪽 눈의 윤곽은 검은색 자수실로 박음질을 한다. 우선
눈 모양은 타원으로, 가운데 홍채의 양쪽 선은 세로선으로
박음질을 한다. 홍채 부분은 파란색 실로, 흰자위 부분은
흰색 실로 새틴 스티치를 한다. 입은 검은색 실로 웃는
모양으로 새틴 스티치를 한다. B실을 25cm 정도 잘라서
머리의 양쪽 눈 위에 하나씩 달아 더듬이 2개를 만든다.
124쪽을 참조한다.

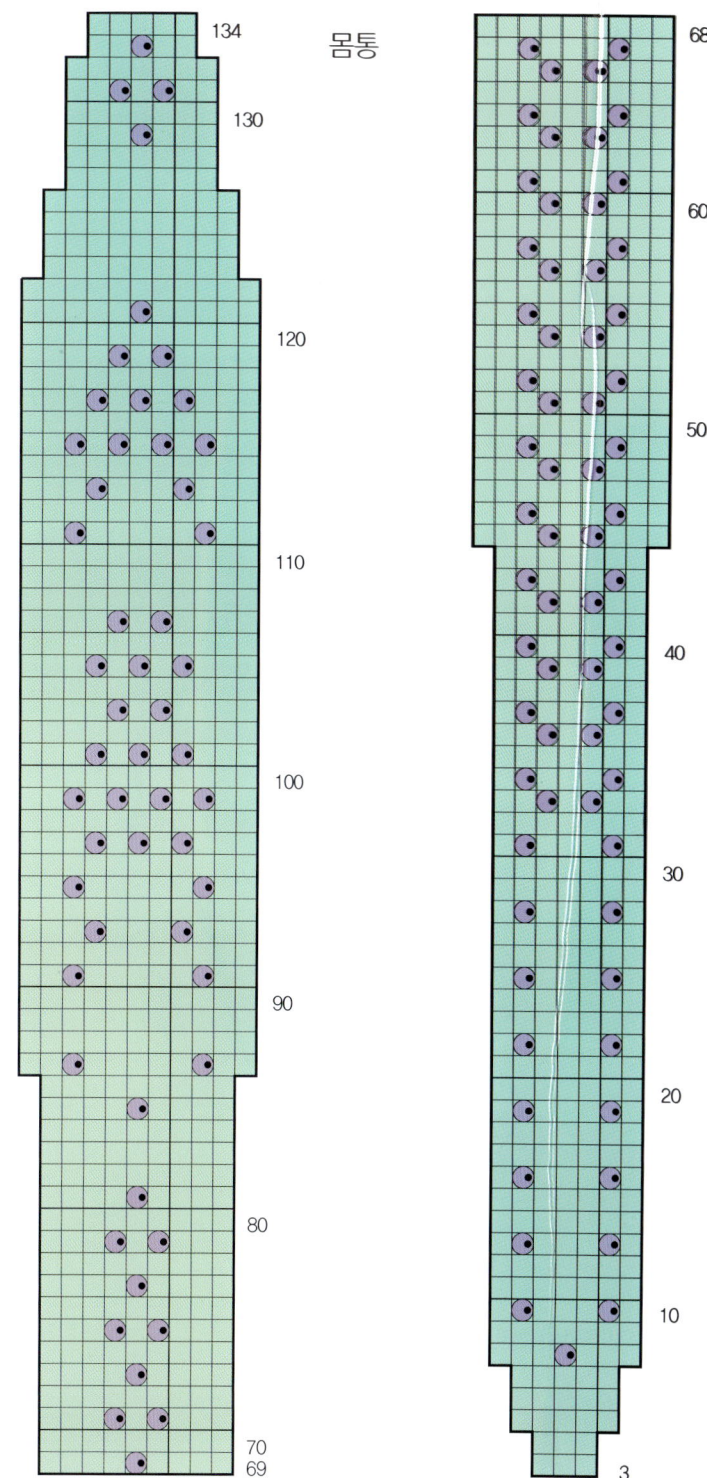

몸통

A실

PB(구슬 놓기)

판지로 만든 숲 속 깊은 곳에 가면 미미 버섯과 함께 사는 독버섯 티티를 볼 수 있어요. 두 버섯은 숨바꼭질을 하면서 노는데, 티티는 오랫동안 가만히 있지 못해서 들킬 때가 많지요.

독버섯 티티

패턴

앞판

다리

엄지 방법(112쪽 참조)을 이용하여 A(흰색)실로 24코를 만든다.

1단(안감면): 안뜨기.

2단: 겉뜨기 1코, 오른코 만들기, 겉뜨기 10코, 오른코 만들기, 겉뜨기 2코, 왼코 만들기, 겉뜨기 10코, 왼코 만들기, 겉뜨기 1코. (28코)

3단: 안뜨기 1코, 왼코 만들기, 안뜨기 12코, 왼코 만들기, 안뜨기 2코, 오른코 만들기, 안뜨기 12코, 오른코 만들기, 안뜨기 1코. (32코)

4단: 겉뜨기 1코, 오른코 만들기, 겉뜨기 14코, 오른코 만들기, 겉뜨기 2코, 왼코 만들기, 겉뜨기 14코, 왼코 만들기, 겉뜨기 1코. (36코)

5단: 안뜨기 17코, 왼코 만들기, 안뜨기 2코, 오른코 만들기, 안뜨기 17코. (38코)

6단: 겉뜨기 1코, 오른코 만들기, 겉뜨기 17코, 오른코 만들기, 겉뜨기 2코, 왼코 만들기, 겉뜨기 17코, 왼코 만들기, 겉뜨기 1코. (42코)

7단: 안뜨기 20코, 왼코 만들기, 안뜨기 2코, 오른코 만들기, 안뜨기 20코. (44코)

8단: 겉뜨기 1코, 오른코 줄이기, 겉뜨기 18코, 오른코 만들기, 겉뜨기 2코, 왼코 만들기, 겉뜨기 18코, 겉뜨기로 2코 모아뜨기, 겉뜨기 1코.

9단: 안뜨기 21코, 왼코 만들기, 안뜨기 2코, 오른코 만들기, 안뜨기 21코. (46코)

10단: 겉뜨기 1코, 오른코 줄이기, 겉뜨기 19코, 오른코 만들기, 겉뜨기 2코, 왼코 만들기, 겉뜨기 19코, 겉뜨기로 2코 모아뜨기, 겉뜨기 1코.

11단: 안뜨기 1코, 안뜨기로 2코 모아뜨기, 안뜨기 19코, 왼코 만들기, 안뜨기 2코, 오른코 만들기, 안뜨기 19코, 안뜨기로 2코 모아 꼬아뜨기, 안뜨기 1코.

12단: 10단처럼 뜬다.

13단: 다음과 같이 안뜨기 방향으로 코막음: 안뜨기로 2코 모아뜨기, 안뜨기 1코, 오른쪽 바늘의 첫 번째 코로 두 번째 코를 덮어씌우기, 8코를 코막음, 안뜨기 23코, 9코를 코막음. 안뜨기로 2코 모아 꼬아뜨기, 오른쪽 바늘의

첫 번째 코로 두 번째 코를 덮어씌우기. 실을 코 사이로 통과시켜 잡아당긴다. (24코)
실을 자른다.

줄기

겉감면이 보이게 놓고, A실을 다시 연결한다.
겉뜨기 단으로 시작해서 스물네(24) 단을 메리야스뜨기.

팔

38단: 겉뜨기 1코, 오른코 만들기, 1코 남을 때까지 겉뜨기, 왼코 만들기, 겉뜨기 1코. (26코)

39단: 안뜨기 1코, 왼코 만들기, 1코 남을 때까지 안뜨기, 오른코 만들기, 안뜨기 1코. (28코)

38~39단을 1회 반복한다. (32코)

겉뜨기 단으로 시작해서 두(2) 단을 메리야스뜨기.

44단: 겉뜨기 1코, 오른코 줄이기, 3코 남을 때까지 겉뜨기, 겉뜨기로 2코 모아뜨기, 겉뜨기 1코. (30코)

45단: 안뜨기 1코, 안뜨기로 2코 모아뜨기, 3코 남을 때까지 안뜨기, 안뜨기로 2코 모아 꼬아뜨기, 안뜨기 1코. (28코)

44~45단을 1회 반복한다. (24코)

겉뜨기 단으로 시작해서 스물네(24) 단을 메리야스뜨기.

갓

B(빨간색)실을 연결한다. 겉뜨기 단(겉감면)으로 시작해서 페어 아일 방식으로 배색하면서 뜬다. 사용하지 않는 실은 자르지 말고 안감면에서 실을 끌어올리면서 뜬다. 도안의 색깔 패턴에 따라 필요할 때 사용한다. 다음과 같이 모양을 뜬다.

72~81단: 열(10) 단을 메리야스뜨기.

A실과 B실을 자른다.

82단: 엄지 방법을 이용하여 B실로 12코 만들기, 도안의 82단 뜨기, 감아코로 12코 만들기. (48코)

83~99단: 안뜨기 단으로 시작해서 열일곱(17) 단을 메리야스뜨기.

100단: 겉뜨기 1코, 오른코 줄이기, 3코 남을 때까지 겉뜨기, 겉뜨기로 2코 모아뜨기, 겉뜨기 1코. (46코)

완성 크기 약 36cm

실 A: 흰색-라이트웨이트 얀(데비 블리스 리알토 추천, 23001) 50g 1타래

B: 빨간색-A와 같은 실(23012) 50g 1타래

바늘 3.75mm 대바늘 2개

기타 돗바늘, 솜, 자수실(검은색, 파란색, 흰색 약간씩)

게이지 3.75mm 대바늘로 10×10cm에 24코 38단 메리야스뜨기

도구와 기법 110~126쪽 참조

도안 174쪽 참조

101~105단: 안뜨기 단으로 시작해서 다섯(5) 단을 메리야스뜨기.

106단: 겉뜨기 1코, 오른코 줄이기, 3코 남을 때까지 겉뜨기, 겉뜨기로 2코 모아뜨기, 겉뜨기 1코. (44코)

107~109단: 안뜨기 단으로 시작해서 세(3) 단을 메리야스뜨기.

110~113단: 106~109단을 1회 반복한다. (42코)

114단: 겉뜨기 1코, 오른코 줄이기, 3코 남을 때까지 겉뜨기, 겉뜨기로 2코 모아뜨기, 겉뜨기 1코. (40코)

115단: 안뜨기.

116~119단: 114~115단을 2회 반복한다. (36코)

120단: 겉뜨기 1코, 오른코 줄이기, 3코 남을 때까지 겉뜨기, 겉뜨기로 2코 모아뜨기, 겉뜨기 1코. (34코)

121단: 안뜨기 1코, 안뜨기로 2코 모아뜨기, 3코 남을 때까지 안뜨기, 안뜨기로 2코 모아 꼬아뜨기, 안뜨기 1코. (32코)

122~123단: 120~121단을 1회 반복한다. (28코)

124단: 겉뜨기 1코, [오른코 줄이기] 2회, 5코 남을 때까지 겉뜨기, [겉뜨기로 2코 모아뜨기] 2회, 겉뜨기 1코. (24코)

125단: 안뜨기 1코, [안뜨기로 2코 모아뜨기] 2회, 5코 남을 때까지 안뜨기, [안뜨기로 2코 모아 꼬아뜨기] 2회, 안뜨기 1코. (20코)

126단: 겉뜨기 1코, [오른코 줄이기] 2회, 5코 남을 때까지 겉뜨기, [겉뜨기로 2코 모아뜨기] 2회, 겉뜨기 1코. (16코)

127단: 4코를 안뜨기 방향으로 코막음, 안뜨기 11코. (12코)

128단: 4코를 겉뜨기 방향으로 코막음, 겉뜨기 7코. (8코) 코막음한다.

뒤판

앞판과 같은 방식으로 뜬다. 단, 대칭으로 떠야 하므로 설명에서 겉뜨기는 안뜨기로, 안뜨기는 겉뜨기로 해서 편물의 겉감면을 거꾸로 만든다. 118쪽의 '대칭뜨기'에 이에 관한 팁이 소개되어 있다.

완성하기

뜨개실의 라벨에 적힌 주의사항에 따라 각 편물을 부드럽게 다림질한다.

메리야스 잇기 방법으로 몸의 각 부위를 꿰매어 붙인다. 남은 실 끝을 솔기 안으로 넣어 안 보이게 정리한다. 이때 작은 창구멍은 남겨서 그 사이로 솜을 넣은 후 창구멍을 막는다.

자수 놓기

양쪽 눈의 윤곽은 검은색 자수실로 박음질을 한다. 우선 눈 모양은 타원으로, 가운데 홍채의 양쪽 선은 세로선으로 박음질을 한다. 홍채 부분은 파란색 실로, 흰자위 부분은 흰색 실로 새틴 스티치를 한다. 입은 검은색 실로 중앙 제일 밑의 흰색 반점 부분에 스마일로 새틴 스티치를 한다. 124쪽을 참조한다.

갓

128
120
110
100
90
80
72

■ A실

□ B실

(0) B실로 코 만들기

롱다리 페기

세상에서 가장 긴 다리를 지닌 페기. 그런데 페기의 다리는
지금도 계속 자라고 있어요. 나이는 고작 다섯 살인데, 키가
무려 90cm나 된답니다. 상상해보세요. 페기가 서른 살이
되면 키가 얼마나 될까요? 페기의 취미는 뜨개질입니다.
아마도 뜨개질 속도는 세상에서 가장 빠를 거예요.

패턴

완성 크기 약 125cm(다리 포함)

실 분홍색–미디움웨이트 얀(데비 블리스 도네갈 럭셔리 트위드 추천, 360001) 50g 2타래

바늘 4mm 대바늘 2개, 4mm 장갑바늘 4개

기타 안전핀 2개, 여분의 면사, 스티치마커, 돗바늘, 솜, 자수실(검은색, 초록색, 흰색, 연분홍색 약간씩)

게이지 4mm 대바늘로 10×10cm에 18코 30단 메리야스뜨기

도구와 기법 110~126쪽 참조

도안 175쪽 참조

앞판

머리

✳엄지 방법(112쪽 참조)을 이용하여 4mm 대바늘로 24코를 만든다.

1단(안감면): 안뜨기.

2단: 겉뜨기 1코, 오른코 만들기, 겉뜨기 22코, 왼코 만들기, 겉뜨기 1코. (26코)

3단: 안뜨기.

4단: 겉뜨기 1코, 오른코 만들기, 겉뜨기 24코, 왼코 만들기, 겉뜨기 1코. (28코)

5단: 안뜨기.

6단: 겉뜨기.

안뜨기 단으로 시작해서 다섯(5) 단을 메리야스뜨기.

12단: 겉뜨기 1코, 오른코 줄이기, 3코 남을 때까지 겉뜨기, 겉뜨기로 2코 모아뜨기, 겉뜨기 1코. (26코)

13단: 안뜨기.

12~13단을 4회 반복한다.

겉뜨기 단으로 시작해서 네(4) 단을 메리야스뜨기.

팔

26단: 감아코로 3코 만들기, 끝까지 겉뜨기. (21코)

27단: 감아코로 3코 만들기, 끝까지 안뜨기. (24코)

28단: 겉뜨기 1코, 오른코 만들기, 끝까지 겉뜨기. (25코)

29단: 안뜨기 1코, 왼코 만들기, 끝까지 안뜨기. (26코)

30단: 겉뜨기 1코, 오른코 줄이기, 끝까지 겉뜨기. (25코)

31단: 안뜨기 1코, 안뜨기로 2코 모아뜨기, 끝까지 안뜨기. (24코)

32단: 3코를 코막음하고, 끝까지 겉뜨기. (21코)

33단: 3코를 코막음하고, 끝까지 안뜨기. (18코)

몸통

겉뜨기 단으로 시작해서 스물여덟(28) 단을 메리야스뜨기.

62단: 겉뜨기 5코, 겉뜨기로 2코 모아뜨기, 겉뜨기 1코, 2코를 코막음하고, 오른코 줄이기, 겉뜨기 5코. (각 바늘에 7코씩)

실을 자르고✳ 코를 안전핀에 걸어둔다.

뒤판

새 실타래로 앞판의 ✳부터 ✳까지를 그대로 뜬다. 단, 대칭으로 떠야 하므로 설명에서 겉뜨기는 안뜨기로, 안뜨기는 겉뜨기로 해서 편물의 겉감면을 거꾸로 만든다. 118쪽의 '대칭뜨기'에 이에 관한 팁이 소개되어 있다.

다리

앞판과 뒤판을 안감면끼리 마주 댄다. 앞판의 7코와 마주보는 뒤판의 7코를 선택하여 장갑바늘 2개에 옮겨 놓는다. 앞판과 뒤판 각각의 나머지 7코를 여분의 면사 또는 안전핀 2개에 옮겨 놓는다.

첫 번째 다리

✳✳ 실을 바깥쪽 가장자리에 연결한다.

원형 1단: 원형뜨기를 시작하기 위해, 세 번째 바늘로 겉뜨기로 2코 모아뜨기, 겉뜨기 3코. 네 번째 바늘로 겉뜨기 4코(원래 장갑바늘 2개의 각 바늘에서 2코씩 겉뜨기한다). 이제 빈 바늘로 겉뜨기 3코, 오른코 줄이기. (각 바늘에 4코씩) 이곳이 단의 시작점인데, 스티치마커로 표시한다.

이백여든아홉(289) 단을 겉뜨기.

여분의 짧은 면사를 마지막 단의 코에 고리로 매어 놓아 표시한다.

모든 코를 여분의 실에 옮겨 놓는다.

실을 자르지 않는다.✳✳

두 번째 다리

안전핀 2개에 걸어둔 나머지 각 7코를 장갑바늘 2개에 옮겨 놓는다.

첫 번째 다리의 ✳✳부터 ✳✳까지를 반복한다.

양쪽 다리

(남은 실로 다리를 최대한 길게 뜬다)

각 실타래에서 남은 실의 양을 비교한다.

필요하면 여분의 면사에서 코를 옮기고, 실이 30cm 정도 남을 때까지 다리에서 계속 겉뜨기를 한다.

290단에 표시해 놓은 스티치마커부터 얼마나 떴는지 단수를 센다.

✳✳✳**다음 원형 단:** [겉뜨기로 2코 모아뜨기] 6회. (6코)

다음 원형 단: 겉뜨기.

실을 10cm 정도 남기고 자른 후에 실을 돗바늘에 꿴다. 떠야 할 순서대로 돗바늘을 바늘에 있는 코로 통과시킨다. 바늘 끝으로 첫 코부터 마지막 코까지 통과한 후 실을 팽팽하게 당겨서 모든 코를 꼭 아물린다. 실이 풀어지지 않게 끝을 단단히 잡아당긴다.✳✳✳

코를 여분의 실에서 대바늘로 옮겨 다른 쪽 다리를 뜬다. 앞에서 완성한 다리에 추가된 단수만큼 겉뜨기를 한다.

✳✳✳부터 ✳✳✳까지를 반복한다.

완성하기

뜨개실의 라벨에 적힌 주의사항에 따라 각 편물을
부드럽게 다림질한다.
다리에는 솜을 넣지 않는다.
메리야스 잇기 방법으로 몸의 각 부위를 꿰매어 붙인다.
남은 실 끝을 솔기 안으로 넣어 안 보이게 정리한다. 이때
작은 창구멍은 남겨서 그 사이로 솜을 넣은 후 창구멍을
막는다.

자수 놓기

얼굴: 양쪽 눈의 윤곽과 입 모양은 검은색 자수실로
박음질을 한다. 우선 눈 모양은 타원으로, 가운데 홍채의
양쪽 선은 세로선으로 박음질을 한다. 홍채 부분은 초록색
실로, 흰자위 부분은 흰색 실로 새틴 스티치를 한다.
눈썹은 검은색 실로 눈 위에 박음질을 한다. 이는 흰색
실로 새틴 스티치를, 볼은 연분홍색으로 입 양옆에 원을
새틴 스티치한다. 124쪽을 참조한다.

도구와 기법

대바늘뜨기 도구

다음은 손뜨개 인형을 뜨는 데 필요한 기본 도구입니다.

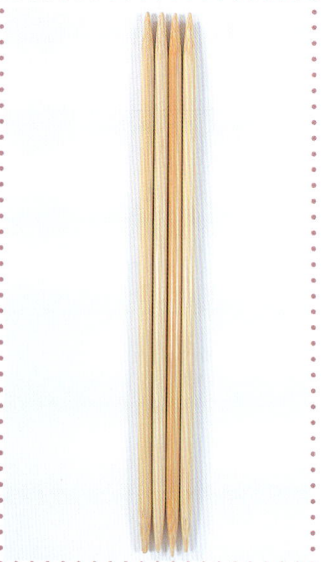

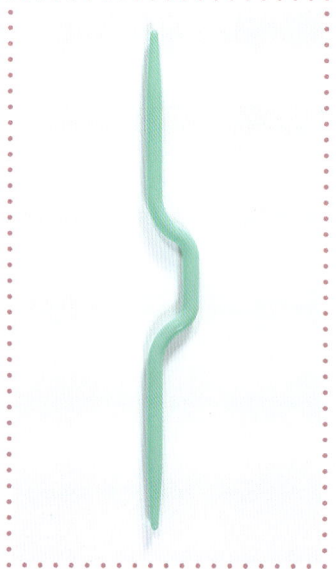

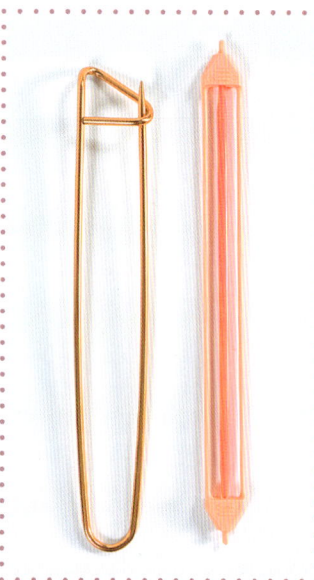

대바늘은 굵기와 소재가 다양합니다. 왼쪽부터 대나무, 금속, 플라스틱 대바늘입니다. 패턴마다 필요한 바늘의 굵기가 나와 있어요. 하지만 바늘의 종류는 뜨개질을 하는 사람에 따라 달라집니다. 초보자는 뜨개질을 하다가 코를 빠뜨리기 쉽기 때문에, 미끄럽지 않은 대나무로 만든 대바늘을 사용하면 편합니다.

장갑바늘은 양 끝이 뾰족합니다. 양 끝에서 모두 뜰 수 있기 때문에 원형뜨기를 할 수 있어요.

꽈배기바늘은 등이 구부러진 바늘입니다. 꽈배기뜨기를 할 때 코가 빠지지 않도록 안전하게 잡아줍니다.

안전핀은 편물의 다른 부분을 뜨는 동안 코를 분리시켜 걸어둘 때 사용합니다(쉼코를 만들 때 사용합니다).

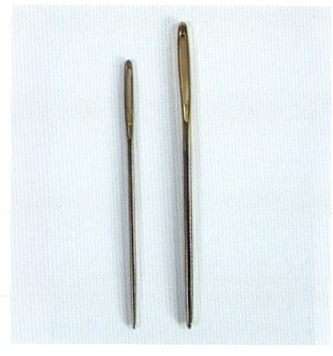

다른 색을 넣어서 뜨개질을 할 때 실패에 따로 실을 감아두면 실타래가 엉키지 않게 뜰 수 있습니다.

돗바늘은 끝이 뭉툭해서 편물을 꿰맬 때 실이 갈라지지 않습니다.

스티치마커는 금속 고리뿐만 아니라 작고 구슬이 달린 고리까지 종류가 다양합니다. 스티치마커가 없으면 다른 색 실을 써도 됩니다.

기법

이제부터 초보자에게는 대바늘뜨기 시작하는 법을, 경험자에게는 고급 기법을 설명합니다.

실과 바늘 잡기

실과 바늘을 잡는 데는 딱히 정답이 없습니다.
사람들이 많이 사용하는 방법들을 시도해보고 자신에게 가장 편안한 방법을 선택해서 잡으면 됩니다.

영국과 미국에서는 위 사진과 같이 왼쪽 바늘은 나이프처럼 잡고, 오른쪽 바늘은 연필처럼 엄지의 굴곡부에 잡는 것이 일반적입니다. 뜨는 실의 끝(타래에 연결된 끝)이 오른쪽 검지 위로, 중지 아래로, 약지 위로 오게 잡아서 코를 당기는 힘을 조절합니다. 오른쪽 검지를 앞뒤로 움직여서 실을 오른쪽 바늘 끝에 감습니다.

'대륙식'이라고 불리는 다른 방법 역시 오른쪽 바늘을 펜처럼 잡습니다. 하지만 왼쪽 바늘은 엄지와 중지로 잡습니다. 뜨는 실은 왼쪽 검지 위로, 중지와 약지 아래로, 새끼손가락 위로 오게 잡아서 코를 당기는 힘을 조절합니다. 왼쪽 검지를 높이 들고서 앞뒤로 움직여 실을 오른쪽 바늘 끝에 감습니다.

첫 코 만들기

대바늘뜨기의 시작은 첫 코 만들기입니다.

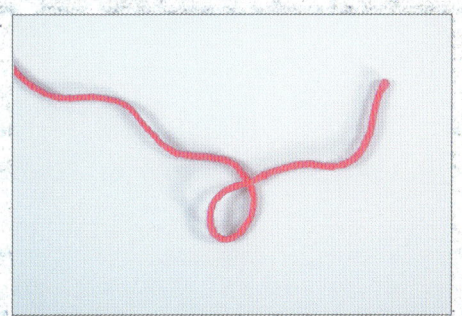

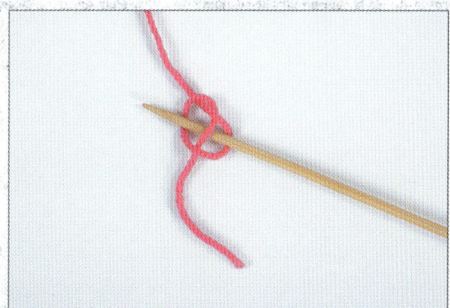

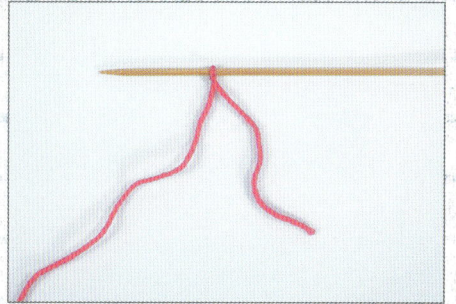

1. 실의 끝부분을 감아 고리 모양을 만듭니다.

2. 실 끝을 고리 안으로 통과시킵니다. 고리 안으로 들어간 실 아래로 바늘 끝을 살짝 밀어 넣습니다.

3. 실의 양 끝을 당겨서 매듭을 조여 바늘을 감쌉니다. 이 매듭이 코 만들기의 첫 번째 코입니다. 이 첫 코가 다소 느슨할 경우 처음 두 단을 뜬 후에 실 끝을 살짝 당겨서 조입니다.

엄지 방법

대바늘 1개와 왼쪽 엄지손가락으로 코를 만드는 방법으로 시작단에 탄력이 있습니다.
실을 두 겹으로 뜰 경우, 50cm 정도의 실을 남기고 시작하면 약 40코를 만들 수 있습니다.

1. 필요한 길이만큼 실을 남기고 첫 코를 만들고 코가 걸린 바늘을 오른손으로 잡습니다. ✽남긴 실(타래 쪽이 아님)을 왼손 엄지손가락에 시계 방향으로 감아줍니다.

2. 손가락에 감긴 실의 고리 앞쪽 밑으로 바늘 끝을 넣습니다.

3. 오른손 집게손가락으로 타래 쪽 실을 바늘 끝에 감아서 바늘과 엄지손가락 사이의 앞으로 가져옵니다.

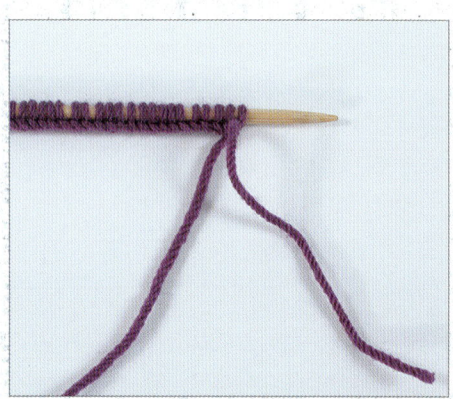

4. 왼손 엄지손가락을 감은 실의 고리 안으로 바늘과 거기에 걸린 고리를 뺍니다.

5. 엄지손가락을 고리에서 빼고, 남긴 실 끝을 부드럽게 당겨 코를 조입니다. 두 코가 만들어졌습니다.

6. ✽부터 원하는 수의 코를 만들 때까지 반복합니다.

꼬은 코 만들기 방법

대바늘 2개로 코를 만드는 방법으로 시작단이 단단하고 촘촘합니다.
첫 코를 만들 때 15cm 정도의 실을 남기고 해야 뜨개질을 마친 후 실을 안 보이게 마무리할 수 있습니다(125쪽 참조).

1. 첫 코가 걸린 바늘을 왼손으로 잡습니다. 오른손으로 잡은 바늘 끝을 코의 앞으로 가져가 왼쪽에서 오른쪽으로 넣습니다.

2. ✲뜨는 실(타래에 연결된 실)을 오른쪽 바늘 아래로 가져가 위로 감습니다.

3. 첫 코 안으로 오른쪽 바늘과 바늘에 걸린 고리를 걸어내어 뺍니다.

4. 오른쪽 바늘에 걸린 고리를 왼쪽 바늘로 옮깁니다. 남긴 실 끝을 부드럽게 당겨 코를 조입니다. 두 코가 만들어졌어요.

5. 이후의 코를 만들 때에는 오른쪽 바늘을 앞에 있는 두 코 사이로 넣어서 만듭니다. 바로 앞 코의 고리로 넣지 않도록 하세요.

6. ✲부터 원하는 수의 코를 만들 때까지 반복합니다.

겉뜨기

대바늘뜨기를 시작하기 위해 배워야 할 가장 기본적인 뜨기법입니다.
꼬은 코 만들기와 아주 비슷해요(113쪽 참조). 먼저 작품에 필요한 콧수만큼 코를 만듭니다.
방법은 패턴에 따라 어느 것이든 상관없어요.

1. ✽오른쪽 바늘 끝을 왼쪽 바늘에 있는 다음 코의 앞으로 가져와서 왼쪽에서 오른쪽으로 넣어요.

2. 실을 오른쪽 바늘의 밑에서 위로 감아요.

3. 오른쪽 바늘과 거기에 걸린 고리를 왼쪽 바늘에 걸린 코로 가져와요.

4. 오른쪽 바늘에 걸린 고리는 빠지지 않게 하고 왼쪽 바늘에 걸린 원래 코를 떨어뜨려요. 이제 겉뜨기 한 코가 완성되었어요. ✽부터 왼쪽 바늘에 걸린 코를 모두 겉뜨기할 때까지 반복합니다. 그리고 양손의 바늘을 바꾸어서 다음 단을 뜰 준비를 합니다.

안뜨기

대바늘뜨기에서 겉뜨기와 함께 사용되는 기본 뜨기법입니다.

1. ✽오른쪽 바늘 끝을 왼쪽 바늘에 있는 다음 코의 앞으로 가져와서 오른쪽에서 왼쪽으로 넣어요.

2. 뜨는 실을 오른쪽 바늘 끝 위로 앞에서 뒤로 감아요.

3. 오른쪽 바늘과 거기에 걸린 고리를 왼쪽 바늘에 걸린 코로 가져와요.

4. 오른쪽 바늘에 걸린 고리는 빠지지 않게 하고 왼쪽 바늘에 걸린 원래 코를 떨어뜨려요. 이제 안뜨기 한 코가 완성되었어요. ✽부터 왼쪽 바늘에 걸린 코를 모두 안뜨기할 때까지 반복합니다. 그리고 양손의 바늘을 바꾸어서 다음 단을 뜰 준비를 합니다. .

코막음

대바늘뜨기를 끝낼 때 코가 풀어지지 않게 마무리하는 방법입니다. 여기에서는 겉뜨기 단에서
하는 법을 설명하지만, 안뜨기 단에서도 할 수 있으며 겉뜨기 대신에 안뜨기를 하면 됩니다.

1. 왼쪽 바늘에 걸린 처음 두 코를 겉뜨기합니다.

2. ✿왼쪽 바늘 끝을 겉뜨기 한 첫 번째 코에 넣어 두 번째 코 위로 들어 올린 후에 두 바늘에서 첫 번째 코를 떨어뜨립니다.

3. 또 다른 코를 겉뜨기 한 후에 ✿부터 반복해서 모든 코를 씌워 마무리합니다.

4. 오른쪽 바늘에 한 코만 남으면, 부드럽게 당겨서 고리를 약간 크게 만든 후에 바늘을 뺍니다. 실을 15cm 정도 남기고 자릅니다. 실 끝을 마지막 코의 고리에 넣고 당겨서 코를 조입니다.

원형뜨기

원통 모양을 솔기 없이 뜰 때 사용하는 방법입니다. 처음에는 성가시게 여겨질 수도 있지만, 인내하고 하다보면 바늘 4개를 다루는 요령을 터득하게 되어 어렵지 않게 할 수 있어요. 원형뜨기의 장점은 겉뜨기만 해도 메리야스뜨기가 된다는 거예요. 네, 안뜨기를 안 해도 된답니다. 지금 뜨개질하지 않는 바늘 2개는 신경 쓰지 않아도 됩니다.

바늘 2개와 실을 잡는 방법(111쪽 참조)은 바늘 4개로 원형뜨기를 할 때도 똑같습니다. 코가 걸린 바늘 아래쪽으로 뜨려고 하는 바늘이 위치해야 겉뜨기를 쉽게 할 수 있습니다. 이때 코가 걸려있는 다른 바늘 2개는 신경 쓰지 마세요. 코가 바늘의 양 끝에 있지만 않으면 빠지지 않을 거예요.

1. 장갑바늘을 가지고 적당한 방법으로 필요한 콧수만큼 코를 만듭니다(112~113쪽 참조). 패턴에서 특별한 설명이 없다면, 만든 코를 바늘 3개에 똑같이 나눕니다. 방법은 코가 걸린 바늘의 한쪽 끝에서 다른 바늘로 코의 3분의 1을 걸러뜨기하는 거예요. 그리고 코가 걸린 바늘의 다른 쪽 끝에서 또 3분의 1(나머지 코의 2분의 1)을 세 번째 바늘로 걸러뜨기합니다. 코를 각 바늘의 가운데로 밀어 옮기면 코가 빠지지 않아요.

2. 원형뜨기로 코를 연결하기 전에, 바늘 하나의 끝에 스티치마커를 걸어 놓습니다. 단의 처음을 표시하기 위한 것입니다. 네 번째 바늘을 첫 번째 코에 넣습니다. 뜨는 실을 네 번째 바늘에 팽팽하게 감아서 겉뜨기를 합니다. 실을 팽팽하게 당겨야 코가 걸린 바늘 3개가 삼각형을 이룹니다.

3. 첫 번째 바늘에 걸린 코를 계속 겉뜨기합니다. 코를 모두 뜨고 나면, 첫 번째 바늘은 두 번째 바늘에 걸린 코를 겉뜨기할 수 있는 여분의 네 번째 바늘이 됩니다.

4. 각 바늘에 걸린 코를 번갈아가며 겉뜨기를 하면 겉뜨기 원통이 만들어집니다. 스티치마커에 이르면 마커를 다음 바늘로 옮겨서 단의 시작점을 항상 알 수 있도록 합니다. 각 바늘의 첫 번째 코는 실을 팽팽하게 잡아당겨서 겉뜨기를 단단하게 합니다. 그래야 바늘이 '연결'될 때 보일 수 있는 틈을 방지할 수 있어요. 만약 틈이 보이기 시작하면, 한 코를 다음 바늘로 옮겨서 단의 연결 지점을 바꾸도록 합니다.

게이지

이 책에 소개한 패턴은 사용해야 하는 실과 작품에 필요한 게이지를 모두 지정하고 있습니다. 게이지는 사방 10cm 안에 들어간 코와 단의 수를 말합니다. 패턴에 설명된 게이지대로 뜨개질을 하는 것이 중요한데, 그렇지 못할 경우 편물이 너무 헐렁하거나(너무 느슨하게 뜬 경우) 너무 단단해 집니다(너무 촘촘하게 뜬 경우). 대수롭지 않게 생각할 수도 있지만, 이렇게 되면 작품의 모양이 달라집니다. 게이지가 너무 느슨하면 실이 더 많이 필요하고 완성 전에 실이 동나게 될 지도 몰라요. 그러니까 시간이 걸리더라도 작품에 들어가기 전에 게이지를 뜨도록 하세요.

게이지 뜨기

먼저, 패턴에 나와 있는 게이지를 확인하세요. '4mm 대바늘로 10×10cm에 22코 28단 메리야스뜨기'처럼 나와 있을 거예요. 이것은 제시된 실과 바늘을 가지고 제시된 코의 패턴을 뜰 때, 사방 10cm 안에 가로로 22코와 세로로 28단이 들어있어야 한다는 뜻입니다.

따라서 제시된 실과 바늘을 가지고, 제시된 코보다 10코 더 많게 코를 만듭니다. 그리고 제시된 단보다 10단 더 많이 뜬 후에 코막음합니다. 편물의 맨 윗단이 당겨지지 않도록 마무리는 가능한 한 느슨하게 합니다.

게이지 계수하기

이제 만든 게이지를 정확하게 셀 차례입니다. 이때 시작단과 끝단, 양옆은 가운데보다 더 촘촘하거나 느슨할 수 있으니까 네 가장자리에서 몇 코, 몇 단씩 안쪽으로 들어가서 세는 것이 좋습니다.

편물을 당기지 말고 편평하게 펼쳐놓으세요. 그 위에 자를 가로로 놓고 편물의 안쪽에서 10cm를 잽니다. 10cm 너비의 양 끝에 핀을 꽂아요. 자를 치우고 두 핀 사이의 코를 셉니다.

단을 셀 때는 똑같이 하지만 자를 세로로 놓고 시작단과 끝단에서 편물의 안쪽으로 몇 단 들어가서 10cm를 잽니다.

게이지 고치기

패턴에 제시된 코, 단의 수와 같다면 게이지가 일치하는 것입니다. 곧바로 작품 만들기에 착수하면 되지요.

하지만 코, 단의 수와 같지 않다면, 게이지를 고쳐야 합니다. 그러나 편물을 더 촘촘하게 또는 더 느슨하게 뜨는 식으로 고치면 안 되지요. 누구나 '자연스러운' 게이지가 있고, 게이지는 자동적으로 뜨는 것입니다. 따라서 다른 게이지에 맞춰 뜨려고 하면 코의 크기가 고르지 않게 될 거예요. 또 자신이 좀 더 촘촘하게(또는 더 느슨하게) 뜨려고 한다는 것을 쉽게 잊고 다시 원래의 자연스러운 게이지로 돌아갈 겁니다.

그러면 게이지를 어떻게 고쳐야 할까요? 바늘의 크기를 바꾸는 것입니다. 코와 단의 수가 너무 적다면 한 치수 작은 바늘로 다시 떠보세요. 그러니까 패턴에서 5mm 대바늘로 되어 있다면, 4.5mm 대바늘로 다시 떠보는 거예요.

반대로 코와 단이 너무 많으면, 한 치수 큰 바늘로 떠보세요. 5mm 대바늘 대신에 5.5mm 대바늘로 뜨는 것이지요.

시간 낭비이고 짜증스럽게 여겨질지도 모르지만, 더 많은 시간과 노력을 들여서 작품을 완성했는데 이상하게 보이는 것보다는 이렇게 작은 게이지를 몇 번 떠 보는 편이 훨씬 좋답니다.

코 세기

단 세기

코 늘리기

코 늘리기는 편물을 더 넓게 짜기 위해 또는 모양을 만들기 위해 한 단에서
코를 추가로 만드는 것입니다.

1코 만들기

원래 있던 두 코 사이에서 새로 한 코를 만드는 것입니다. 완성한 후에 보면 거의 눈에 띄지 않습니다.

1. 코를 늘려야 하는 곳까지 겉뜨기를 합니다. 방금 뜬
코와 왼쪽 바늘 첫 번째 코 사이의 고리를 왼쪽 바늘
끝으로 들어 올립니다. 바늘 끝을 고리의 앞 가닥에 넣으면
들어 올릴 수 있어요.

2. 들어 올린 고리(왼쪽 바늘에 걸려 있어요)의 뒤로
오른쪽 바늘을 넣어 겉뜨기를 합니다. 이제 새로 한 코를
만들어서 한 코 늘었네요. 안뜨기할 때도 똑같은 방법으로
코를 늘립니다.

코 늘리기

한 코에서 겉뜨기를 두 번 하는 방법입니다. 이렇게 하면 두 번째로 뜬 코(원래 코의 오른쪽에 있게 됩니다)의 아래로
실이 가로지르기 때문에 편물을 완성한 후에 보면 코를 늘린 흔적이 보입니다.

1. 코를 늘려야 하는 곳까지 겉뜨기를 합니다. 그냥
겉뜨기를 할 때처럼 다음 코를 겉뜨기하지만(114쪽 참조),
왼쪽 바늘에 있는 원래 코를 빼지 않고 걸어둡니다.

2. 왼쪽 바늘에 빠지지 않고 걸어둔 동일한 코의 뒤로
겉뜨기를 하고 코를 떨어뜨립니다. 이제 한 코에서 두
코를 만들어서 한 코 늘었습니다. 안뜨기할 때도 똑같은
방법으로 코를 늘립니다.

왼코 만들기와 오른코 만들기

이 책에는 왼코 만들기와 오른코 만들기라고 표시된
작품이 있어요. 이렇게 표시를 하는 이유는 어떤
방법을 쓰느냐에 따라서 뜬 코가 오른쪽으로 또는
왼쪽으로 기울어지기 때문입니다. 왼쪽에서 설명하는
기법은 '왼코 만들기'입니다. '오른코 만들기'를
하려면 두 코 사이의 실 가닥을 들어 올릴 때, 왼쪽
바늘 끝을 고리의 뒤로 넣습니다. 그리고 들어 올린
고리의 앞으로 오른쪽 바늘을 넣어 겉뜨기를 합니다.
작품에서 그냥 '1코 만들기'라고 표시되어 있으면 두
방법 중에서 본인이 하기 쉬운 방법을 쓰면 됩니다.

대칭뜨기

대칭뜨기를 할 때에는 작품의 모양이 만들어져가는
방향을 따라 겉뜨기(또는 안뜨기)로 늘리기나
줄이기를 하는 것이 중요합니다. 단을 떠가면서 코를
거꾸로 떠야 합니다(겉뜨기는 안뜨기로, 안뜨기는
겉뜨기로). 그 다음에 아래 표를 보고 단을 시작할
때와 마칠 때 어떤 늘리기 또는 줄이기를 해야 선이
부드럽게 되는지를 확인합니다. 코가 경사지는
방향은 편물의 겉뜨기 면에서 보는 것처럼 설명되어
있습니다.

겉뜨기 늘리기

단을 시작할 때: 오른코 만들기(오른쪽 경사)
단을 마칠 때: 왼코 만들기(왼쪽 경사)

겉뜨기 줄이기

단을 시작할 때: 오른코 줄이기(왼쪽 경사)
단을 마칠 때: 겉뜨기로 2코 모아뜨기(오른쪽 경사)

안뜨기 늘리기

단을 시작할 때: 왼코 만들기(왼쪽 경사)
단을 마칠 때: 오른코 만들기(오른쪽 경사)

안뜨기 줄이기

단을 시작할 때: 안뜨기로 2코 모아뜨기(오른쪽 경사)
단을 마칠 때: 안뜨기로 2코 모아 꼬아뜨기(왼쪽
경사)

코 줄이기

코 줄이기는 콧수를 줄여가며 떠서 편물을 좁히는 것입니다. 코가 줄어드는 방향이 서로 다르기 때문에 단의 양쪽에서
줄일 때는 서로 거울에 비친 모양이 됩니다.

겉뜨기로 2코 모아뜨기

두 코를 한꺼번에 겉뜨기해서 한 코를 만드는 방법이에요. 코가 줄어드는 방향이
겉뜨기 단에서 오른쪽입니다.

안뜨기로 2코 모아뜨기

겉뜨기로 2코 모아뜨기를 할 때처럼 안뜨기 단에서 코를 줄이는 방법입니다. 코가
줄어드는 방향이 안뜨기 단에서 왼쪽입니다.

코를 줄여야 하는 곳까지 겉뜨기를 합니다. 오른쪽 바늘 끝을 왼쪽 바늘 끝에서 두
번째 코의 앞과 첫 번째 코에 왼쪽에서 오른쪽으로 넣어요. 그리고 일반 겉뜨기를 할
때처럼 두 코를 한꺼번에 겉뜨기합니다.
이제 두 코가 한 코로 되었고, 한 코가 줄었습니다.

오른쪽 바늘 끝을 왼쪽 바늘의 첫 두 코에 오른쪽에서 왼쪽으로 넣어요. 그리고 일반
안뜨기를 할 때처럼 두 코를 한꺼번에 안뜨기합니다.
이제 두 코가 한 코로 되었고, 한 코가 줄었습니다.

오른코 줄이기

한 코를 걸러 뜬 후에 옆 코를 그 위로 덮어씌우는 방법입니다. 마치 코막음하는 것과 비슷해요. 이렇게 하면 코가 줄어드는 방향이 겉뜨기 단에서 왼쪽입니다.

1. 코를 줄여야 하는 곳까지 겉뜨기를 합니다. 오른쪽
바늘을 옆 코에 넣어요. 마치 겉뜨기를 할 것처럼 말이에요.
하지만 겉뜨기는 하지 않고 왼쪽 바늘에서 오른쪽 바늘로
코를 걸러 뜹니다.

2. 왼쪽 바늘의 다음 코를 일반적인 방식으로 겉뜨기해요.

3. 왼쪽 바늘 끝을 걸러 뜬 코에 넣어 방금 겉뜨기한 코
위로 씌워줍니다. 그 다음에 두 바늘에서 떨어뜨립니다.
이제 한 코를 줄인 것입니다.

꼬아뜨기

겉뜨기 또는 안뜨기를 보통처럼 고리의 앞이 아니라 뒤로 하면 코가 꼬입니다. 꼬아뜨기는 코를 늘리거나 줄이면서 기울어지는 방향을 바꿀 때 주로 사용합니다. 예를 들어 '겉뜨기로 2코 모아 꼬아뜨기'는 두 코를 한꺼번에 겉뜨기하는데, 고리의 뒤로 넣어 뜨라는 뜻입니다.

고리의 뒤로 겉뜨기를 하려면, 오른쪽 바늘을 왼쪽 바늘에 걸린 코의 뒤로 오른쪽에서 왼쪽으로 넣습니다. 실을 오른쪽 바늘 끝에 감아서 겉뜨기를 합니다.

고리의 뒤로 안뜨기를 하려면, 오른쪽 바늘을 왼쪽 바늘에 걸린 코의 뒤로 왼쪽에서 오른쪽으로 넣습니다. 왼쪽 바늘을 똑바로 잡으면 사진처럼 바늘에 걸린 코가 꼬입니다. 오른쪽 바늘 끝에 실을 감고 안뜨기를 합니다.

걸러뜨기

걸러뜨기는 겉뜨기 또는 안뜨기 방향으로 뜰 수 있습니다. 어떤 방향으로 걸러 떠야 하는지 패턴에 나와 있지 않으면 겉뜨기 단에서는 겉뜨기로, 안뜨기 단에서는 안뜨기로 하면 됩니다.

1. 겉뜨기 단에서는 겉뜨기 방향으로 걸러 뜹니다. 겉뜨기를 할 때처럼 오른쪽 바늘을 옆 코에 넣습니다. 하지만 실제로는 겉뜨기를 하지 않고 코를 오른쪽 바늘로 옮기는 것입니다. 다음 코는 보통 방식으로 겉뜨기를 합니다.

2. 안뜨기로 걸러뜨기를 할 때도 방식은 같습니다. 안뜨기를 할 때처럼 오른쪽 바늘을 옆 코에 넣습니다. 하지만 실제로는 안뜨기를 하지 않고 코를 오른쪽 바늘로 옮기는 것입니다. 다음 코는 보통 방식으로 안뜨기를 합니다.

코줍기와 겉뜨기

코를 씌워서 마무리한 편물의 가장자리에서 뜨개질을 하려고 할 때 사용하는 기법입니다. 어디에서 몇 코를 주워야 하는지는 패턴에 나와 있습니다.

1. 완성된 편물의 뒤에서 새 코를 주우려고 하는 실을 잡습니다. 코줍기를 해야 하는 코의 가운데로 대바늘을 넣습니다. 편물의 뒤에서 바늘 끝에 실을 감습니다.

2. 실이 감긴 바늘을 걸어내어 코로 만듭니다. 이제 한 코를 주웠습니다.

되돌아뜨기

대바늘뜨기를 할 때 곡선 부분을 뜨는 기법입니다. 단마다 떠야 할 콧수와 함께, 그 다음에 '다음 코에서 되돌아뜨기를 하고 돌린다'라고 나와 있을 거예요. 이것을 되돌아뜨기 기법이라고 하고 경사모양이 나와요. 이 기법대로 같은 단의 다음 코를 감은 후에 양손의 바늘을 서로 바꾸어서 편물을 돌립니다.

겉뜨기 단에서

지시된 수만큼 겉뜨기를 한 후 다음 코를 아래와 같이 감습니다.

1. 왼쪽 바늘에 걸린 다음 코를 안뜨기 방향으로 오른쪽 바늘에 걸러 뜹니다(120쪽 참조).

2. 두 바늘 끝 사이의 앞으로 실을 가져옵니다.

3. 걸러 뜬 코를 다시 왼쪽 바늘로 걸러 뜹니다. 실을 다시 뒤로 가져가면 걸러 뜬 코를 실이 감싸게 됩니다. 사진과 같이 실은 고리 모양입니다. 확인했으면 실을 팽팽하게 당깁니다. 이제 편물을 돌려서 다음 단을 안뜨기합니다.

안뜨기 단에서

지시된 수만큼 안뜨기를 한 후 다음 코를 아래와 같이 감습니다.

1. 왼쪽 바늘에 걸린 다음 코를 안뜨기 방향으로 오른쪽 바늘에 걸러 뜹니다(120쪽 참조).

2. 두 바늘 끝 사이의 뒤로 실을 가져갑니다.

3. 걸러 뜬 코를 다시 왼쪽 바늘로 걸러 뜹니다. 실을 다시 앞으로 가져오면 걸러 뜬 코를 실이 감싸게 됩니다. 이제 편물을 돌려서 다음 단을 겉뜨기합니다.

겉뜨기 단에서 되돌아뜨기 정리하기

단 모양이 완성되면 그 단의 모든 코를 겉뜨기 또는 안뜨기합니다. 이때 걸러 뜬 코와 감싼 고리를 한꺼번에 떠야 구멍이 생기지 않습니다. 되돌아뜨기를 한 코마다 다음의 기법을 따라하세요.

걸러 뜬 코의 뿌리를 감싼 고리를 오른쪽 바늘 끝으로 앞에서 줍습니다. 그 고리와 고리가 감싸고 있는 코를 한꺼번에 겉뜨기합니다. 편물의 겉감면에서는 이 고리가 보이지 않아요.

안뜨기 단에서 되돌아뜨기 정리하기

안뜨기 단에서는 되돌아뜨기를 한 코마다 다음의 기법을 따라하세요.

걸러 뜬 코의 뿌리를 감싼 고리를 오른쪽 바늘 끝으로 뒤에서 줍습니다. 그 고리와 고리가 감싸고 있는 코를 한꺼번에 안뜨기합니다. 편물의 겉감면에서는 이 고리가 보이지 않아요.

색깔 바꾸기

실의 색깔을 바꾸는 기법은 크게 두 가지입니다. 페어 아일 기법과 인타르시아 기법이지요. 두 기법 모두 사진에서처럼 실을 서로 꼬는 것이 중요합니다. 그래야 실을 바꿀 때 구멍이 생기지 않아요. 색깔을 직선으로 바꿀지 아니면 사선으로 바꿀지는 뜨는 모티브에 따라 달라집니다. 여기에서는 색깔 바꾸기의 기본 원리만 설명하기로 합니다.

페어 아일 기법

실을 편물의 뒤편으로 몰아놓는 기법으로 연속되는 패턴을 뜰 때 이용합니다. 이 기법으로 뜰 때에는 실을 편물의 뒤로 팽팽하게 잡아당기지 말아야 합니다. 그렇지 않으면 편물이 울게 됩니다. 그렇다고 실을 너무 느슨하게 잡으면 편물 뒤에 고리가 생기고 코가 늘어지게 되므로 작품을 시작하기 전에 실을 적당히 잡는 법을 연습하는 것이 좋습니다.

1. 겉뜨기 단에서 겉뜨기를 해서 첫 번째 색깔 바꾸기를 합니다. 원래 색(분홍색) 밑으로 바꿀 색(보라색)을 가져와서 바늘에 감아 겉뜨기를 합니다.

2. 보라색으로 겉뜨기를 합니다. 다시 색을 바꿀 때가 되면 보라색 밑으로 분홍색을 가져와서 바늘에 감아 겉뜨기를 합니다.

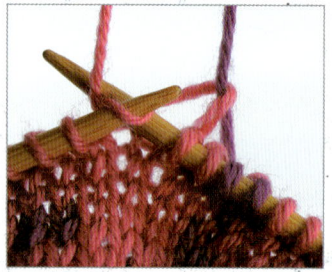

3. 색깔을 바꾸는 간격이 3코보다 많으면, 사용하지 않는 실은 코의 뒤에 엮어 넣어야 뒤에 긴 고리가 생기지 않습니다. 뜨는 실을 뜨지 않는 실 밑으로 가져간 후에 뜨는 실로 다음 코를 겉뜨기합니다. 이때 보라색실을 분홍색 코의 뒤에 엮어 넣습니다.

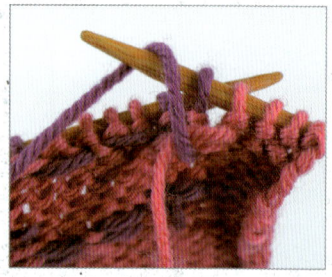

4. 안뜨기 단에서 안뜨기를 해서 첫 번째 색깔 바꾸기를 합니다. 바꿀 색(보라색)을 원래 색(분홍색) 밑으로 가져와서 바늘에 감아 안뜨기를 합니다.

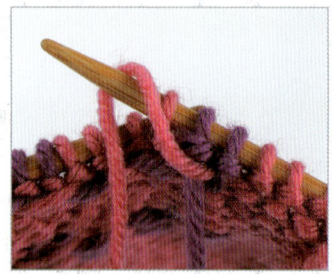

5. 다시 색을 바꿀 때 분홍색을 보라색 위로 가져와서 안뜨기를 합니다.

6. 색깔을 바꾸는 간격이 3코보다 많으면, 안뜨기 단에서 사용하지 않는 실은 코의 뒤에 엮어 넣어야 합니다. 겉뜨기 단에서와 똑같은 방법으로 하세요.

사용하지 않는 실을 코 뒤에 엮어 넣을 때 앞에서 보면 당연히 약간 보입니다. 그 코에서 약간 주름이 질 수도 있고 아니면 코와 코 사이에 반점으로 보일 수도 있어요. 페어 아일 기법에서 원래 있는 일입니다.

인타르시아
각 색깔마다 실타래를 따로따로 사용하는 방법입니다. 실이 엉키지 않도록 충분한 길이만큼 잘라서 실패에 감아두고 뜨개질을 합니다.

1. 겉뜨기 단에서 겉뜨기를 해서 첫 번째 색깔 바꾸기를 합니다. 원래 색(파란색) 위로 바꿀 색(빨간색)을 가져와서 겉뜨기를 할 바늘에 감습니다.

2. 빨간색으로 겉뜨기를 합니다. 다시 색을 바꿀 때가 되면, 빨간색을 원래 색(파란색) 위로 가져와서 겉뜨기를 할 바늘에 감습니다. 사진의 단에서 다음 코를 파란색으로 겉뜨기하려면, 파란색을 빨간색 위로 가져옵니다. 아래 사진의 안뜨기 단에서 보면 좀 더 쉽게 알 수 있습니다.

3. 안뜨기 단에서 안뜨기를 해서 첫 번째 색깔 바꾸기를 합니다. 바꿀 색(빨간색)을 원래 색(파란색) 아래로 가져와서 안뜨기를 할 바늘에 감습니다.

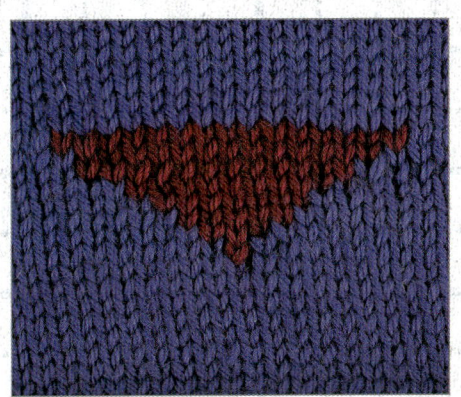

4. 빨간색으로 안뜨기를 합니다. 다시 색을 바꿀 때가 되면, 빨간색을 원래 색(파란색) 아래로 가져와서 뜨개질할 바늘에 감습니다.

5. 다음에 색을 바꾸려면, 겉뜨기 단과 안뜨기 단 모두에서 바꿀 색(이번에는 파란색)을 이전 색(빨간색) 위로 가져옵니다.

(위) 인타르시아 모티브를 시작할 때와 끝낼 때 코가 늘어질 수 있는데, 실 끝을 깔끔하게 넣어 숨기면(125쪽 참조) 늘어진 코를 바짝 조일 수 있습니다.

꽈배기뜨기 (교차뜨기)

꽈배기뜨기는 코들이 걸려 있는 바늘의 위치를 바꾸기만 하면 됩니다.
여기에서는 4코 꽈배기를 설명하지만, 2코나 6코, 8코 꽈배기도 쉽게 할 수 있어요.

왼코위 2코 교차뜨기
왼코위 교차뜨기는 편물의 겉감면에서 오른쪽으로 꼬입니다.

1. 꽈배기를 해야 할 곳까지 안뜨기를 합니다. 두 바늘 사이의 뒤로 실을 가져갑니다.

2. 왼쪽 바늘에 있는 다음 두 코를 꽈배기바늘로 걸러 뜹니다.

3. 꽈배기바늘을 편물의 뒤에 놓은 상태에서 다음 두 코를 겉뜨기합니다. 이때 꽈배기바늘은 신경 쓰지 않아도 됩니다.

4. 이제 꽈배기바늘에 있는 두 코를 겉뜨기합니다. 코를 바늘의 끝으로 밀어놓고 일반적인 방식으로 겉뜨기를 합니다. 그 단의 끝까지, 또는 다음 꽈배기뜨기를 할 때까지 안뜨기를 합니다.

오른코위 2코 교차뜨기
오른코위 2코 교차뜨기는 편물의 겉감면에서 왼쪽으로 꼬입니다. 왼코위 교차뜨기와 비슷하게 뜨지만, 왼쪽 바늘에 걸린 두 코를 뜨는 동안 꽈배기바늘을 뒤가 아닌 앞에 놓습니다.

왼쪽: 여덟 번째 단에서 교차뜨기를 합니다. 그래서 여덟(8) 단마다 꽈배기 모양이 나옵니다.

자수 놓기

자수 놓기는 작품에 개성을 불어넣을 수 있는 기회입니다.
이 책에 소개된 작품마다 자수 놓는 법이 설명되어 있긴 하지만, 만드는 사람이 원하는 대로 바꿀 수 있습니다.

예를 들어 '앵그리 진저'(54쪽)는 찌푸린 눈썹과 뾰족한 이 때문에 화난 것처럼 보입니다. 하지만 눈썹을 다른 방향으로 올리고 입을 미소 짓게 만들면 '행복한 진저' 또는 '희망에 찬 진저'로 만들 수 있지요. 뜨개질을 다 하고 그 안에 솜을 넣고 나면 얼굴에 자수를 놓을 수 있습니다. 원하는 색의 자수실을 써도 되고, 쓰다 남아서 여기저기 굴러다니는 얇은 뜨개실을 써도 되지요. 바늘은 귀가 큰 돗바늘을 써야 실 꿰기가 쉽습니다. 편물은 코와 단 때문에 자연스럽게 칸이 생겨서 자수를 쉽게 놓을 수 있어요.

바늘을 작품의 뒤에서 앞으로, 첫 번째 눈을 수놓을 자리로 나오게 합니다. 뒤의 실 끝은 나중에 자르면 되요. 실이 풀리지 않도록 작게 박음질 한 땀을 뜬 후에 원하는 눈 모양으로 박음질을 합니다. 여기서는 눈 길이를 5mm 정도로 합니다. 눈 모양을 완성했으면 흰자위와 홍채를 새틴 스티치로 채워줍니다. 박음질 한 땀을 작게 하여 실이 풀리지 않도록 한 후 바늘을 다시 작품 뒤로 빼서 실을 자릅니다. 입과 볼 등의 다른 부위도 먼저 모양을 만들고 필요하면 그 안을 채우는 방식으로 수를 놓습니다.

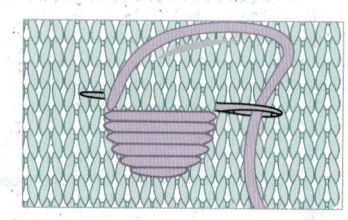

새틴 스티치

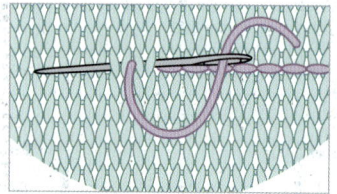

박음질

안전핀 사용하기

패턴에 따라 '~코를 안전핀에 걸어둔다'는
설명이 있어요. 이럴 경우 대바늘에 걸려 있는
나머지 코를 먼저 뜬 후에 안전핀에 걸어놓은
코를 뜨면 됩니다.

패턴에 지시된 콧수만큼 코를 대바늘에서 안전핀으로
걸러 뜹니다. 안전핀을 닫은 후 그대로 두었다가 패턴에서
별도의 지시가 있으면 안전핀에 있는 코를 다시 바늘로
걸러 뜬 후 지시대로 뜹니다.

새 실과 연결하기

타래의 실을 다 쓰면 새 타래의 실로
연결해서 계속 뜨개질을 해야 합니다. 색깔
바꾸기(122~123쪽 참조)를 할 때도 이 방법을
씁니다.

타래의 실을 다 써서 새 타래의 실로 연결할 경우 단의
끝에서 연결합니다. 보통 한 단을 뜨는 데 필요한 실의
길이는 단 너비의 네 배 정도입니다.
이전 타래의 실 끝과 새 타래의 실을 느슨하게 매듭을 한
번 짓습니다. 매듭을 편물 쪽으로 밀어서 단단히 묶습니다.
양쪽 실 끝을 각각 15cm 정도 남겨서 나중에 안보이게
정리합니다.

실 끝 정리하기

뜨개질이 끝나면 시작단, 끝단, 새 실을 연결한
곳에 달려있는 실 끝을 정리해야 합니다.

편물에 달려있는 실을 바늘에 꿥니다. 바늘을 코 위에서
뜨지 말고, 몇 코에 걸쳐 편물의 겉감면에서 안감면으로
또 안감면에서 겉감면으로 몇 번 왔다 갔다 합니다. 한
방향으로 네 코 정도 갔다가 두 코를 되돌아옵니다. 색깔
바꾸기를 한 실 끝의 정리는 같은 색 코의 뒤로 정리하여
앞에서 보이지 않게 합니다.

다림질하기

편물을 완성했으면 모양을 잡아주는 것이 좋습니다. 다리질을 해야 편물이 반반해지고,
결함을 감출 수 있으며, 훨씬 쉽게 작품을 꿰매어 연결할 수 있어요.

다림판 위에 편물을 펼쳐놓는데, 이때 잡아당기지 않도록 합니다.
각 조각의 크기와 모양을 맞추어 놓습니다.
편물의 가장자리 코에 시침핀을 꽂아 다림판 위에 고정합니다.
뜨개실의 라벨에 적힌 주의사항에 따라 각 편물을 부드럽게 다림질합니다.
시침핀을 꽂은 채 그대로 두어 편물을 완전히 식힙니다.
시침핀을 모두 빼고 각 조각을 꿰매어 연결합니다.

메리야스 잇기(꿰매어 연결하기)

많은 사람들이 편물 작품을 만드는 이 단계를 급히 해치우려고 하는데, 이것은 실수입니다.
시간을 들여서 밑의 사진처럼 메리야스 잇기를 하면 솔기가 매끄럽고 깔끔해져서 전문가의 작품처럼 보이게 될 거예요.
보통은 뜨개질을 한 실로 하지만, 실이 아주 가늘거나 쉽게 끊어지면, 재질과 색은 같고 좀 더 튼튼한 실로 꿰맵니다.

1. 충분히 긴 실을 바늘에 뀁니다.
여기에서는 보기 쉽도록 다른 색 실을
사용했어요. 실이 풀어지지 않도록 연결할
편물의 뒤에서 두 땀씩 두 번 바느질을
합니다. 바늘을 편물의 앞, 첫 번째 단의
처음 두 코 사이로 가져옵니다.

2. 연결할 다른 편물을 겉감면을 위로 하여
처음 편물 옆에 놓아요. 옆에 놓은 편물의
첫 번째 단 처음 두 코 사이로 바늘을
가져가서 가로줄 아래로 넣었다 위로
올려서 한 땀 뜹니다. 실을 잡아당깁니다.

3. 바늘을 처음 편물에서 바늘이 나온
곳으로 다시 가져가서 두 코의 가로줄에서
한 땀 뜹니다. 바늘을 다시 두 번째
편물에서 바늘이 나온 곳으로 가져와서
두 코의 가로줄에서 한 땀 뜹니다. 이런
식으로 편물 2개를 오가면서 두 코의
가로줄에서 땀을 뜹니다. 실을 살살
잡아당겨서 이음매를 없애줍니다.

겉뜨기한 편물을 메리야스 잇기로
감쪽같이 연결했어요.

실에 대한 정보

다음은 이 책에 실린 작품에 사용된 실에 대한 모든 정보입니다.

데비 블리스 베이비 캐시메리노(Debbie Bliss Baby Cashmerino)
50g; 125m; 메리노울 55%, 초극세사 33%, 캐시미어 12%

데비 블리스 캐시메리노 병태사(Debbie Bliss Cashmerino DK)
50g; 110m; 메리노울 55%, 초극세사 33%, 캐시미어 12%

데비 블리스 도네갈 럭셔리 트위드(Debbie Bliss Donegal Luxury Tweed)
50g; 88m; 모 85%, 앙고라 15%

데비 블리스 프리마(Debbie Bliss Prima)
50g; 100m; 대나무섬유 80%, 메리노울 20%

데비 블리스 리알토(Debbie Bliss Rialto)
50g; 105m; 엑스트라 파인 메리노울 100%

랑 얀즈 웨스트(Lang Yarns West)
50g; 92m; 뉴 울 55%, 아크릴 45%

라이언 브랜드 코튼-이즈(Lion Brand Cotton-Ease)
100g; 188m; 면 50%, 아크릴 50%

라이언 브랜드 피셔맨즈 울(Lion Brand Fishermen's Wool)
227g; 425m; 퓨어 버진 울 100%

라이언 브랜드 삭-이즈(Lion Brand Sock-Ease)
100g; 400m; 모 75%, 나일론 25%

라이언 브랜드 반나즈 초이스 베이비(Lion Brand Vanna's Choice Baby)
100g; 156m; 아크릴 100%

로언 4ply 소프트(Rowan 4ply Soft)
50g; 175m; 메리노울 100%

로언 올 시즌즈 코튼(Rowan All Seasons Cotton)
50g; 90m; 면 60%, 아크릴/초극세사 40%

로언 캐시코튼 4ply(Rowan Cashcotton 4ply)
50g; 180m; 면 35%, 폴리아미드 25%, 비스코스 18%, 캐시미어 9%

로언 코튼 글라세(Rowan Cotton Glace)
50g; 115m; 면 100%

로언 키드 클래식(Rowan Kid Classic)
50g; 140m; 램스울 70%, 모헤어 26%, 나일론 4%

로언 키드실크 헤이즈(Rowan Kidsilk Haze)
25g; 210m; 슈퍼 키드 모헤어 70%, 실크 30%

로언 퓨어 울 4ply(Rowan Pure Wool 4ply)
50g; 160m; 슈퍼 워시 울 100%

로언 퓨어 울 병태사(Rowan Pure Wool DK)
50g; 125m; 슈퍼 워시 울 100%

로언 스코티시 트위드 4ply(Rowan Scottish Tweed 4ply)
25g; 110m; 퓨어 뉴 울 100%

로언 울 코튼(Rowan Wool Cotton)
50g; 113m; 메리노울 50%, 면 50%

서브라임 앙고라 메리노(Sublime Angora Merino)
50g; 120m; 엑스트라 파인 메리노 울 80%, 앙고라 20%

서브라임 캐시미어 실크 병태사(Sublime Cashmerino Silk DK)
50g; 116m; 엑스트라 파인 메리노 울 75%, 실크 20%, 캐시미어 5%

트윌리 워셔블 골드핑거(Twilley's Washable Goldfinger)
25g; 95m; 비스코스 80%, 폴리에스터 20%

바늘의 호수

대바늘은 나라별로 호수가 다르지만, 표준 크기로 판매되고 있습니다. 다음 표에서 대바늘의 세 가지 표준 시스템을 비교할 수 있어요.

미터	미국	영국과 캐나다
25	50	–
19	35	
15	19	–
10	15	000
9	13	00
8	11	0
7.50	11	1
7	10½	2
6.50	10½	3
6	10	4
5.50	9	5
5	8	6
4.50	7	7
4	6	8
3.75	5	9
3.50	4	–
3.25	3	10
3	2/3	11
2.75	2	12
2.25	1	13
2	0	14

대체할 수 있는 실

추천 실과 다른 실을 사용할 경우에는 다음의 간단한 규칙에 따라 실을 구입하세요.

먼저, 뜨개질을 처음 하는 초보자는 패턴에 제시된 무게의 실을 사용하는 것이 좋습니다. 라이트웨이트로 뜨라고 되어 있는데 슈퍼파인웨이트를 쓰면 패턴에 문제가 생길 수도 있습니다.

두 번째, 중요한 것은 타래의 길이이지 무게가 아닙니다. 타래의 무게가 똑같다 해도 상표마다 한 타래의 길이가 다릅니다. 그러므로 추천 실이 아닌 대체 실을 살 때에는 패턴에 나와 있는 타래의 수대로 사면 안 됩니다. 대체 실의 길이를 모두 더해야 합니다.

실 정보에는 작품에서 사용한 실의 타래당 길이가 나와 있어요. 이것을 보고 필요한 실의 총 길이를 알 수 있을 거예요.

이제 대체 실의 라벨을 보고 한 타래의 길이가 얼마나 되는지 확인해보세요. 필요한 총 길이를 한 타래의 길이로 나누면 몇 타래나 구입해야 하는지 알 수 있어요.

작품을 뜨기 전에 그 대체 실로 게이지부터 떠야 합니다. 그래야 패턴에 제시된 게이지가 나오는지 확인할 수 있어요.

추천 대체 실

명칭	실 라벨의 바늘 크기	추천 대체 실
슈퍼파인웨이트 얀	2.25~3.25mm	필다르 슈퍼베이비(Phildar Super Baby) 25g; 107m; 아크릴 70%, 램스울 30% 나나가토 하모니(Nana Gatto Harmony) 50g; 250m; 엑스트라 파인 메리노 울 100% 바늘이야기 로얄 메리노(Royal Merino) 50g; 295m; 메리노 울 100% 몬디알 로비 키드 모헤어(Mondial Roby Kid Mohair) 25g; 245m; 슈퍼 키드 모헤어 80%, 폴리아미드 20%
파인웨이트 얀	3.25~3.75mm	필다르 파트너 3.5(Phildar Partener 3.5) 50g; 111m; 폴리아미드 50%, 울 25%, 아크릴 25% 필라투라 디 크로사 자리나(Filatura Di Crosa Zarina) 50g; 165m; 라나 엑스트라 파인 메리노 슈퍼워시 울 100% 쉘라 스텝 6(Schoeller Step 6) 150g; 375m; Schurwolle Superwash 75%, 폴리아미드 25% 킹콜 돌리믹스 병태사(Kingcole Dollymix DK) 25g; 73m; 아크릴 100%
라이트웨이트 얀	3.75~4.5mm	필라투라 디 크로사 자라(Filatura Di Crosa Zara) 50g; 125m; 라나 엑스트라 파인 메리노 슈퍼워시 울 100% 서다 서브라임 병태사(Sirdar Sublime DK) 50g; 116m; 엑스트라 파인 메리노 울 100% 서다 서브라임 베이비 캐시미어 메리노 실크 병태사(Sirdar Sublime Baby Cashmere Merino Silk DK) 50g; 116m; 엑스트라 파인 메리노 울 75%, 실크 20%, 캐시미어 5% 바늘이야기 하이 소프트(High Soft) 50g; 130m; 코튼 60%, 폴리 40% 필다르 카버틴(Phildar Cabotine) 50g; 124m; 코튼 55%, 아크릴 45%
미디움웨이트 얀	4.5~5.5mm	필다르 파트너 6(Phildar Partener 6) 50g; 66m; 폴리아미드 50%, 울 25%, 아크릴 25% 필라투라 디 크로사 자라플러스(Filatura Di Crosa Zara Plus) 50g; 70m; 라나 엑스트라 파인 메리노 슈퍼워시 울 100% 필라투라 디 크로사 스마트(Filatura Di Crosa Smart) 100g; 132m; 퓨어 라나 버진 울 100%

· 이 책은 Standard Yarn Weight의 기준에 따라 실을 두께(무게에 따른 길이 비율)별로 구별하고 있습니다. 슈퍼파인웨이트 얀, 파인웨이트 얀, 라이트웨이트 얀, 미디움웨이트 얀이라는 명칭은 실의 두께를 나타내는 기준입니다.
· 위의 표에서 '실 라벨의 바늘 크기'라고 되어 있는 것은 실의 라벨에 표기되어 있는 추천 바늘의 크기를 의미합니다. 각 명칭에 해당하는 실을 고를 때 라벨에 표기 되어 있는 바늘 크기를 보고 고르세요.
· 주의할 점: 실 라벨에 있는 바늘 크기는 일반적으로 옷을 뜨는 것을 기본으로 합니다. 인형을 뜰 때는 실 라벨에 표기된 바늘보다 0.5~1mm 정도 얇은 것을 사용하면 됩니다. 예를 들면 '라이트웨이트 얀'은 바늘의 크기가 실 라벨에 3.75~4.5mm 사이로 되어 있는 추천 실을 사용하고, 바늘은 2.75~3.5mm 사이의 것을 사용하는 것이 좋습니다.
· 이 기준은 실의 소재 또는 작가의 의도에 따라 차이가 있을 수 있습니다. 가령 얇은 실을 두꺼운 바늘로 뜨면 꿀벌 이벨(74쪽)의 날개처럼 표현할 수 있고, 좀 더 얇은 바늘로 뜨면 곰돌이 버트(77쪽)나 산토끼 바네사(61쪽)처럼 좀 더 단단한 느낌을 낼 수 있습니다.

실 라벨 살펴보기

세탁 및 손질 방법, 게이지, 바늘 크기, 실의 소재, 실의 중량과 길이, 색상 번호

※이 페이지는 실을 구하기 어려울 경우 국내에서 대체해 쓸 수 있는 실을 소개하는 특별 코너입니다.
※전문가 자문을 거쳐 추천 실을 선정했으며, 실의 특징에 따라 결과물에 약간의 차이가 있을 수 있습니다.

공급자 정보

Metric	Imperial
5mm	1/4in
7mm	1/4in
10mm	1/2in
12mm	1/2in
15mm	1/2in
17mm	3/4in
20mm	3/4in
30mm	1in
35mm	11/2in
1cm	1/2in
1.5cm	1/2in
2cm	3/4in
2.5cm	1in
3cm	1in
3.5cm	11/2in
4cm	11/2in
5cm	2in
6cm	21/4in
6.5cm	21/2in
7cm	23/4in
8cm	3in
9cm	31/2in
9.5cm	33/4in
10cm	4in
11cm	41/2in
12cm	43/4in
12.5cm	5in
13cm	5in
14cm	51/2in
15cm	6in
16cm	61/2in
17cm	7in
18cm	7in
20cm	8in
22cm	9in
25cm	10in
26cm	101/2in
28cm	111/4in
30cm	12in

영국

데비 블리스 얀즈(Debbie Bliss yarns)
Designer Yarns Ltd
Units 8–10
Newbridge Industrial Estate
Pitt Street
Keighley
West Yorkshire BD21 4PQ
Tel: 01535 664222
www.designeryarns.uk.com

랑 얀즈(Lang Yarns)
Artyarn
10 High Street
Pointon
Sleaford
Lincolnshire NG34 0LX
Tel: 01529 240510
www.artyarn.co.uk

라이언 브랜드 얀(Lion Brand Yarn)
www.banyantreeyarns.com

로언 얀즈(Rowan Yarns)
Green Lane Mill
Holmfirth
West Yorkshire HD9 2DX
Tel: 01484 681881
www.knitrowan.com

서브라임 얀즈(Sublime Yarns)
Tel: 01924 369666
www.sublimeyarns.com

트윌리즈 오브 스탬퍼드(Twilleys of Stamford)
www.twilleys.co.uk for stockists

미국

데비 블리스 얀즈(Debbie Bliss yarns)
서브라임 얀즈(Sublime yarns)
Knitting Fever Inc.
P.O. Box 502
Roosevelt
New York 11575
Tel: (516) 546 3600
www.knittingfever.com

랑 얀즈(Lang Yarns)
Berroco inc.
P.O. Box 367
14 Elmdale Road
Uxbridge, MA 01569
Tel: (508) 278 25 27
www.berroco.com

라이언 브랜드 얀(Lion Brand Yarn)
135 Kero Road
Carlstadt, NJ 07072
Tel: 1 800 258 9276
www.lionbrand.com

로언 얀즈(Rowan Yarns)
Westminster Fibers Inc.
4 Townsend West
Suite 8
Nashua, NH 03063
Tel: (063) 886 5041
www.westminsterfibers.com

트윌리즈 오브 스탬퍼드(Twilleys of Stamford)
www.twilleys.co.uk for stockists

캐나다

데비 블리스 얀즈(Debbie Bliss yarns)
로언 얀즈(Rowan Yarns)
서브라임 얀즈(Sublime Yarns)
Diamond Yarns Ltd
155 Martin Ross Avenue
Unit 3
Toronto
Ontario M3J 2L9
Tel (416) 736 6111
www.diamondyarn.com

랑 얀즈(Lang Yarns)
Estelle Design & Sales Limited
Units 65/67
2220 Midland Avenue Scarborough
Ontario M1P 3E6
Tel: 1 800 387 5167
www.estelledesigns.ca

라이언 브랜드 얀(Lion Brand Yarn)
www.lionbrand.com for stockists

트윌리즈 오브 스탬퍼드(Twilleys of Stamford)
www.twilleys.co.uk for stockists

도나 윌슨
이메일 info@donnawilson.com
웹사이트 www.donnawilson.com

감사의 글

작품을 해석하여 정말 멋진 손뜨개 인형이 탄생할 수 있도록 놀라운 뜨개질 솜씨를 발휘해준 루이즈와 케이트에게 고마운 마음을 전합니다. 도움을 준 타마르와 카린, 레이철, 바네사 그리고 힘을 북돋워준 존에게도 감사의 마음을 전합니다. 또한 이 책을 의뢰해준 CICO Books의 신디와 그 팀, 책을 독창적으로 디자인해준 루이스, 성실하게 패턴을 확인해준 마릴린, 훌륭한 실을 풍부하게 공급해준 로언 얀즈, 데비 블리스, 라이언 브랜드에게도 감사의 말을 전합니다.

도나 윌슨의
손뜨개 인형
도안

※ 국내 독차를 위해 한국어판에서만 특별히 제공하는 도안입니다.
본문에 있는 35가지의 패턴 설명을 기호화하여 제작하였으며, 전문가의 감수를 거쳤습니다.

•대바늘뜨기 기호

| | 겉뜨기

— 안뜨기

겉뜨기로 2코 모아뜨기(=코 줄이기)

안뜨기로 2코 모아뜨기

오른코 줄이기

안뜨기로 2코 모아 꼬아뜨기

오른코 만들기

왼코 만들기(=코 만들기)

꼬아뜨기

감아코 만들기

구슬 놓기

코막음

중심 3코 모아뜨기

왼코 중심 3코 모아뜨기(안뜨기 3코 모아뜨기)

실을 바늘 사이 앞으로 가져와서 안뜨기 방향으로 1코 걸러뜨기

걸러뜨기

2단: 걸러뜨기
1단: 실을 바늘 사이 앞으로 가져와서 안뜨기 방향으로 1코 걸러뜨기

1코 늘리기

3코 늘리기

6코 늘리기

왼코위 3코 교차뜨가

오른코위 3코 교차뜨기

왼코위 2코 교차뜨기

오른코위 2코 교차뜨기

•참고사항

주의: 본문의 패턴 설명과 함께 보세요.

1. 도안의 기호는 편물을 뜨면서 보이는 면을 기준으로 만들었습니다. 그래서 겉뜨기 단은 기호대로 뜨고 안뜨기 단은 기호의 반대대로 떠야 합니다.
2. 원형뜨기에서 바늘 나누기는 바늘에 걸려 있는 콧수만큼 파란색 선으로 나누어 도안에 표기하였습니다.
3. 도안에서 숫자로 표기한 부분은 뜨는 순서입니다.
   예) ❶ 겉뜨기 2코 시작
4. 도안 시작 부분에서 화살표는 편물의 뜨는 방향입니다.
5. 삼각형 기호는 새로운 실을 연결하라는 뜻입니다.
6. 도안에서 "[I]"은 겉뜨기 기호이며, 정리단으로 걸러뜨기 한 코를 앞에 걸려있는 코와 함께 겉뜨기로 떠야 합니다.
7. 되돌아뜨기는 121쪽을 참조하세요.
8. 도안의 왼편에는 단수를 오른편에는 각 단의 콧수를 표기해두었습니다.

•원숭이 찰리(8쪽)

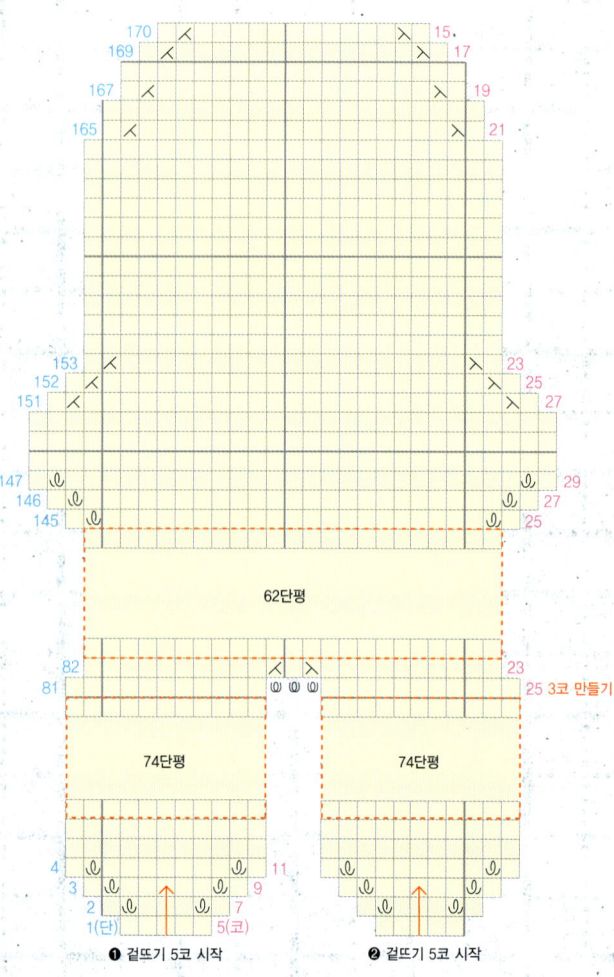

앞판과 뒤판

170
169
167
165
153
152
151
147
146
145
82
81
4
3
2
1(단)
15
17
19
21
23
25
27
29
27
25
62단평
25 3코 만들기
23
74단평
74단평
11
9
7
5(코)
❶ 겉뜨기 5코 시작
❷ 겉뜨기 5코 시작

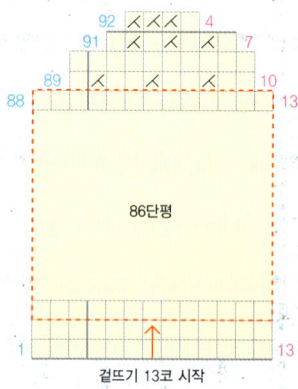

팔(2개), 꼬리

92
91
89
88
4
7
10
13
86단평
1
13
겉뜨기 13코 시작

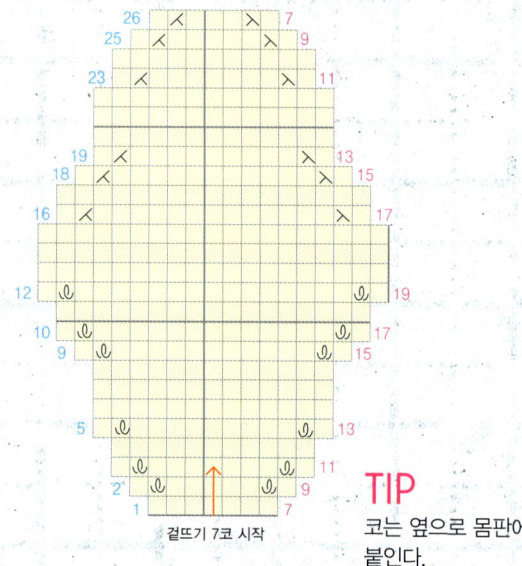

코

26
25
23
19
18
16
12
10
9
2
1
7
11
13
17
19
15
13
11
겉뜨기 7코 시작

TIP
코는 옆으로 몸판에
붙인다.

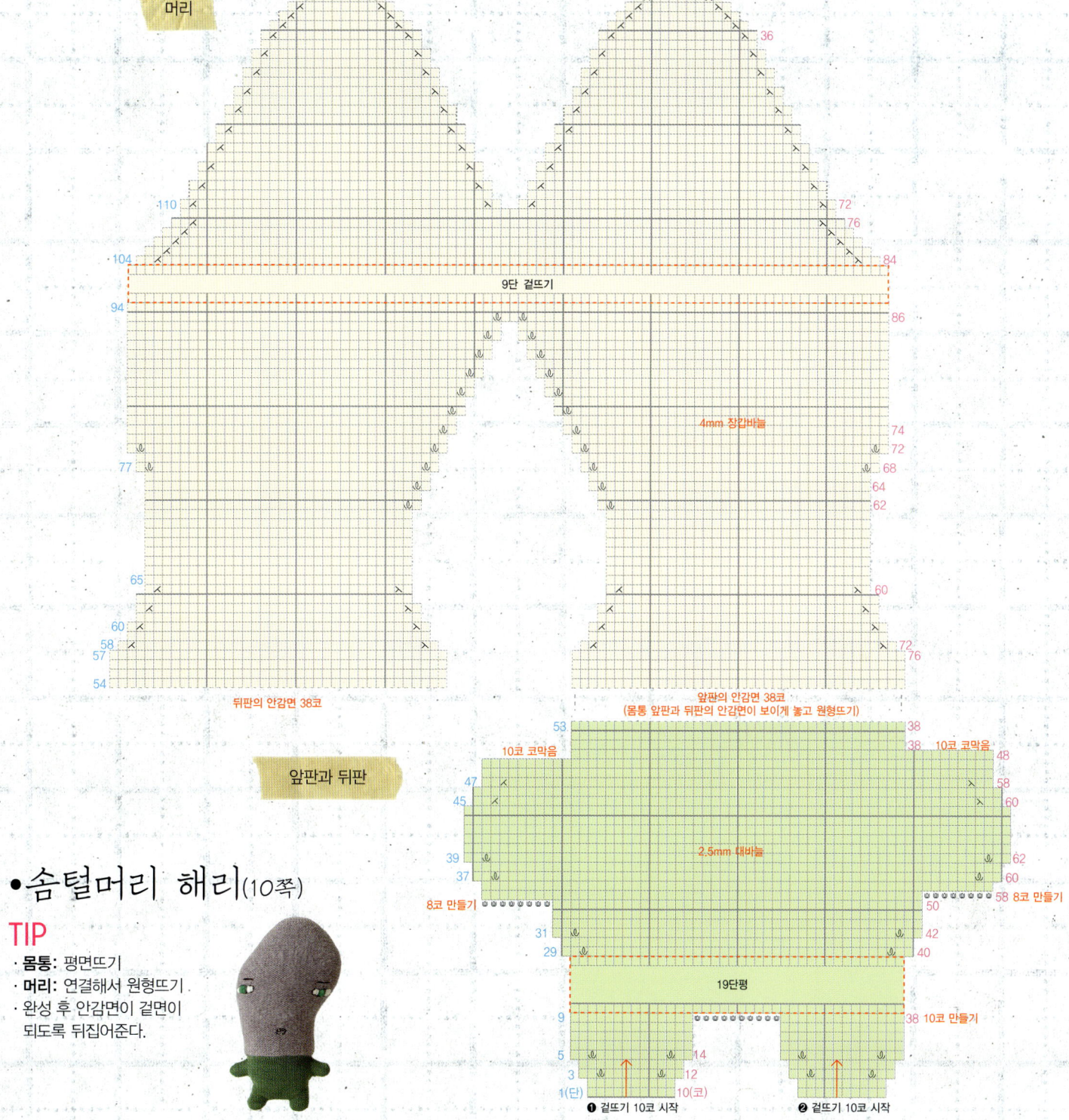

머리

133

16

36

110

72

76

104

84

9단 겉뜨기

94

86

4mm 장갑바늘

77

74

72

68

64

62

65

60

60

58

57

54

72

76

뒤판의 안감면 38코

앞판의 안감면 38코
(몸통 앞판과 뒤판의 안감면이 보이게 놓고 원형뜨기)

앞판과 뒤판

53

38

10코 코막음

38

10코 코막음

48

47

58

45

60

2.5mm 대바늘

39

62

37

60

58 8코 만들기

8코 만들기

50

31

42

29

40

19단평

9

38 10코 만들기

5

14

3

12

1(단)

10(코)

❶ 겉뜨기 10코 시작

❷ 겉뜨기 10코 시작

●솜털머리 해리(10쪽)

TIP
· **몸통:** 평면뜨기
· **머리:** 연결해서 원형뜨기.
· 완성 후 안감면이 겉면이
  되도록 뒤집어준다.

• 마멀레이드 고양이 진지(13쪽)

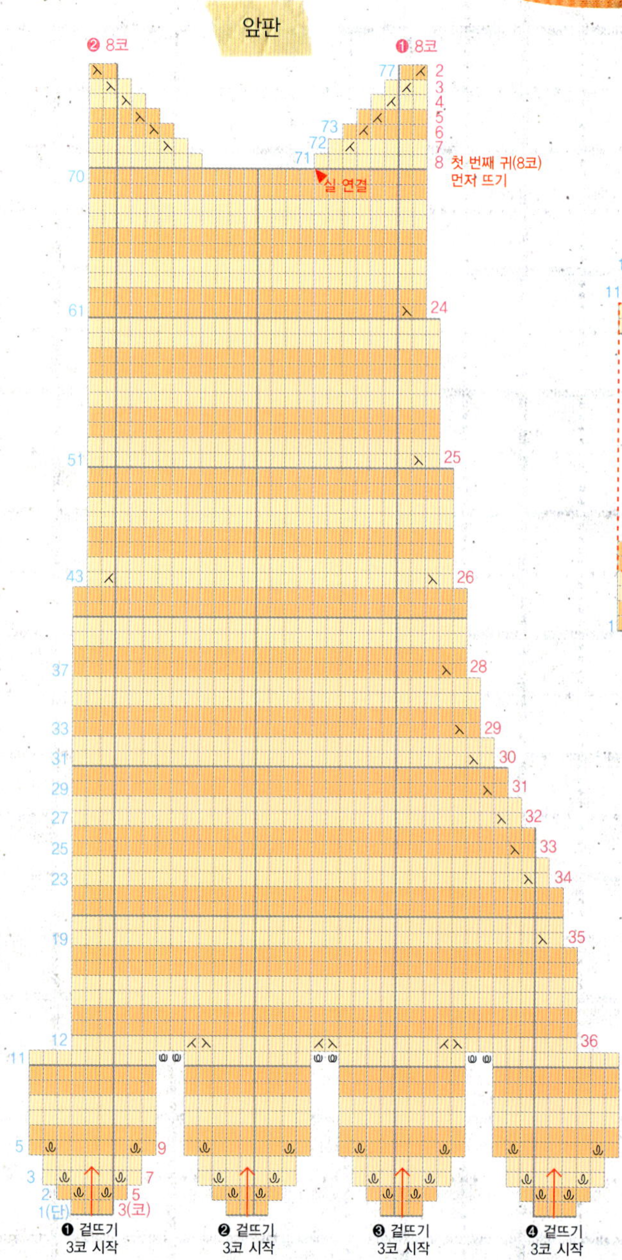

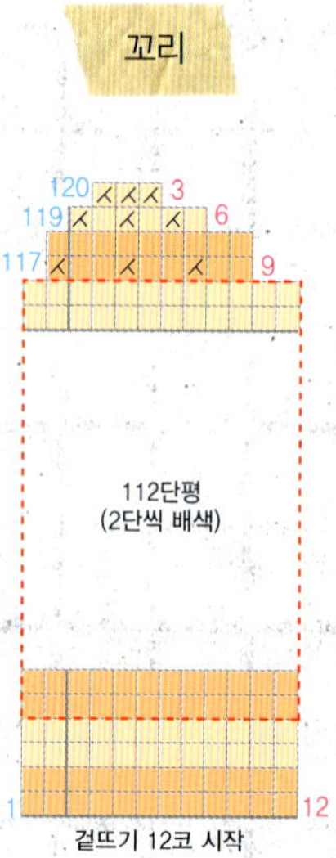

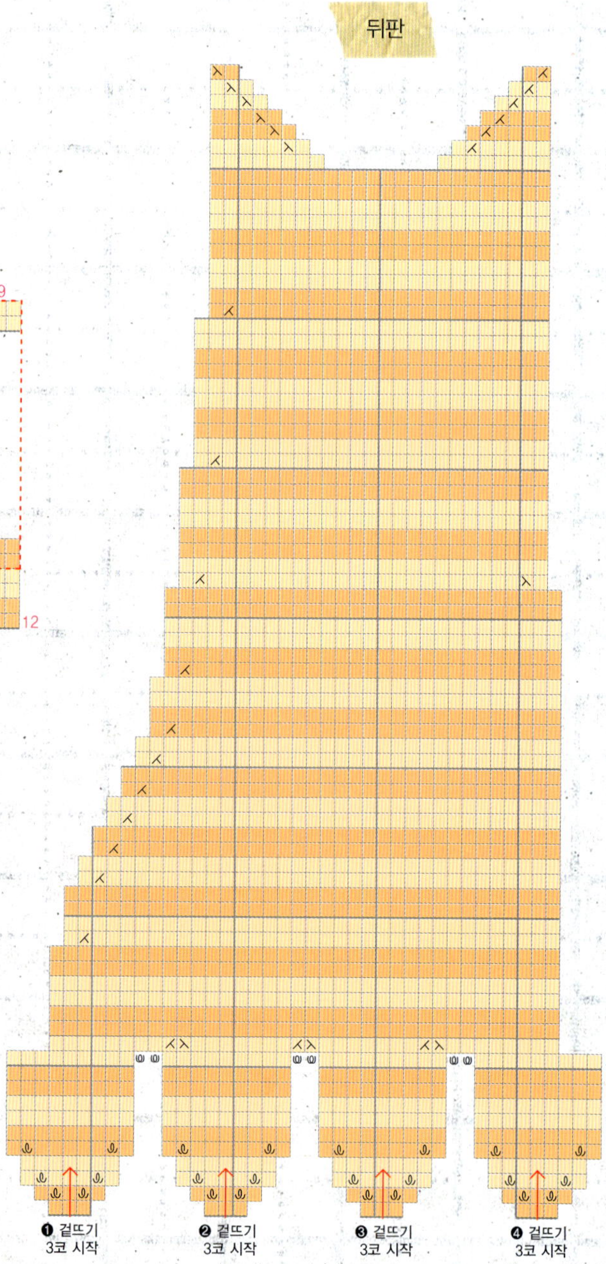

앞판

❷ 8코 **❶ 8코**

77
2
3
4
5
6
7
8 첫 번째 귀(8코)
먼저 뜨기

73
72
71
70
실 연결

61

24

51

25

43

26

37

28

33
29
31
30
29
31
27
32
25
33
23
34

19

35

12
11
36

42 6코 만들기

5
9
3
7
2
5(코)
1(단)
3(코)

❶ 겉뜨기
3코 시작

❷ 겉뜨기
3코 시작

❸ 겉뜨기
3코 시작

❹ 겉뜨기
3코 시작

꼬리

120 3
119 6
117 9

112단평
(2단씩 배색)

1 12
겉뜨기 12코 시작

뒤판

❶ 겉뜨기
3코 시작

❷ 겉뜨기
3코 시작

❸ 겉뜨기
3코 시작

❹ 겉뜨기
3코 시작

134 도안

•초록 토끼 니르그(16쪽)

앞판과 뒤판

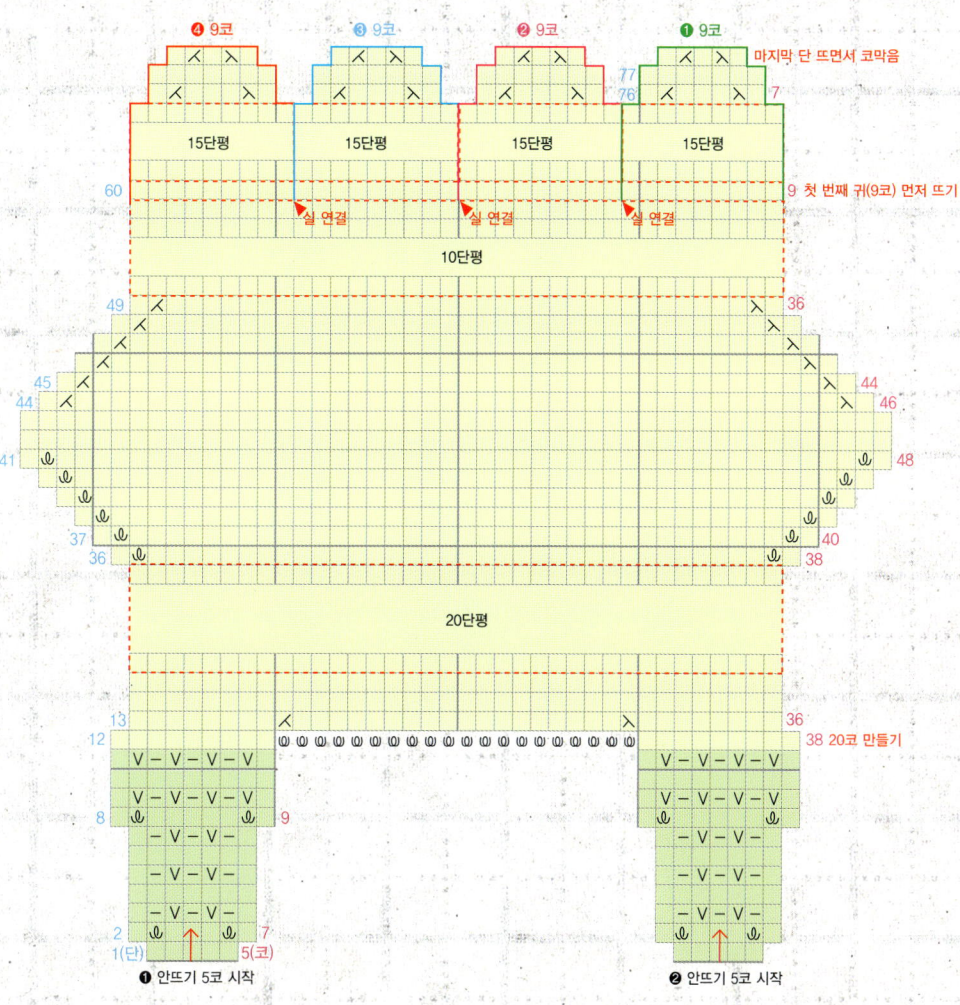

•줄무늬 머리(18쪽)

앞판과 뒤판

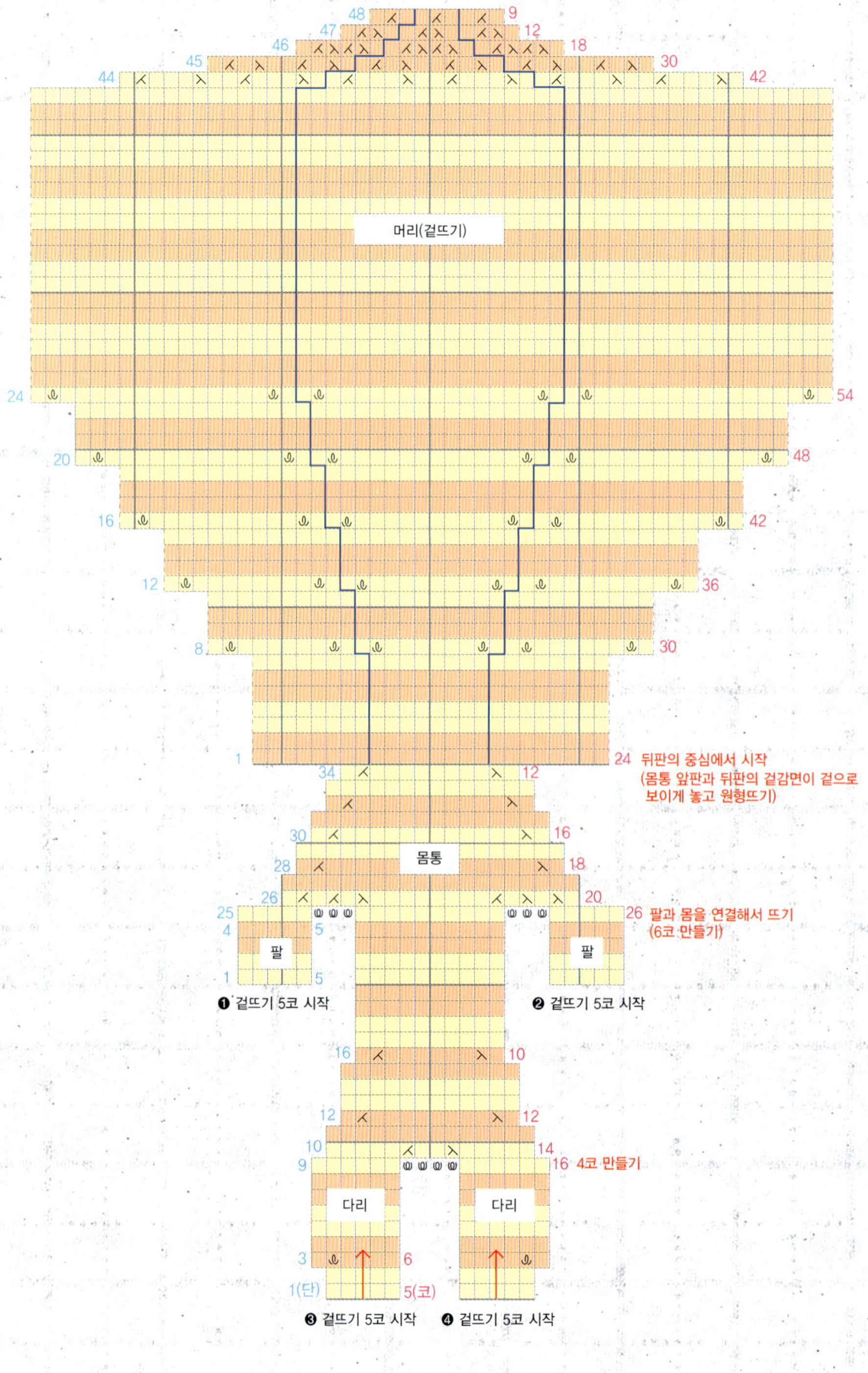

머리(겉뜨기)

48 47 9
46 12
45 18
44 30
42
54
24
20 48
16 42
12 36
8 30
1
24 뒤판의 중심에서 시작
(몸통 앞판과 뒤판의 겉감면이 겉으로
보이게 놓고 원형뜨기)
34 12

TIP
· **몸통**: 평면뜨기
· **머리**: 연결해서 원형뜨기

30 16
28 몸통 18
26 20 26 팔과 몸을 연결해서 뜨기
25 (6코 만들기)
4 팔 팔
1 5
❶ 겉뜨기 5코 시작   ❷ 겉뜨기 5코 시작

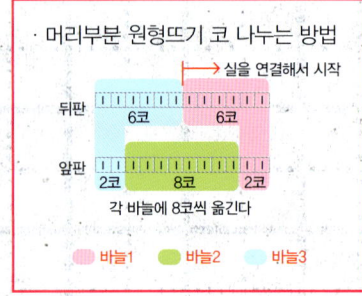

· 머리부분 원형뜨기 코 나누는 방법
실을 연결해서 시작
뒤판 6코 6코
앞판 2코 8코 2코
각 바늘에 8코씩 옮긴다
■ 바늘1 ■ 바늘2 ■ 바늘3

16 10
12 12
10 14
9 16 4코 만들기
다리 다리
3 6
1(단) 5(코)
❸ 겉뜨기 5코 시작   ❹ 겉뜨기 5코 시작

●용감한 베릴(21쪽)

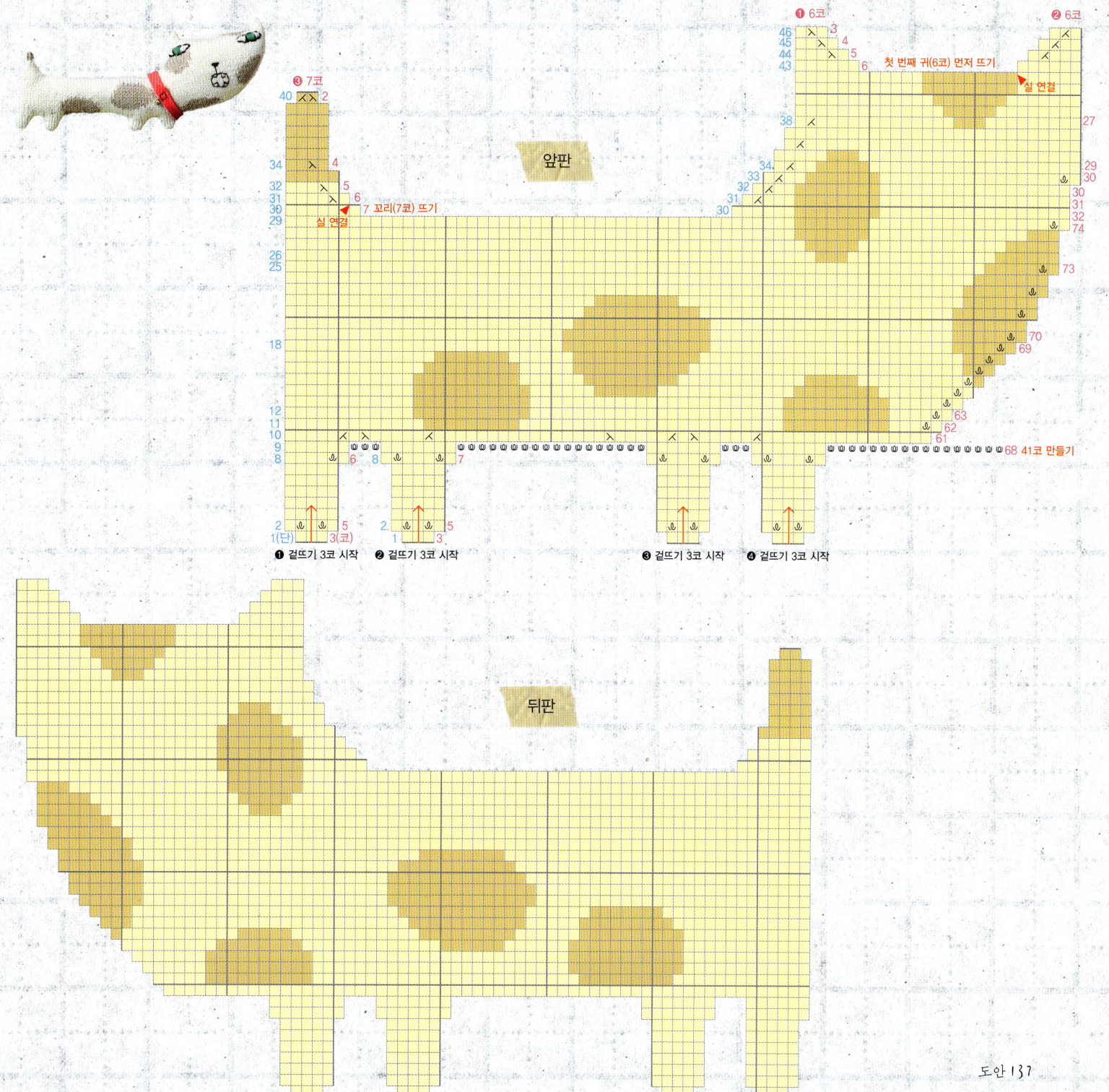

도안 137

•리틀 티그(24쪽)

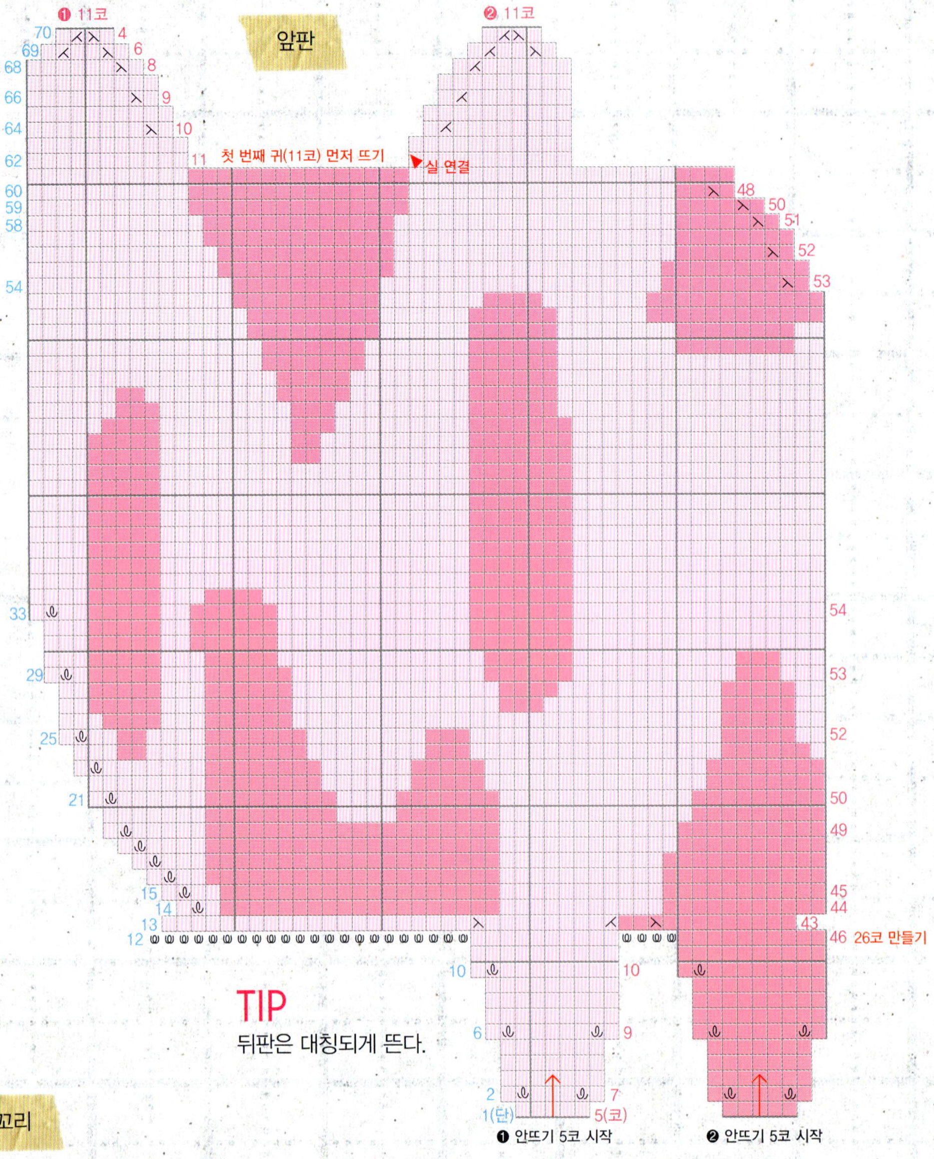

앞판

❶ 11코
❷ 11코

70
69
68
66
64
62
60
59
58
54

11 첫 번째 귀(11코) 먼저 뜨기 ▶실 연결

4
6
8
9
10

48 50 51
52
53

33
29
25
21

15
14
13
12

54
53
52
50
49
45
44
43   46 26코 만들기

TIP
뒤판은 대칭되게 뜬다.

10   10
6   9
2   7
1(단)   5(코)
❶ 안뜨기 5코 시작   ❷ 안뜨기 5코 시작

꼬리

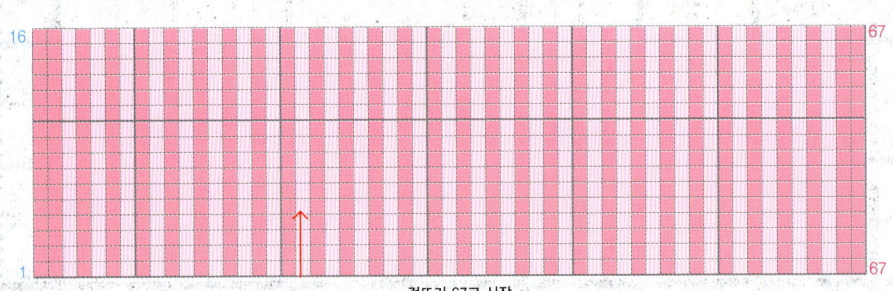

16   67
1   67
겉뜨기 67코 시작

138 도안

●부엉이 올리브(28쪽)

앞판

❶ 4코   ❷ 4코

36 ／1
34   ／2
32 ／   3   첫 번째 귀(4코) 먼저 뜨기
31   4

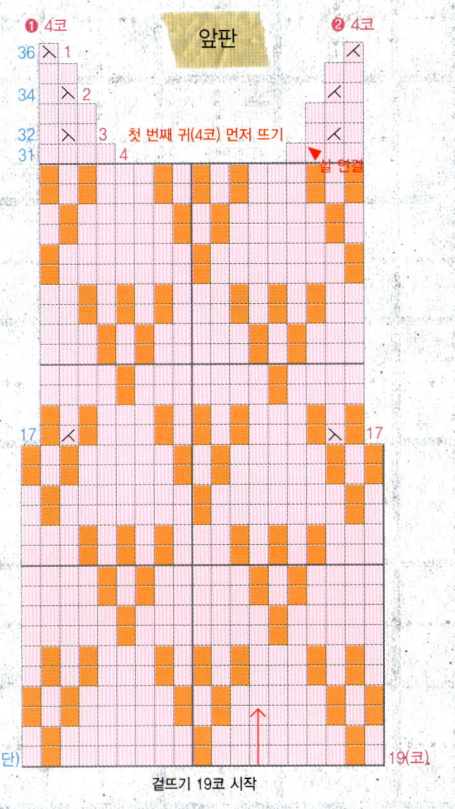

17 ／   ／17

1(단)   19(코)

겉뜨기 19코 시작

밑받침

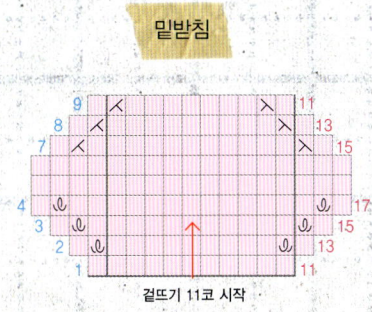

9 ／   ／11
8   13
7   15
4
3   17
                         15
1   13
                         11

겉뜨기 11코 시작

날개 윗면(2개)   **날개 아랫면(2개)**

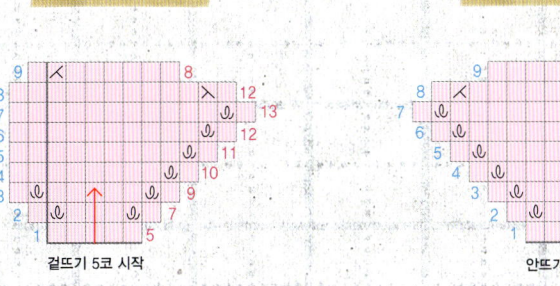

9 ／   8   9 ／   8
8   12   8   12
7   13   7   13
6   12   6   12
5   11   5   11
4   10   4   10
3   3   9
2   5'   2   5'
1   5   1   5

겉뜨기 5코 시작   안뜨기 5코 시작

도안 139

•쌍둥이 테리와 티나(31쪽)

TIP
· **몸통:** 평면뜨기
· **머리:** 연결해서 원형뜨기

몸통 뒤판

79(단)　12　24(코)

몸통 앞판

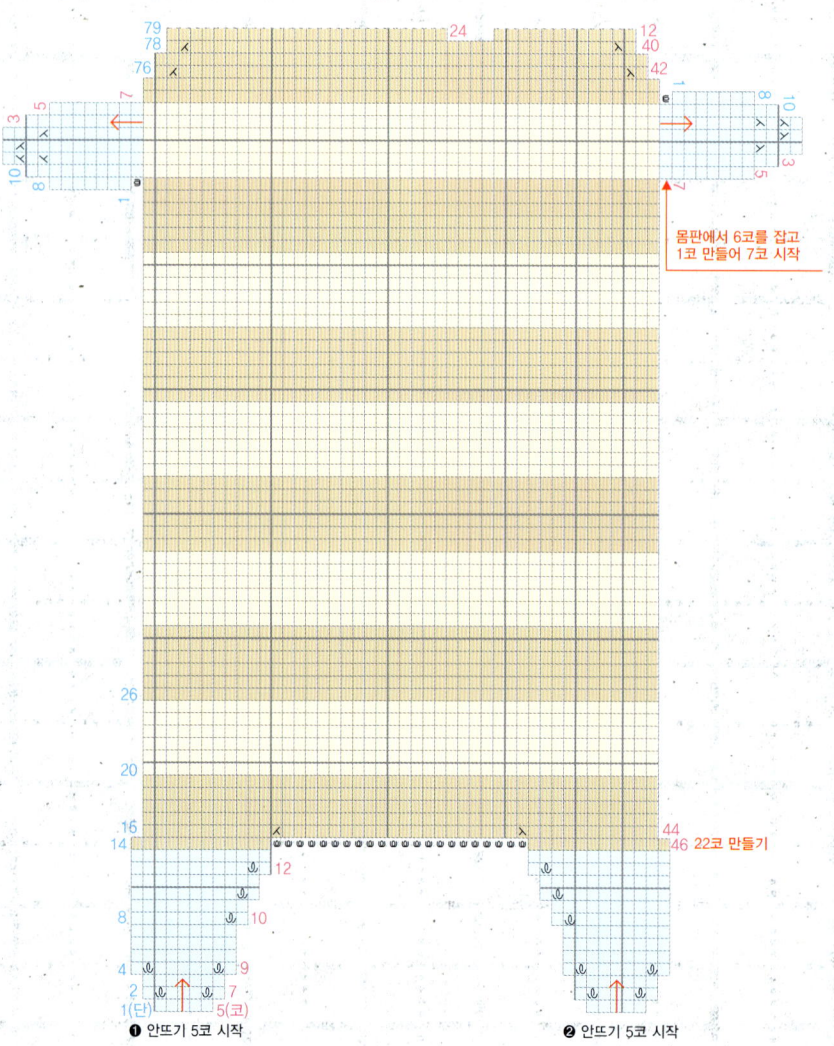

79
78
76

24
12
40
42

3
5
7
10
8
1

1
8
10
3
5
7

몸판에서 6코를 잡고
1코 만들어 7코 시작

26

20

16
14

12
10
8
9
7
4
2
5(코)
1(단)

44
46 22코 만들기

❶ 안뜨기 5코 시작　　❷ 안뜨기 5코 시작

작은 머리

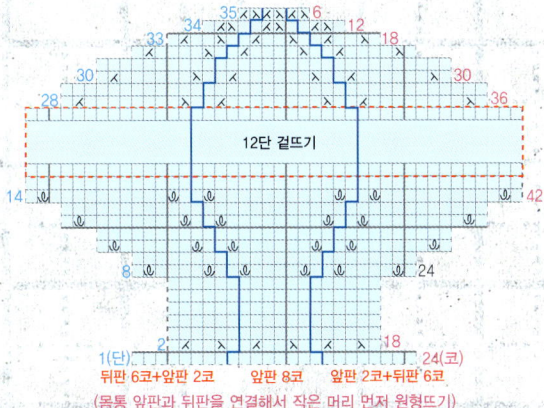

12단 겉뜨기

뒤판 6코+앞판 2코 앞판 8코 앞판 2코+뒤판 6코
(몸통 앞판과 뒤판을 연결해서 작은 머리 먼저 원형뜨기)

TIP

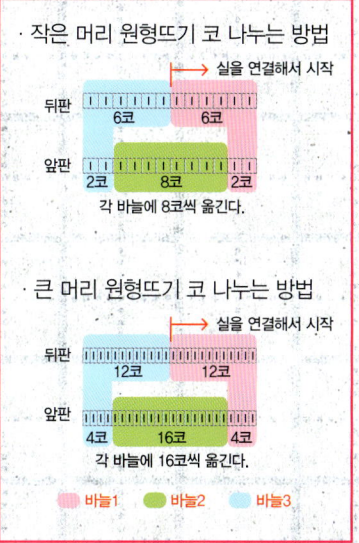

· 작은 머리 원형뜨기 코 나누는 방법

실을 연결해서 시작

뒤판 6코 6코

앞판 2코 8코 2코

각 바늘에 8코씩 옮긴다.

· 큰 머리 원형뜨기 코 나누는 방법

실을 연결해서 시작

뒤판 12코 12코

앞판 4코 16코 4코

각 바늘에 16코씩 옮긴다.

🟥 바늘1 🟩 바늘2 🟦 바늘3

큰 머리

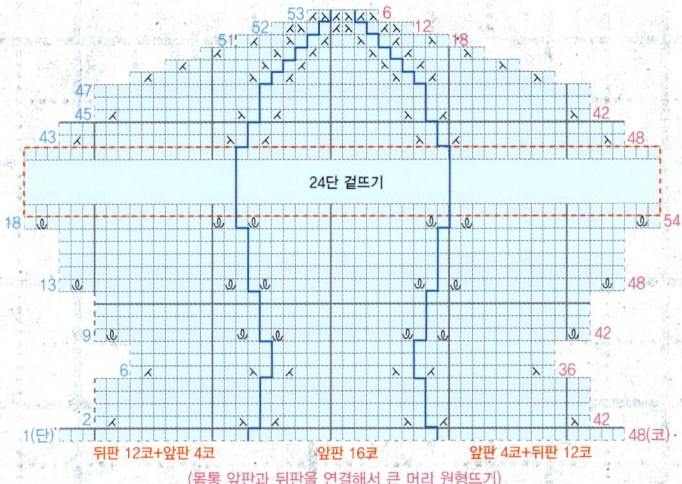

24단 겉뜨기

1(단)
뒤판 12코+앞판 4코 앞판 16코 앞판 4코+뒤판 12코 48(코)
(몸통 앞판과 뒤판을 연결해서 큰 머리 원형뜨기)

●블루 버니(34쪽)

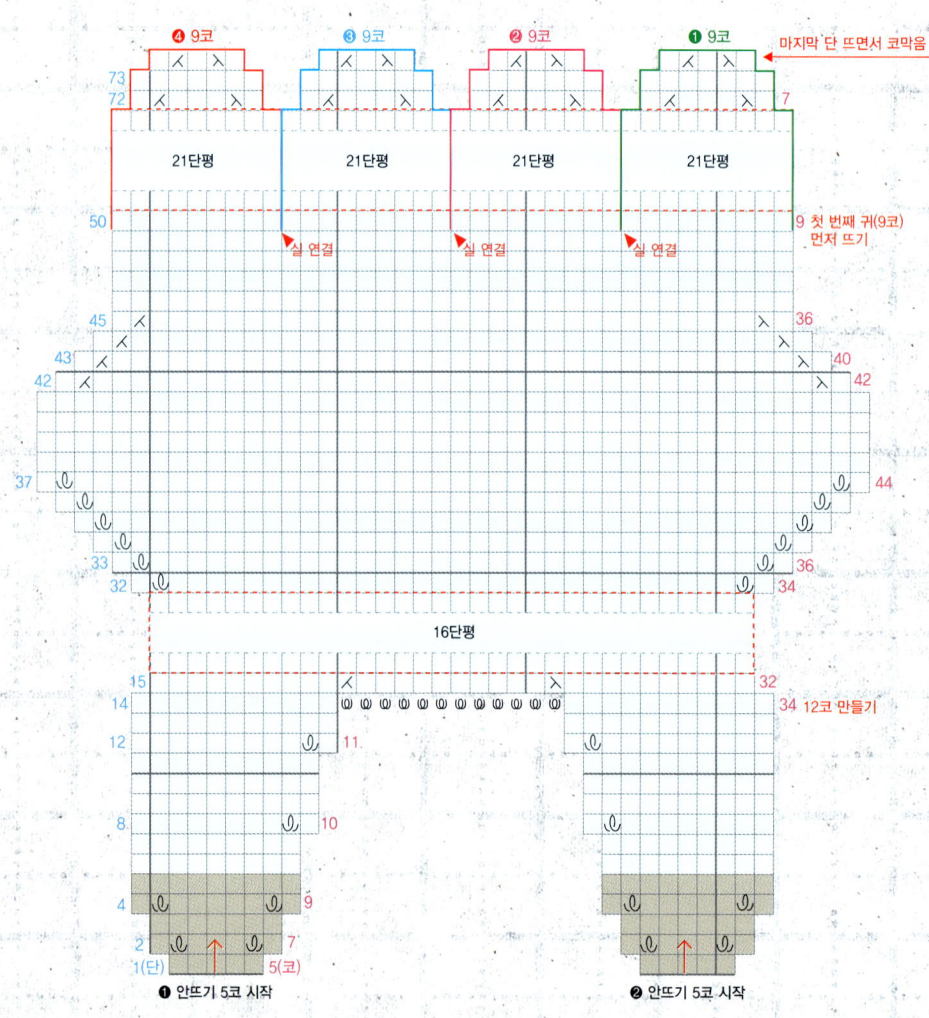

앞판과 뒤판

❹ 9코   ❸ 9코   ❷ 9코   ❶ 9코

마지막 단 뜨면서 코막음

73
72

21단평   21단평   21단평   21단평

실 연결   실 연결   실 연결

9 첫 번째 귀(9코) 먼저 뜨기

50

45   36
43   40
42   42
37   44

33   36
32   34

16단평

15   32
14   34 12코 만들기
12   11.

8   10

4   9
2   7
1(단) 5(코)

❶ 안뜨기 5코 시작   ❷ 안뜨기 5코 시작

• 잠꾸러기 포미(36쪽)

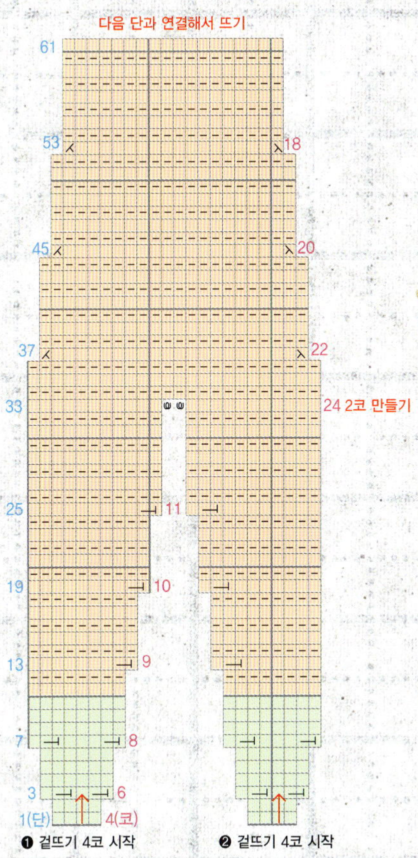

앞판과 뒤판

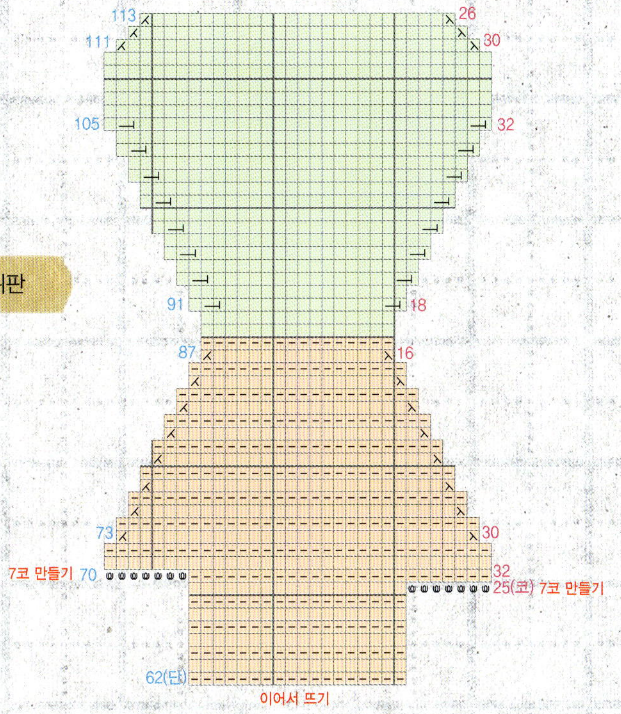

왼쪽 (다리)

다음 단과 연결해서 뜨기

61
53 ⟍ ⟋ 18
45 ⟍ ⟋ 20
37 ⟍ ⟋ 22
33 24 2코 만들기
25 11 ⟍
19 10
13 9
7 ⟍ ⟋ 8
3 6
1(단) 4(코)

❶ 겉뜨기 4코 시작   ❷ 겉뜨기 4코 시작

오른쪽 (몸통)

113
111
105 ⟍ 32
91 18
87 16
73 ⟍ 30
7코 만들기 70   32
25(코) 7코 만들기
62(타)
이어서 뜨기

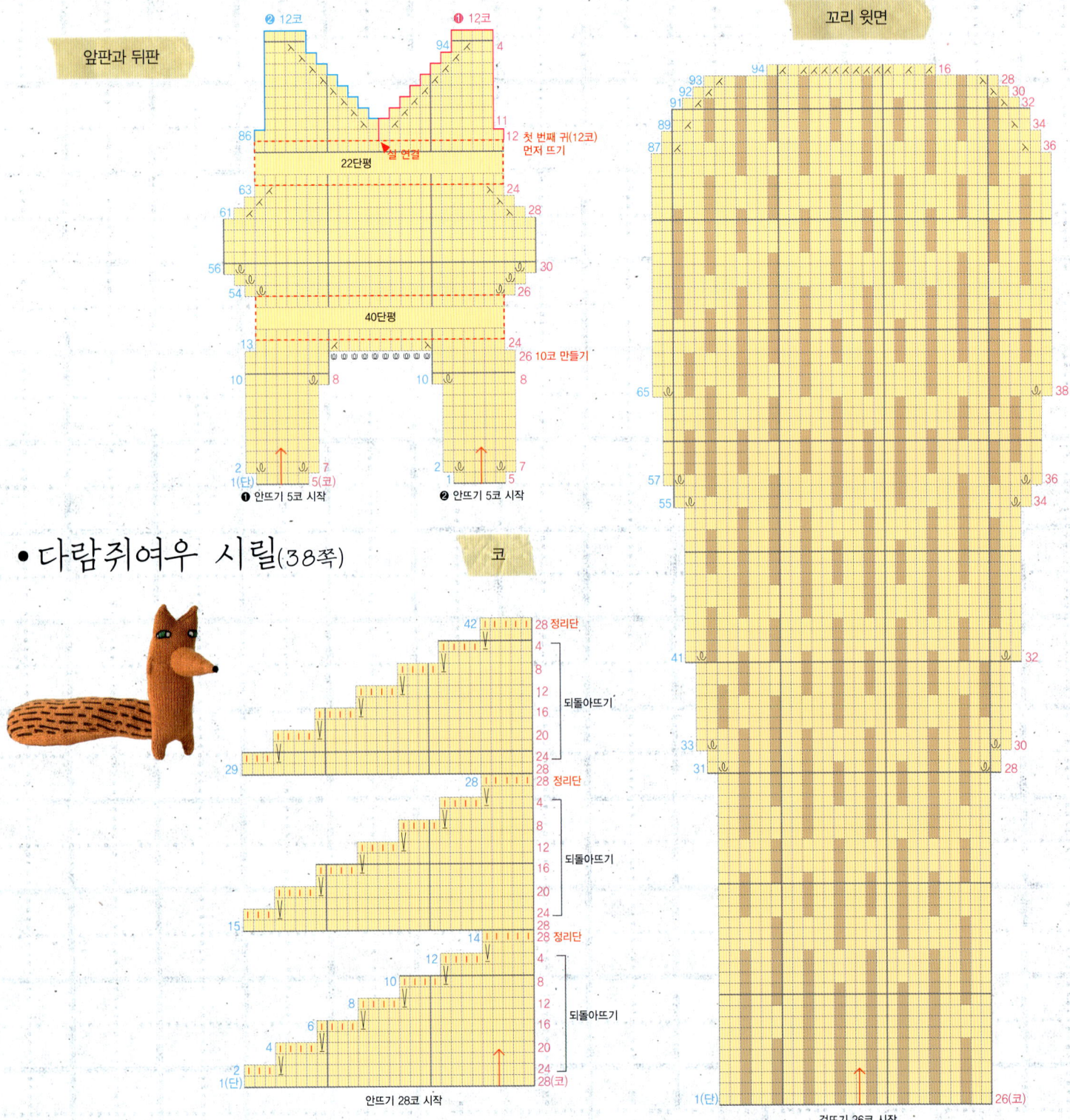

앞판과 뒤판

꼬리 윗면

❷ 12코　　　❶ 12코

94　4

11
86　12　첫 번째 귀(12코) 먼저 뜨기
실 연결
22단평
63　24
61　28
56　30
54　26
40단평
13　24
26　10코 만들기
10　8　　10　8
2　7　　2　7
1(단)　5(코)　　1　5
❶ 안뜨기 5코 시작　　❷ 안뜨기 5코 시작

• 다람쥐여우 시릴(38쪽)

코

42　28 정리단
4
8
12
16　되돌아뜨기
20
24
28
29　28 정리단

28
4
8
12
16　되돌아뜨기
20
24
15　28 정리단

14　28 정리단
12　4
10　8
8　12
6　16　되돌아뜨기
4　20
2　24
1(단)　28(코)
안뜨기 28코 시작

94　16　28
93　30
92　32
91
89　34
87　36

65　38

57　36
55　34
41　32
33　30
31　28

1(단)　26(코)
겉뜨기 26코 시작

144 도안

강아지 오스카(41쪽)

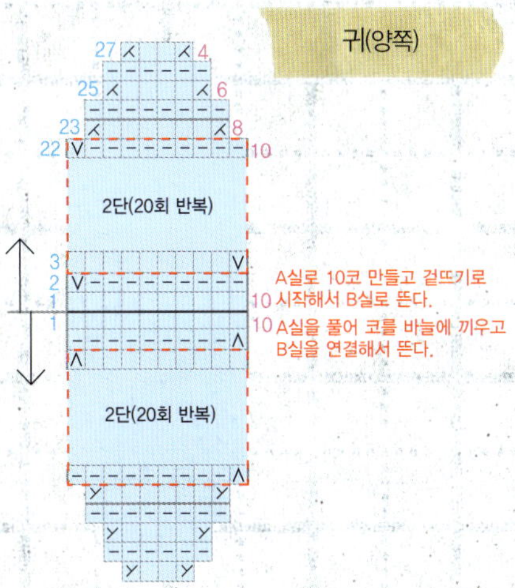

27   4
25   6
23   8
22 ∨   10

2단(20회 반복)

3
2   ∨
1

A실로 10코 만들고 겉뜨기로
10 시작해서 B실로 뜬다.
10 A실을 풀어 코를 바늘에 끼우고
B실을 연결해서 뜬다.

2단(20회 반복)

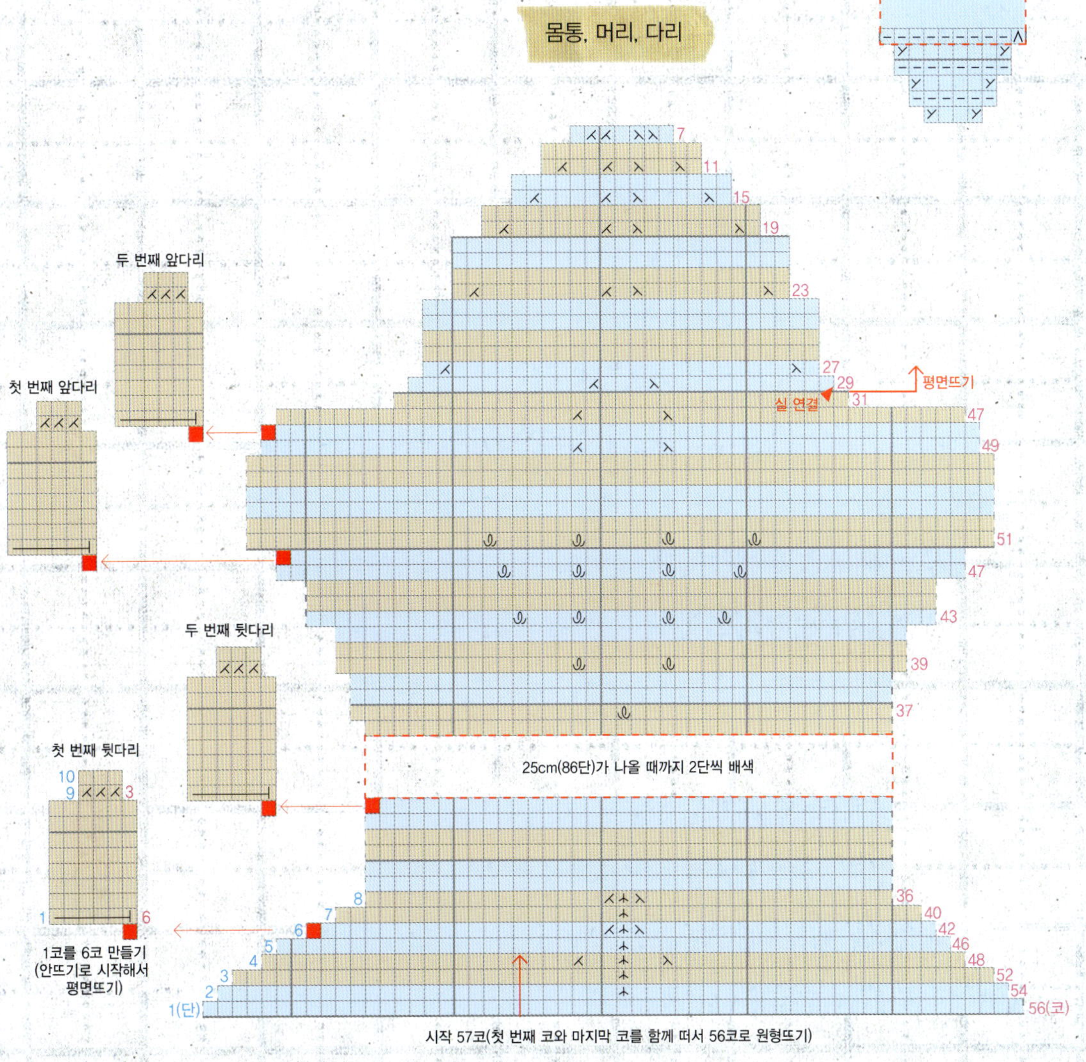

몸통, 머리, 다리

두 번째 앞다리

첫 번째 앞다리

7
11
15
19
23

27
29   평면뜨기
31
실 연결
47
49
51
47
43
39
37

25cm(86단)가 나올 때까지 2단씩 배색

두 번째 뒷다리

첫 번째 뒷다리

10
9   3
1   6

1코를 6코 만들기
(안뜨기로 시작해서
평면뜨기)

8
5
4
3
2
1(단)

6 7
36
40
42
46
48
52
54
56(코)

시작 57코(첫 번째 코와 마지막 코를 함께 떠서 56코로 원형뜨기)

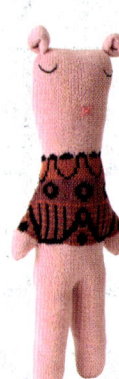

•곰순이 애기(44쪽)

TIP

머리부터 시작해서 원형뜨기

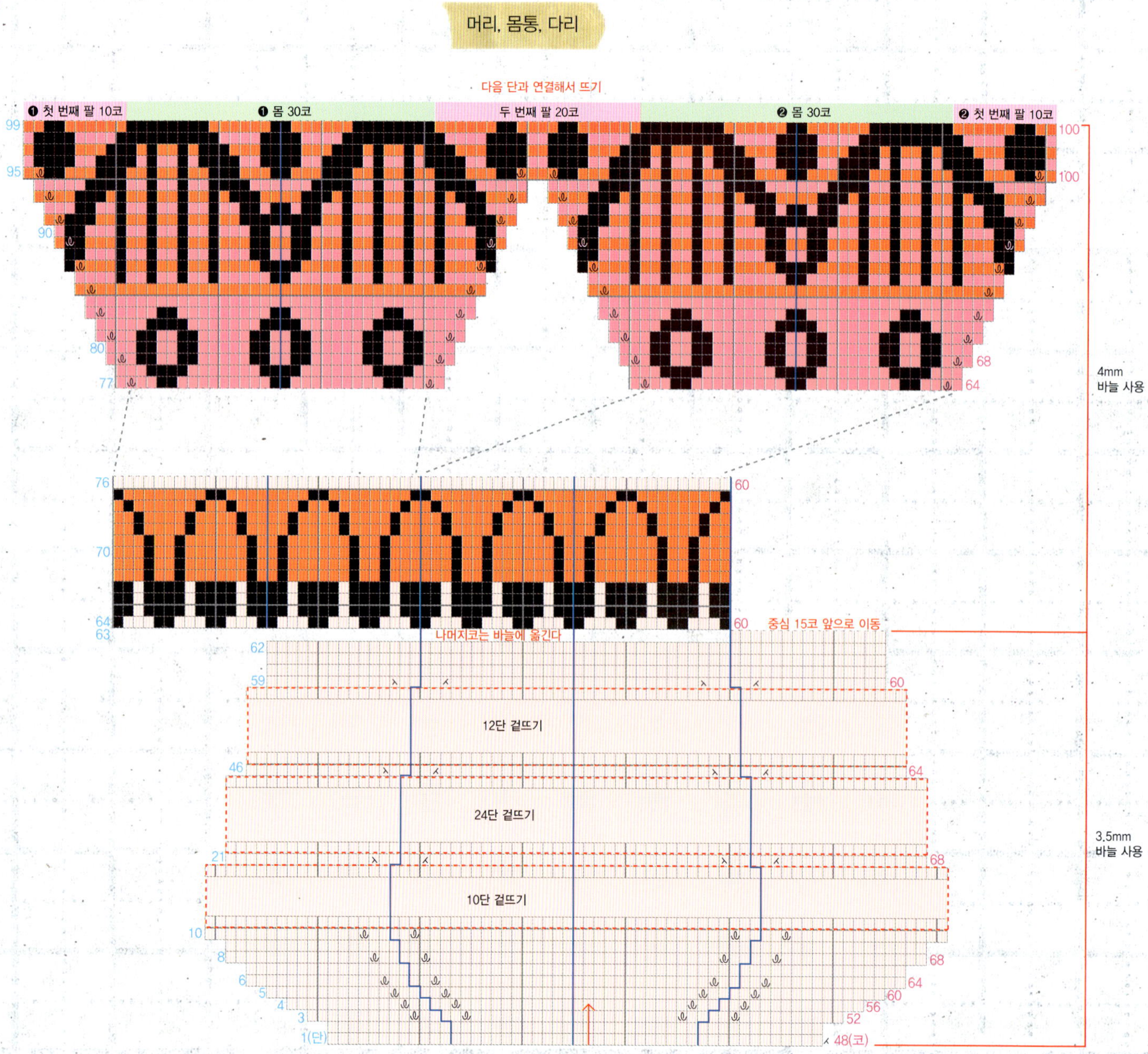

머리, 몸통, 다리
다음 단과 연결해서 뜨기
❶ 첫 번째 팔 10코
❶ 몸 30코
두 번째 팔 20코
❷ 몸 30코
❷ 첫 번째 팔 10코
99
95
90
80
77
100
100
68
64
4mm
바늘 사용
76
70
64
63
60
60
중심 15코 앞으로 이동
나머지코는 바늘에 옮긴다
62
59
60
12단 겉뜨기
46
64
24단 겉뜨기
21
68
10단 겉뜨기
10
8
6
5
4
3
1(단)
68
64
60
56
52
48(코)
3.5mm
바늘 사용

49코를 만들어 4개 바늘에 옮긴다.
(첫 번째 코와 마지막 코를 2코 모아뜨기해서 원형뜨기 시작)

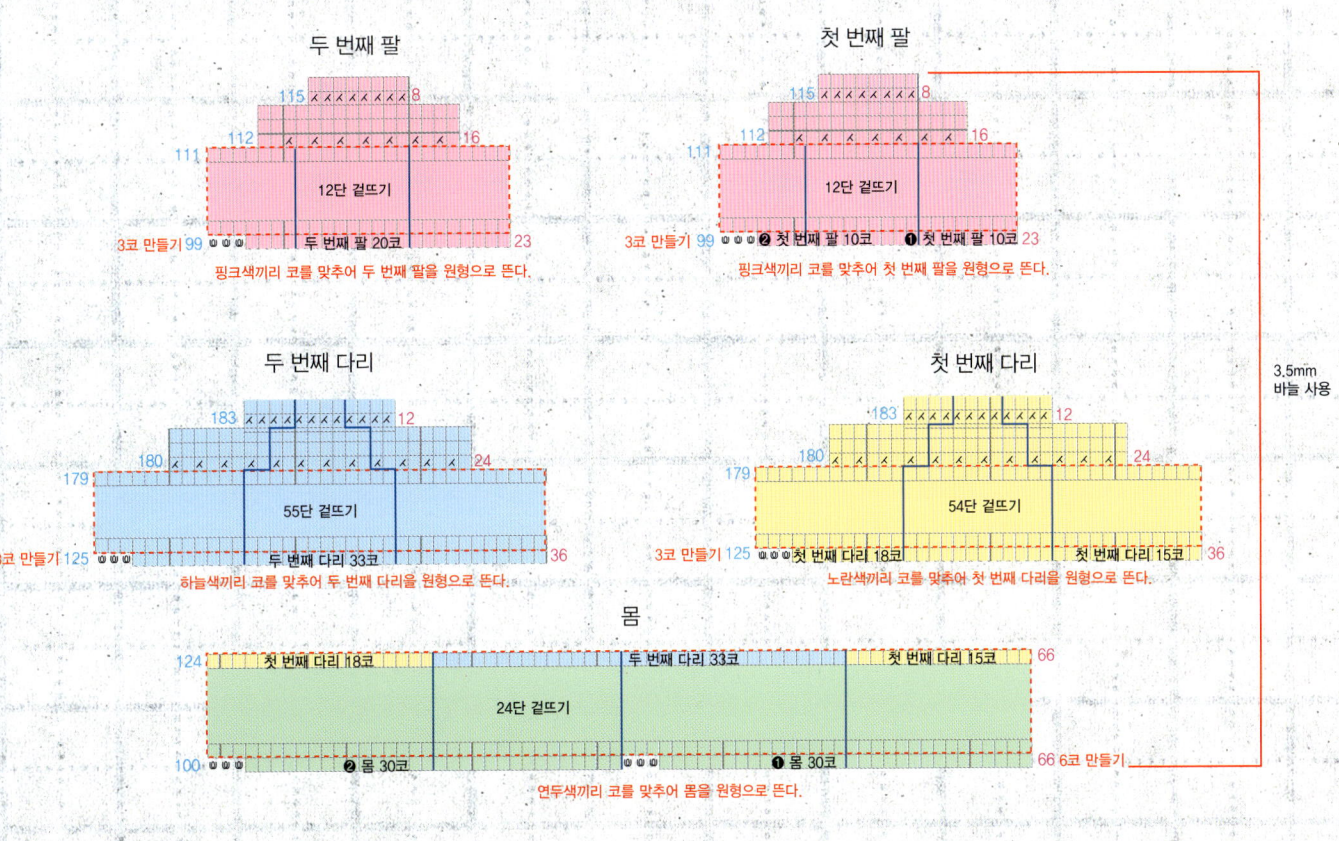

두 번째 팔

115 ✗✗✗✗✗✗ 8
112 ╱ ╱ ╱ ╱ ╱ 16
111
12단 겉뜨기
3코 만들기 99 두 번째 팔 20코 23

핑크색끼리 코를 맞추어 두 번째 팔을 원형으로 뜬다.

첫 번째 팔

115 ✗✗✗✗✗✗ 8
112 ╱ ╱ ╱ ╱ ╱ 16
111
12단 겉뜨기
3코 만들기 99 ❷ 첫 번째 팔 10코 ❶ 첫 번째 팔 10코 23

핑크색끼리 코를 맞추어 첫 번째 팔을 원형으로 뜬다.

3.5mm
바늘 사용

두 번째 다리

183 ✗✗✗✗✗✗✗✗ 12
180 ╱ ╱ ╱ ╱ ╱ ╱ 24
179
55단 겉뜨기
3코 만들기 125 두 번째 다리 33코 36

하늘색끼리 코를 맞추어 두 번째 다리을 원형으로 뜬다.

첫 번째 다리

183 ✗✗✗✗✗✗✗✗ 12
180 ╱ ╱ ╱ ╱ ╱ ╱ 24
179
54단 겉뜨기
3코 만들기 125 첫 번째 다리 18코 첫 번째 다리 15코 36

노란색끼리 코를 맞추어 첫 번째 다리을 원형으로 뜬다.

몸

124 첫 번째 다리 18코 두 번째 다리 33코 첫 번째 다리 15코 66
24단 겉뜨기
100 ❷ 몸 30코 ❶ 몸 30코 66 6코 만들기

연두색끼리 코를 맞추어 몸을 원형으로 뜬다.

❶ 첫 번째 팔 10코 　　❶ 몸 30코 　　두 번째 팔 20코 　　❷ 몸 30코 　　❷ 첫 번째 팔 10코

이어서 뜨기

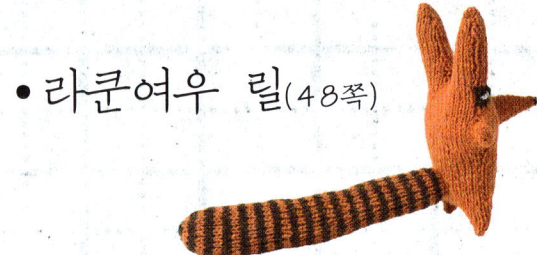

● 라쿤여우 릴(48쪽)

앞판

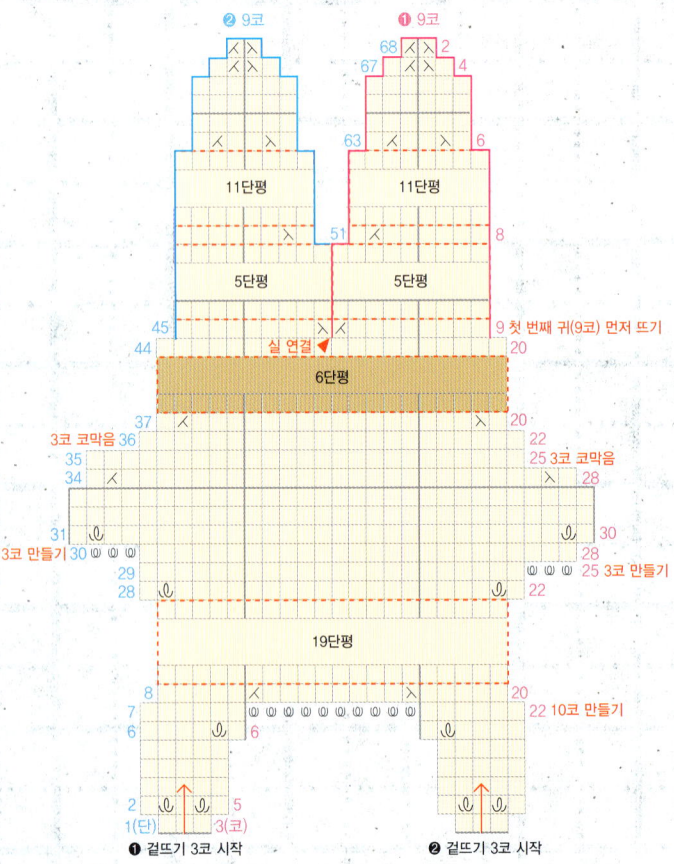

❷ 9코   ❶ 9코

11단평   11단평

5단평   5단평

45   9 첫 번째 귀(9코) 먼저 뜨기
44   실 연결   20

6단평

37   20
3코 코막음 36   25 3코 코막음
35   28
34   28
31   30
3코 만들기 30   28 25 3코 만들기
29   22
28

19단평

8   20
7   22 10코 만들기
6   6
2   5
1(단)   3(코)
❶ 겉뜨기 3코 시작   ❷ 겉뜨기 3코 시작

코

25   12 정리단
24

2
4
6   되돌아뜨기
8
14   10

13   12 정리단
12

2
4
6   되돌아뜨기
8
1   10
12
안뜨기 12코 시작

꼬리

72   6
71   12
69   18
67   22

2단 배색하면서 21단평

45   26
2단 배색하면서 15단평
29   22

2단 배색하면서 24단평

4   18
1
겉뜨기 18코 시작

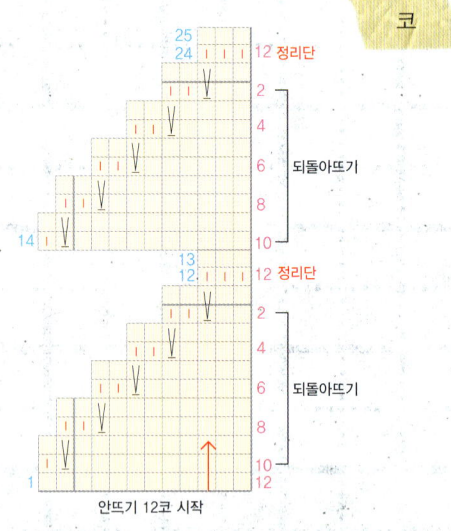

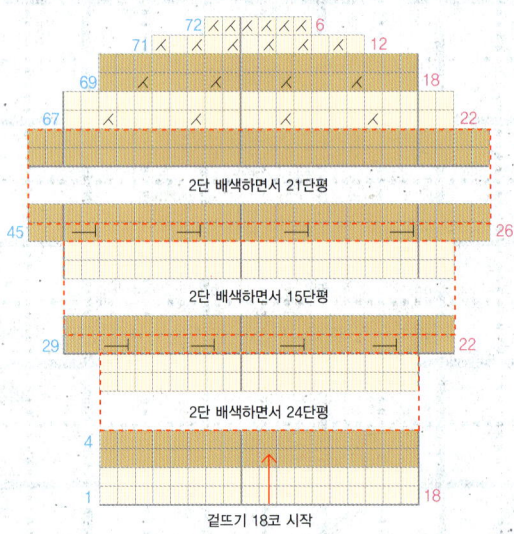

• 달팽이 스틱(51쪽)

몸통과 머리

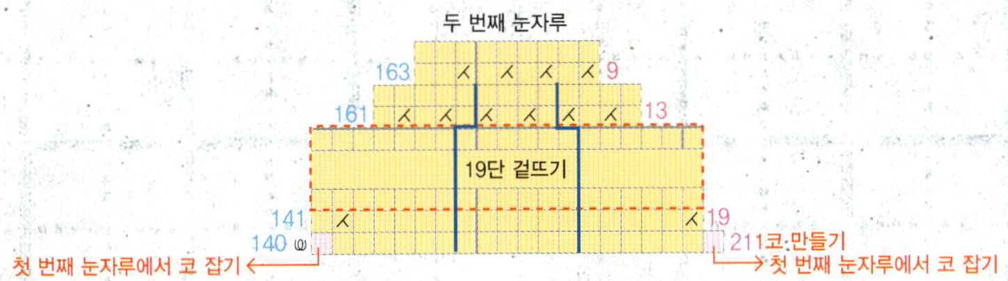

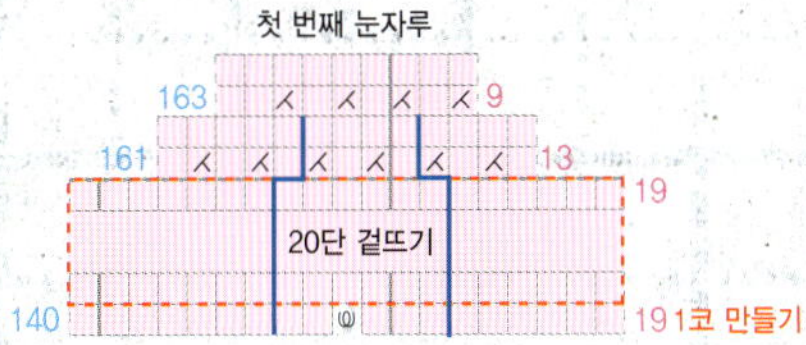

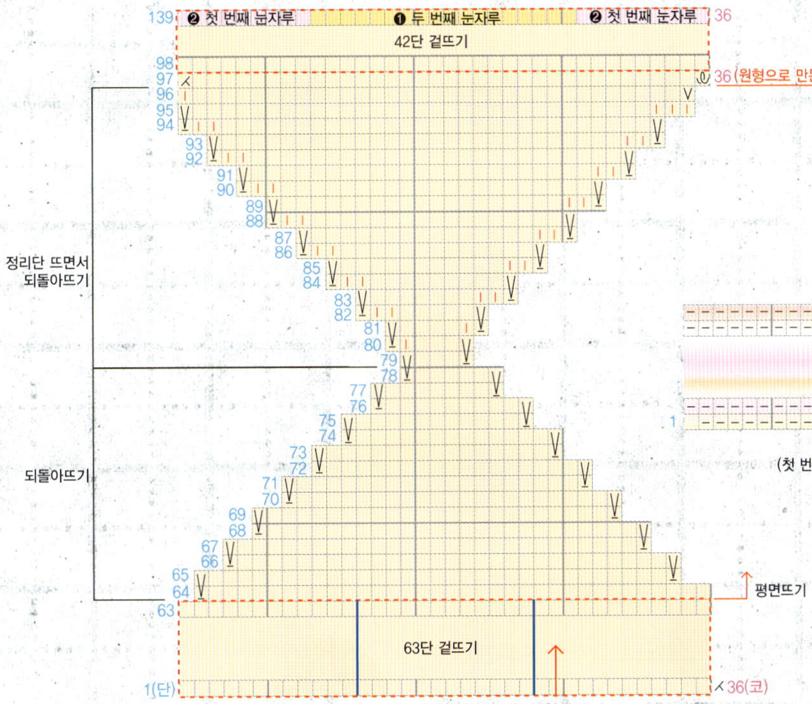

두 번째 눈자루
163 ⅄ ⅄ ⅄ 9
161 ⅄ ⅄ ⅄ ⅄ 13
19단 겉뜨기
141 ⅄ 19
140 ⑩ 211코:만들기
첫 번째 눈자루에서 코 잡기 ← → 첫 번째 눈자루에서 코 잡기

첫 번째 눈자루
163 ⅄ ⅄ ⅄ 9
161 ⅄ ⅄ ⅄ ⅄ 13
19
20단 겉뜨기
140 ⑩ 19 1코 만들기

139 ❷ 첫 번째 눈자루   ❶ 두 번째 눈자루   ❷ 첫 번째 눈자루 36
42단 겉뜨기
98
97 ⑩ 36 (원형으로 만든 후, 1코 만들고 첫 번째 코와 만든 1코를 2코 모아뜨기)↑
96
95
94
93
92
91
90
89
88
87
86
85
84
83
82
81
80
79
78
77
76
75
74
73
72
71
70
69
68
67
66
65
64
63
정리단 뜨면서 되돌아뜨기
되돌아뜨기
평면뜨기
63단 겉뜨기
1(단) ⅄ 36(코)
37코를 만들어 3개 바늘에 옮긴다.
(첫 번째 코와 마지막 코를 2코 모아뜨기해서 원형뜨기 시작)

껍데기

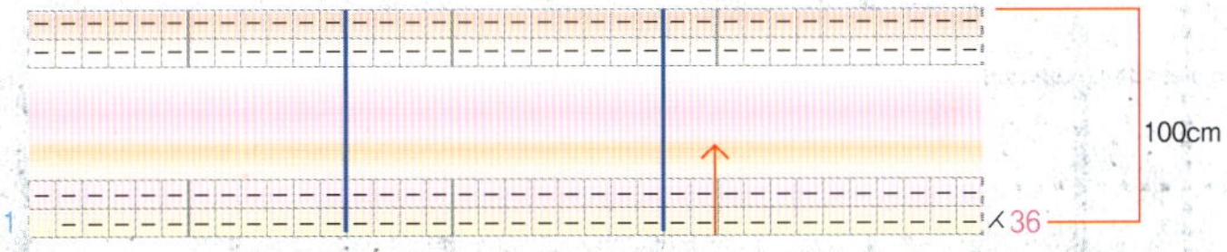

1
100cm
⅄ 36
37코를 만들어 3개 바늘에 옮긴다.
(첫 번째 코와 마지막 코를 2코 모아뜨기해서 원형뜨기 시작)

TIP
원형뜨기로 시작 ➡ 중간에 평면뜨기 ➡ 다시 원형뜨기

도안 149

• 푸들 페트라(57쪽)

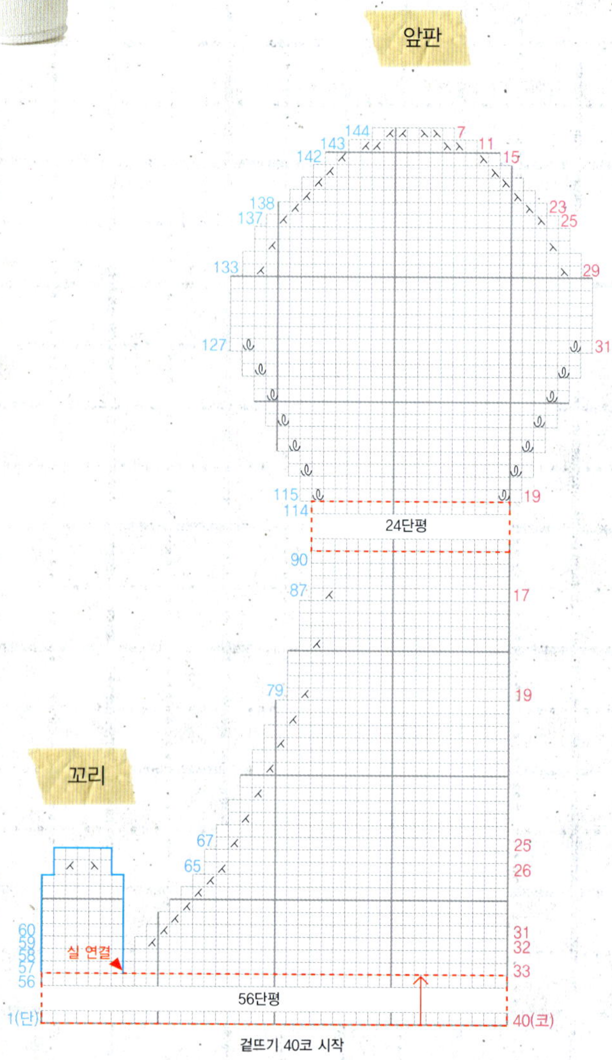

144
143 7 11
142 15
138
137 23
25
133 29
127 31

115 19
114
24단평

90
87 17

79 19

꼬리

67 25
65 26

60 31
59 32
58 실 연결 33
57
56 56단평 40(코)
1(단)
겉뜨기 40코 시작

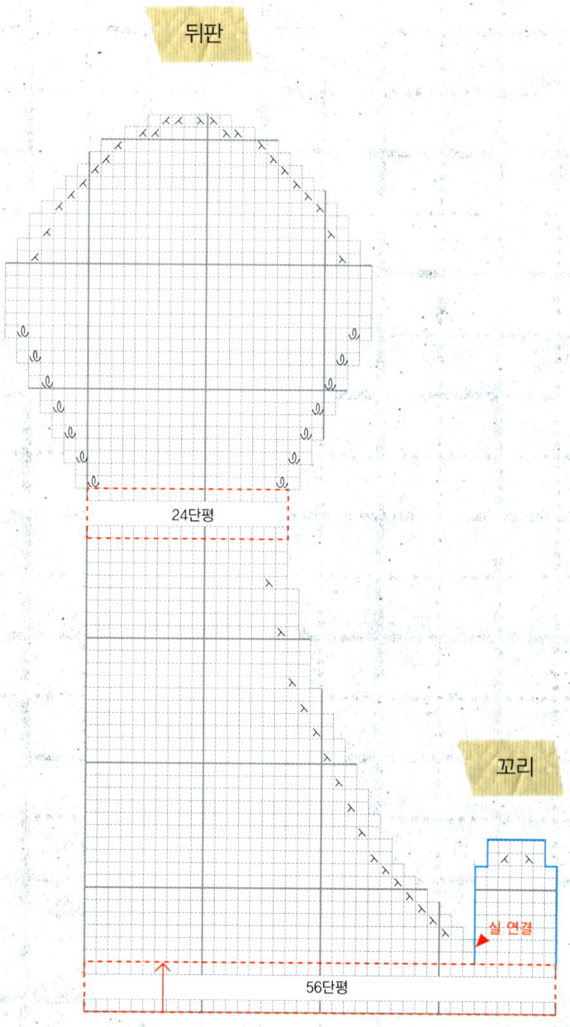

꼬리

24단평

실 연결

56단평

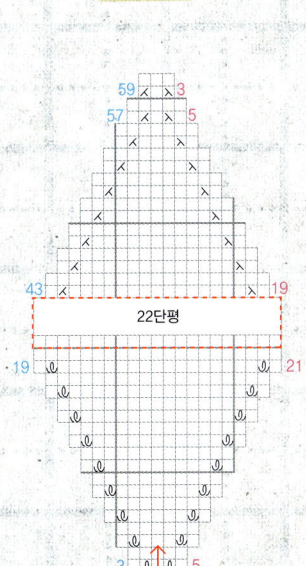

겉뜨기 3코 시작

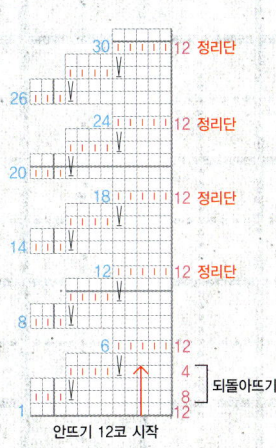

안뜨기 12코 시작

되돌아뜨기

12 정리단

12 정리단

12 정리단

12 정리단

9코 시작

• 앵그리 진저(54쪽)

TIP

· 머리부터 시작해서 원형뜨기
· 완성 후 안감면이 겉면이 되도록 뒤집어준다.

머리, 몸통, 다리

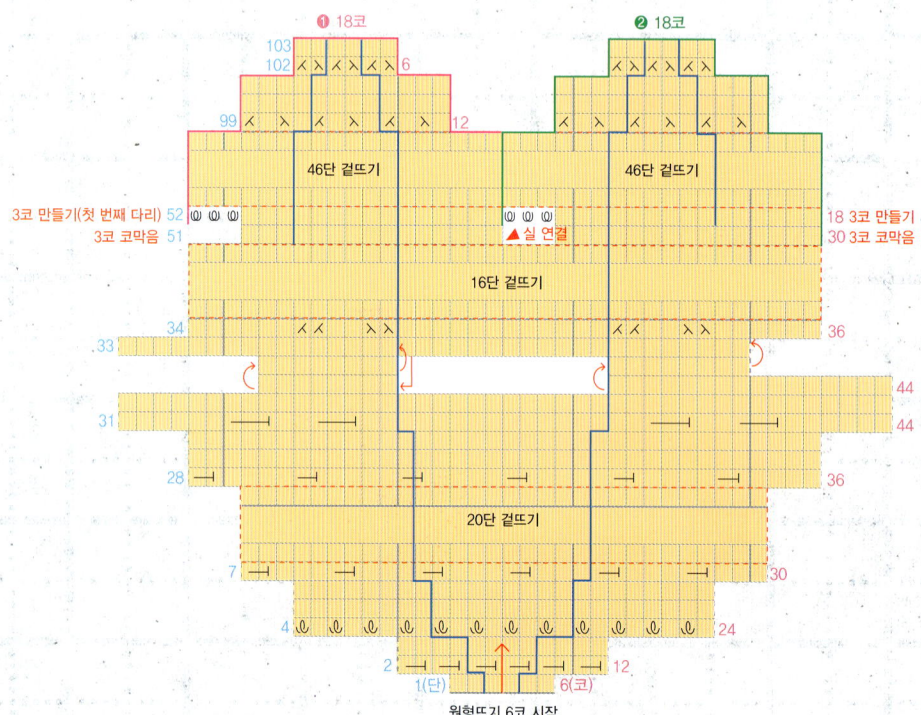

●아이싱 도넛(64쪽)

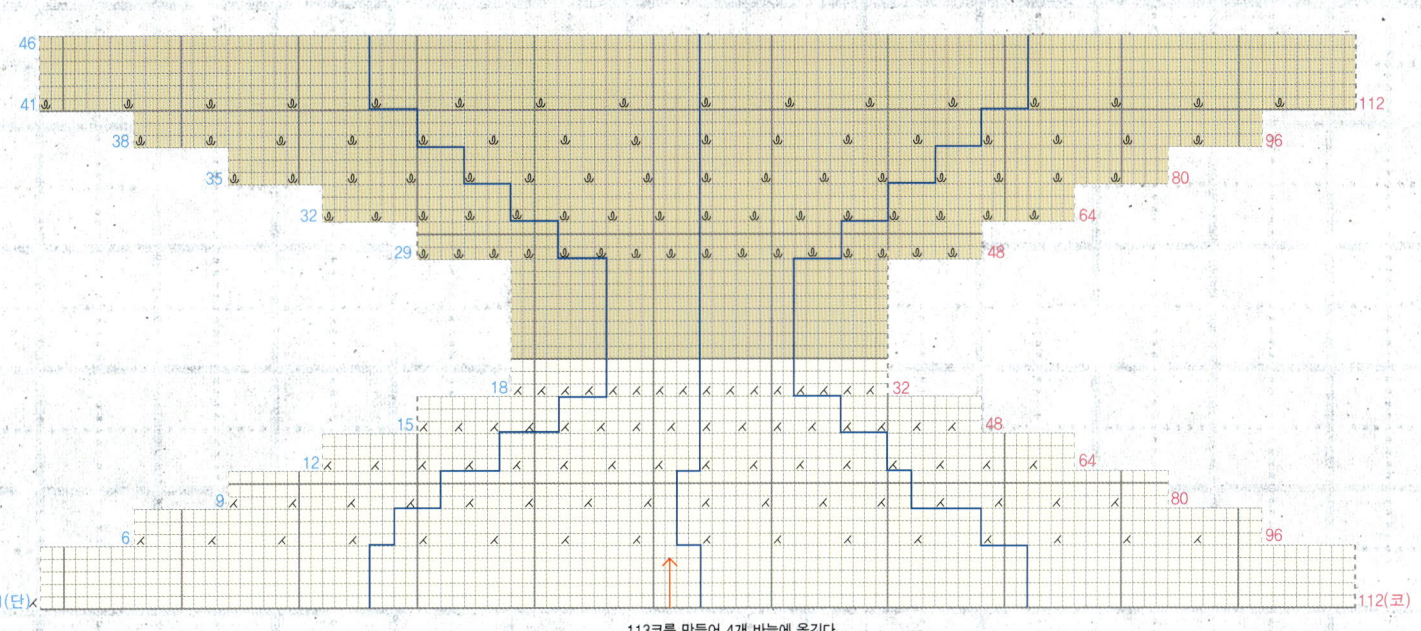

도넛

113코를 만들어 4개 바늘에 옮긴다.
(첫 번째 코와 마지막 코를 2코 모아뜨기해서 원형뜨기 시작)

도안 153

● 산토끼 바네사(60쪽)

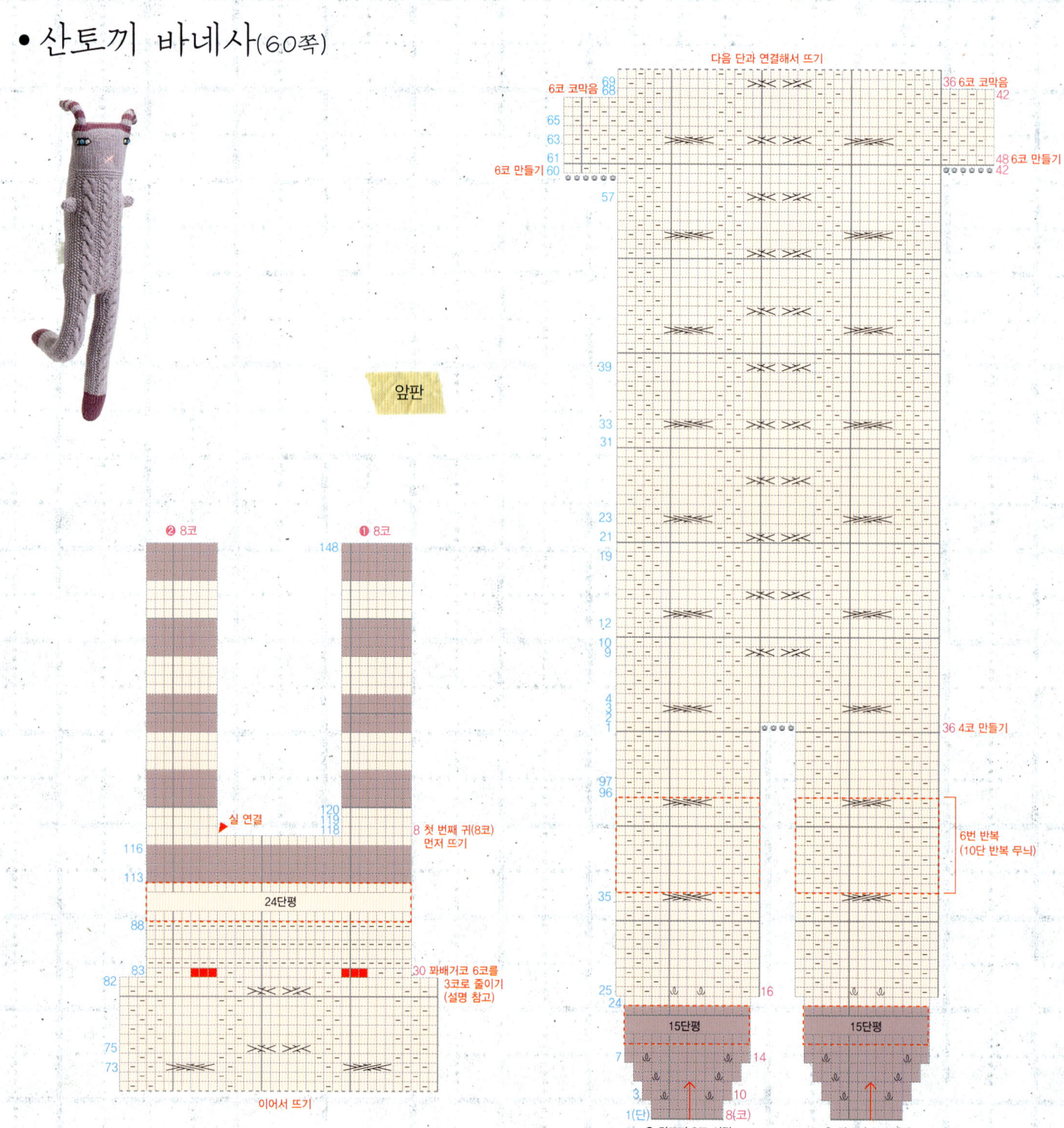

앞판

다음 단과 연결해서 뜨기

6코 코막음 68 69
65
63
61
6코 만들기 60
57

39
33
31

23
21
19

12
10
9

4
3
2
1

97
96

35

25
24

36 6코 코막음 42
48 6코 만들기 42

36 4코 만들기

6번 반복
(10단 반복 무늬)

16

15단평
7 14
3
1(단) 8(코)

15단평
7
3
10
8(코)

❶ 겉뜨기 8코 시작
❷ 겉뜨기 8코 시작

❷ 8코
❶ 8코

148

실 연결

120
119
118

8 첫 번째 귀(8코)
먼저 뜨기

116

113

24단평

88

83

82

30 꽈배기코 6코를
3코로 줄이기
(설명 참고)

75

73

이어서 뜨기

154 도안

뒤판

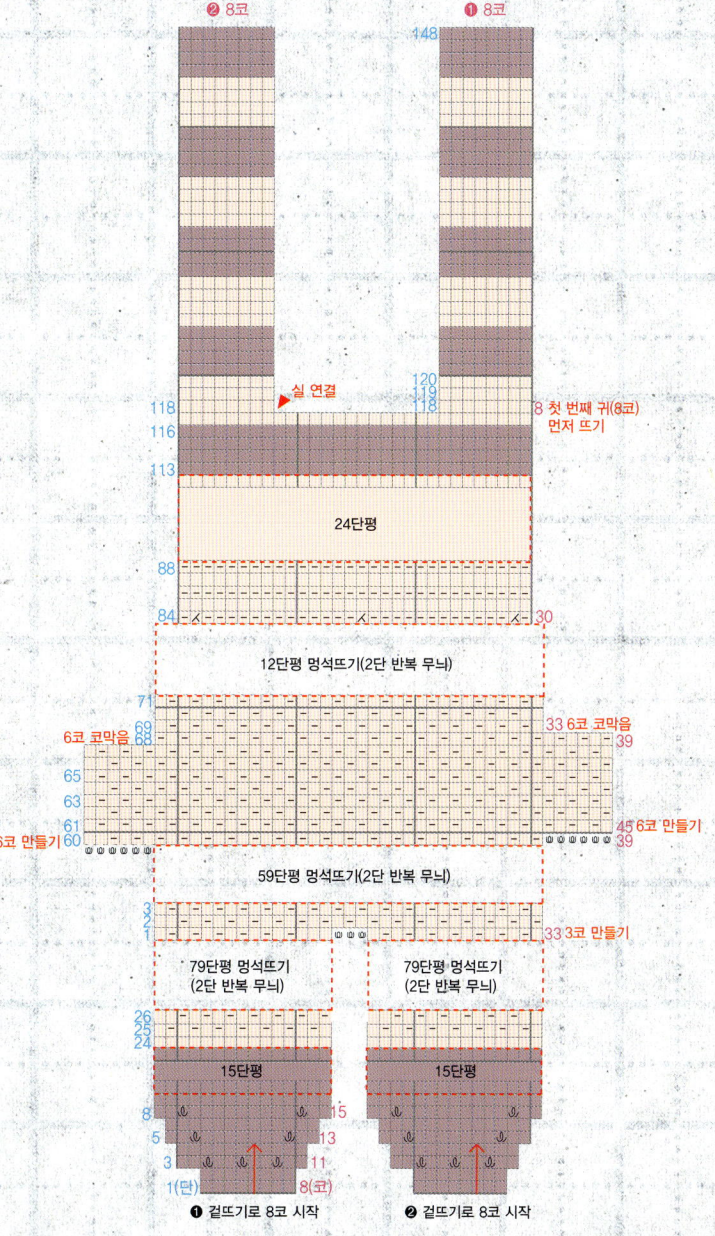

❷ 8코   ❶ 8코

148

실 연결

120
119
118

118
116
113

8 첫 번째 귀(8코)
먼저 뜨기

24단평

88
84

12단평 멍석뜨기(2단 반복 무늬)

71
69
68
65
63
61
60

33 6코 코막음
39

6코 코막음

45 6코 만들기
39

6코 만들기

59단평 멍석뜨기(2단 반복 무늬)

3
2
1

33 3코 만들기

79단평 멍석뜨기
(2단 반복 무늬)

79단평 멍석뜨기
(2단 반복 무늬)

26
25
24

15단평

15단평

8
3
1(단)

15
13
11
8(코)

❶ 겉뜨기로 8코 시작

❷ 겉뜨기로 8코 시작

● 악동 랄프(66쪽)

앞판

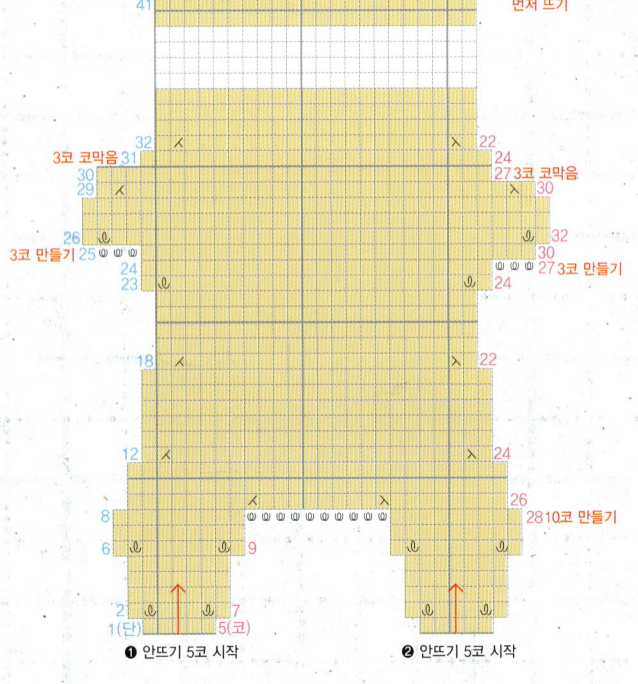

❷ 12코　❶ 12코

59 58 56 52 48 44 42 41

6 8 10 12 12 12 12

실 연결 ▲ 12 첫 번째 귀(12코)
먼저 뜨기

3코 코막음 31
30
29
26
3코 만들기 25
24
23

32 27 3코 코막음
30
32
30 27 3코 만들기
24
22

18
12
8
6

22
24
22
24
26
28 10코 만들기

2
1(단)
7
5(코)

❶ 안뜨기 5코 시작　❷ 안뜨기 5코 시작

코

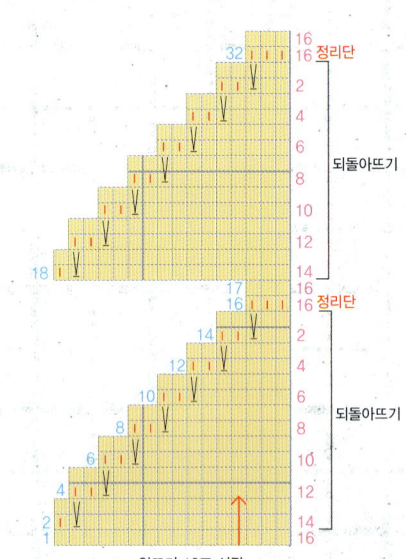

16 16 정리단
32
2
4
6
8
10
12
14
16 16
17 16 정리단
2
4
6
8
10
12
14
16

18

되돌아뜨기

14
10
6
4
2
1

되돌아뜨기

안뜨기 16코 시작

꼬리

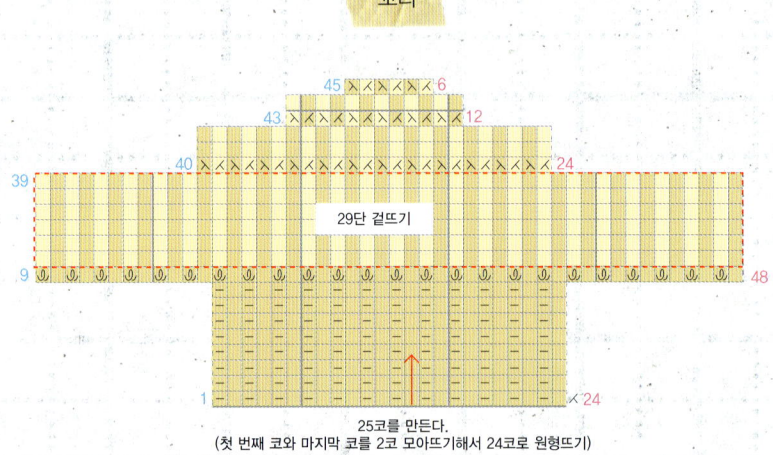

45
43
40
39

6
12
24

29단 겉뜨기

9
1

48
24

25코를 만든다.
(첫 번째 코와 마지막 코를 2코 모아뜨기해서 24코로 원형뜨기)

• 아기고양이 미튼(69쪽)

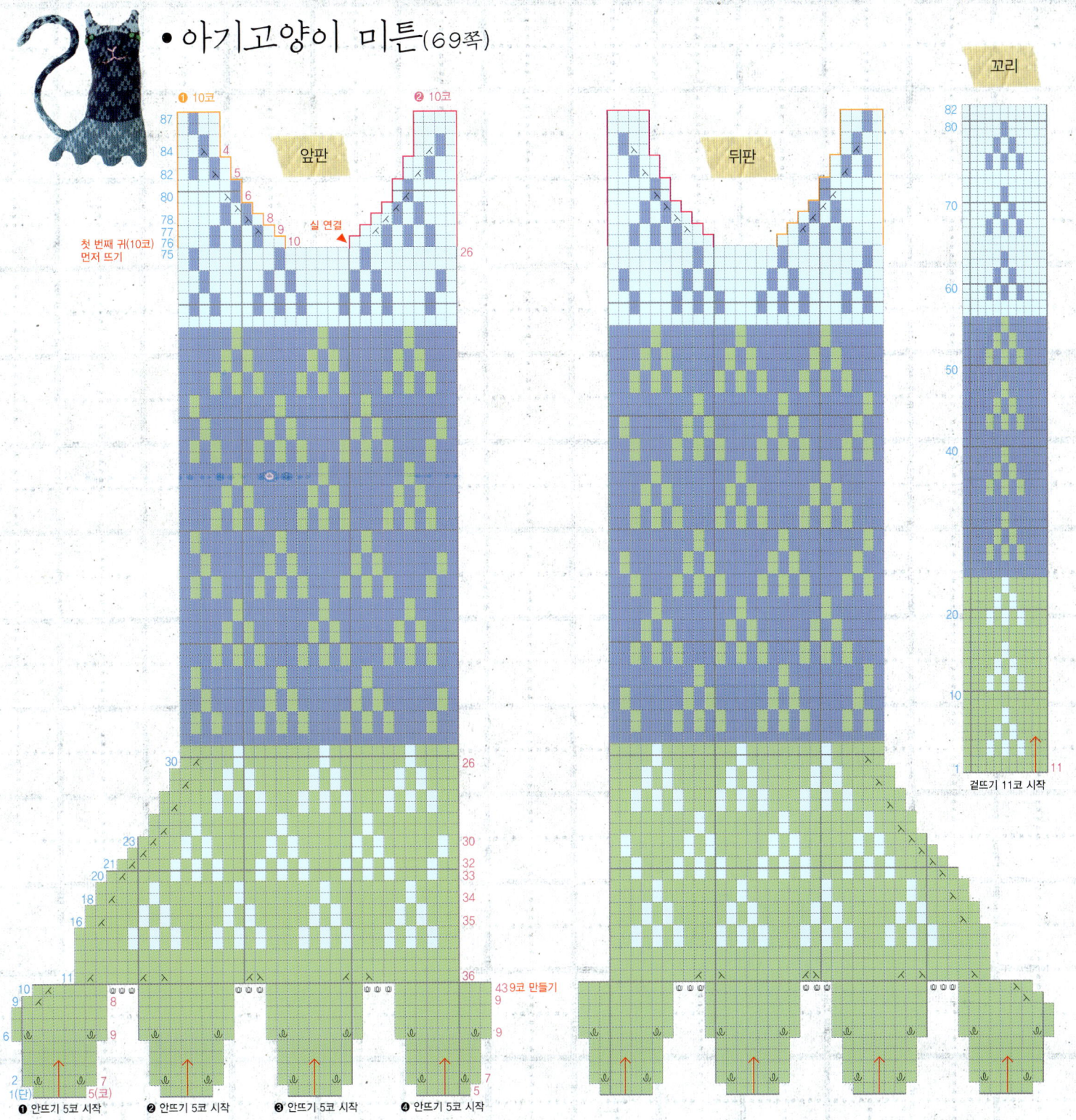

앞판

뒤판

꼬리

❶ 10코 ❷ 10코

첫 번째 귀(10코)
먼저 뜨기

실 연결

첫 번째 귀(10코)
먼저 뜨기

43 9코 만들기

❶ 안뜨기 5코 시작 ❷ 안뜨기 5코 시작 ❸ 안뜨기 5코 시작 ❹ 안뜨기 5코 시작

겉뜨기 11코 시작

도안 157

●꿀벌 이벨(74쪽)

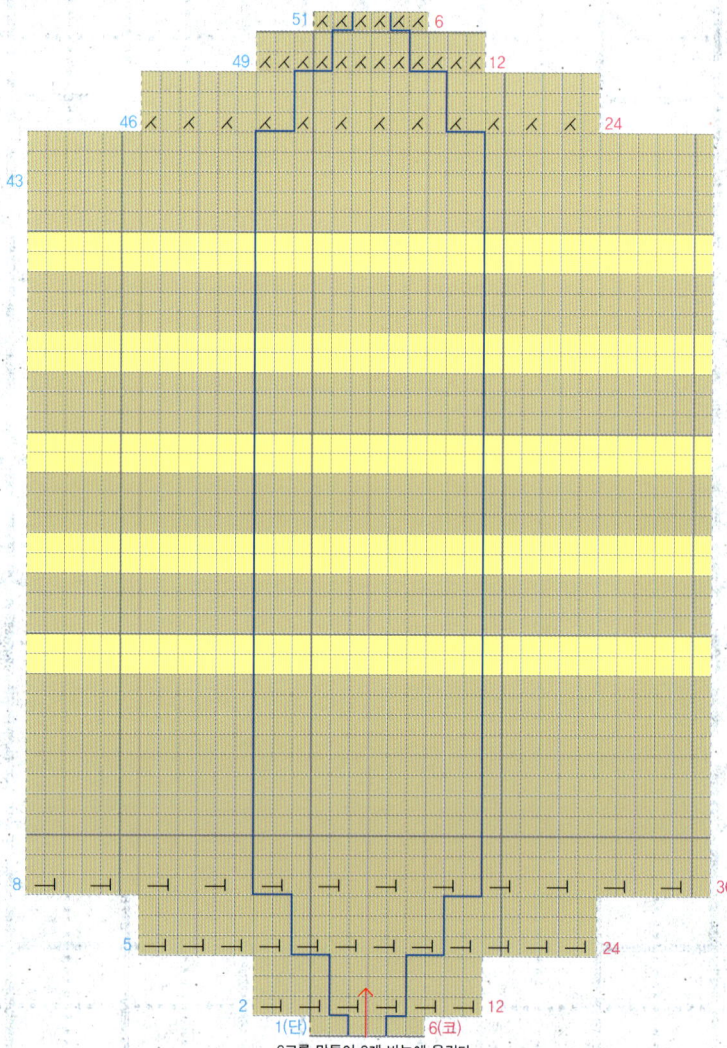

6코를 만들어 3개 바늘에 옮긴다.
(첫 번째 코와 마지막 코를 2코 모아뜨기해서 원형뜨기 시작)

날개(2개를 함께 뜬다)

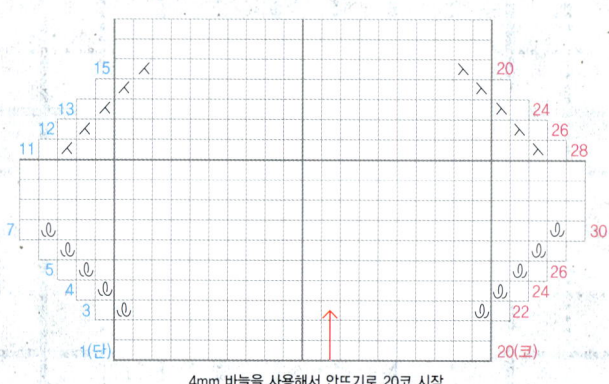

4mm 바늘을 사용해서 안뜨기로 20코 시작

●곰돌이 버트(76쪽)

앞판과 뒤판

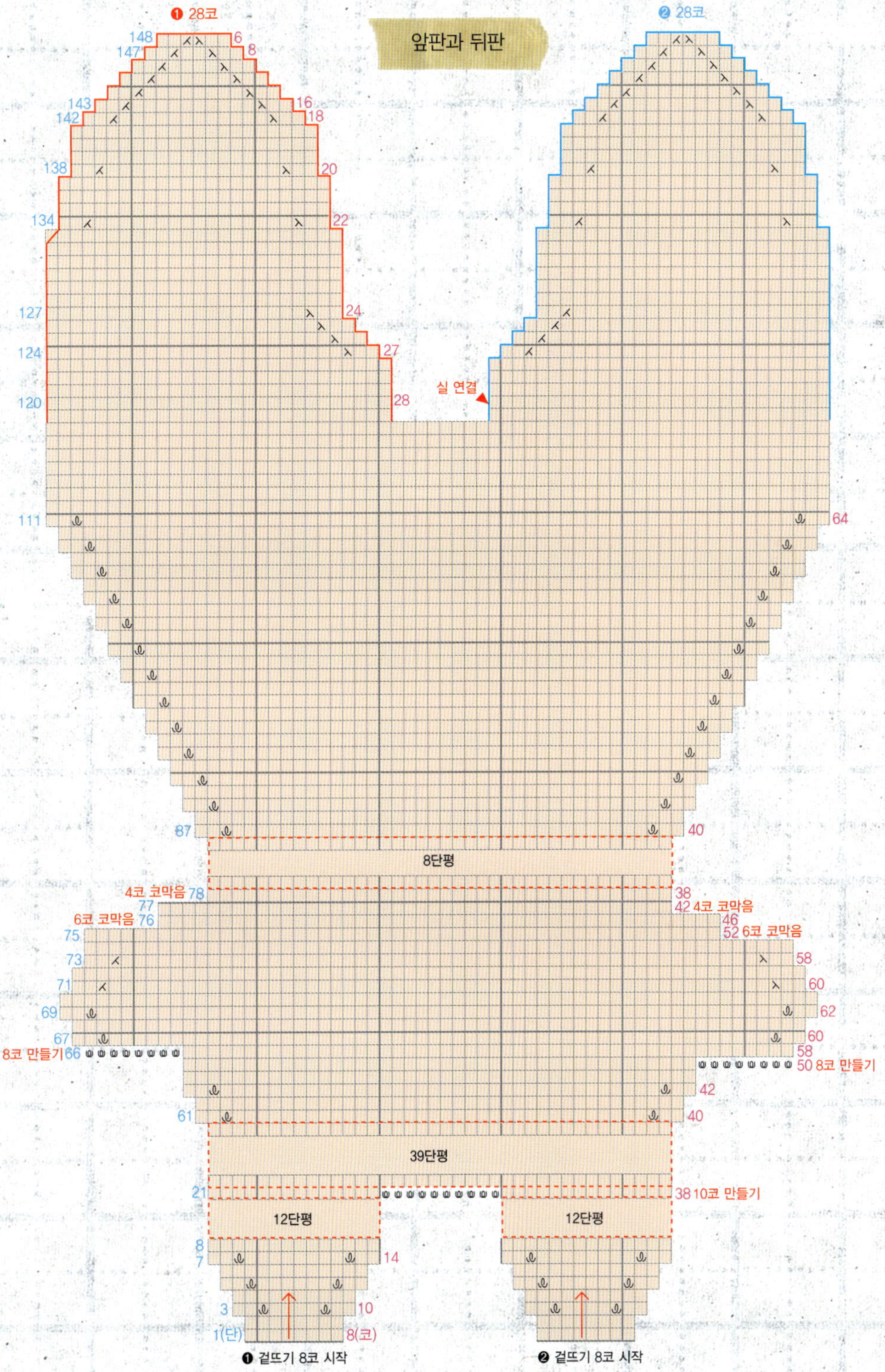

❶ 28코 ❷ 28코

실 연결

코

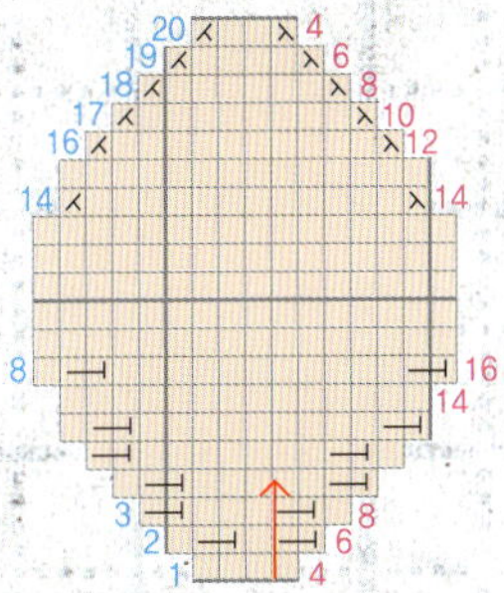

TIP
코는 완성 후 안감면이 겉면이
되도록 뒤집어 몸판에 꿰매준다.

안뜨기 4코 시작
(안뜨기 면이 겉면)

8단평

4코 코막음 4코 코막음
6코 코막음 6코 코막음
8코 만들기 8코 만들기

39단평

10코 만들기

12단평 12단평

❶ 겉뜨기 8코 시작 ❷ 겉뜨기 8코 시작

1(단) 8(코)

도안 159

●플라밍고 피지(79쪽)

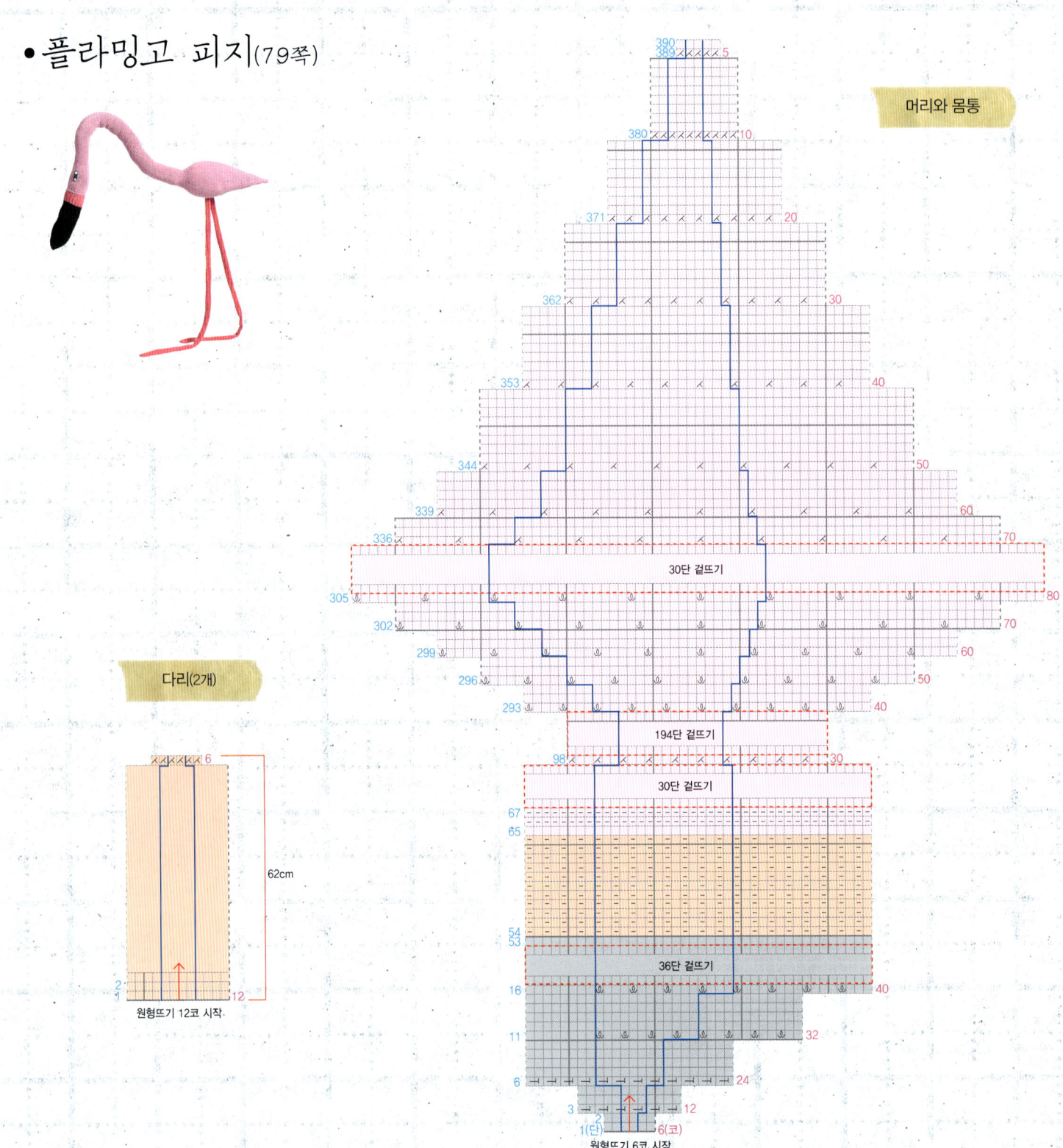

머리와 몸통

다리(2개)

62cm

원형뜨기 12코 시작

390
389
5
380
10
371
20
30
362
40
353
50
344
60
339
70
336
80
305
70
302
60
299
50
296
40
293

30단 겉뜨기

194단 겉뜨기

98
30
30단 겉뜨기

67
65
54
53
36단 겉뜨기

16
40
11
32
6
24
3
12
1(단)
2
6(코)
원형뜨기 6코 시작

• 산토끼 험프리(86쪽)

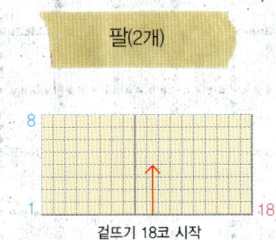

팔(2개)

8

1   18

겉뜨기 18코 시작

몸통, 다리, 귀

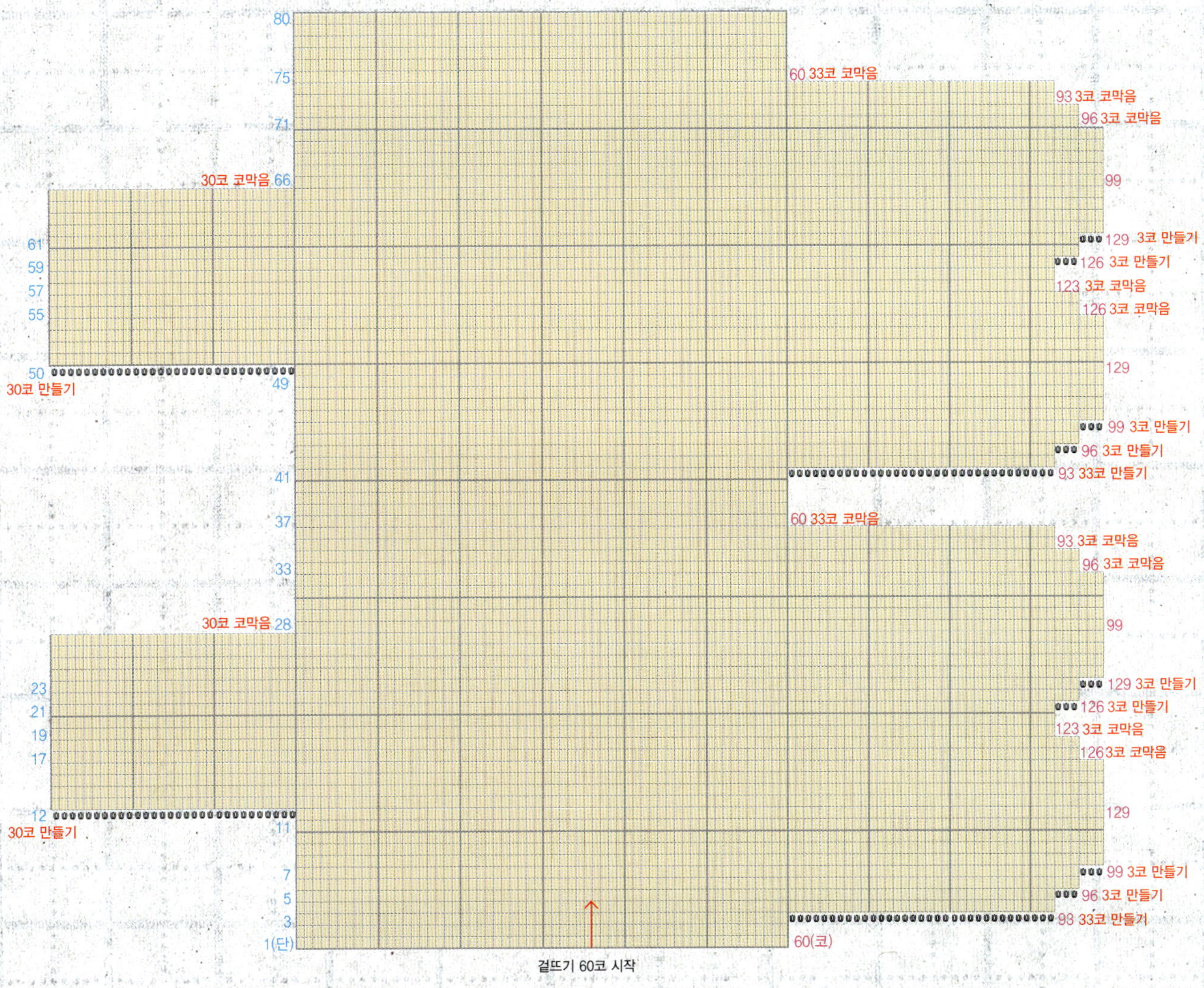

80

75

60 33코 코막음

93 3코 코막음

71   96 3코 코막음

30코 코막음 66   99

129 3코 만들기

61   126 3코 만들기

59   123 3코 코막음

57   126 3코 코막음

55

129

50   49

30코 만들기   99 3코 만들기

96 3코 만들기

93 33코 만들기

41

37   60 33코 코막음

93 3코 코막음

33   96 3코 코막음

30코 코막음 28   99

23   129 3코 만들기

21   126 3코 만들기

19   123 3코 코막음

17   126 3코 코막음

12   129

30코 만들기   11

7   99 3코 만들기

5   96 3코 만들기

3   93 33코 만들기

1(단)   60(코)

겉뜨기 60코 시작

•사랑스러운 앨버트(82쪽)

머리, 몸통, 다리

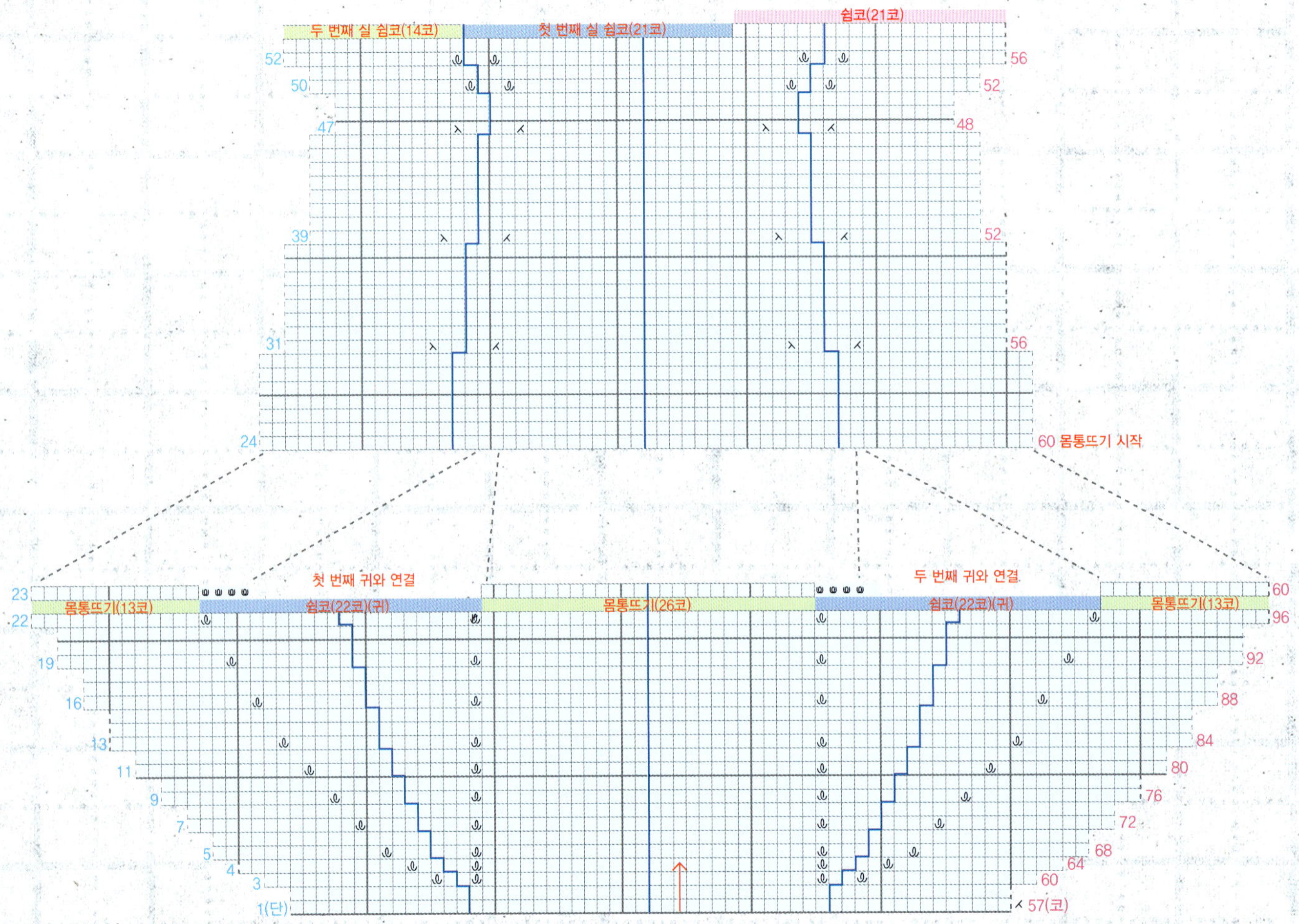

다음 단과 연결해서 뜨기

두 번째 실 쉼코(14코)	첫 번째 실 쉼코(21코)		쉼코(21코)

52
50
47 48
39 52
31 56
24

56
52

60 몸통뜨기 시작

---

23 몸통뜨기(13코)	첫 번째 귀와 연결 쉼코(22코)(귀)	몸통뜨기(26코)	두 번째 귀와 연결 쉼코(22코)(귀)	몸통뜨기(13코) 60
22				96

19 92
16 88
13 84
11 80
9 76
7 72
5 68
4 64
3 60
1(단) .... 57(코)

57코를 만들어 4개 바늘에 옮긴다.
(첫 번째 코와 마지막 코를 2코 모아뜨기해서 원형뜨기 시작)

TIP
머리부터 시작해서 원형뜨기

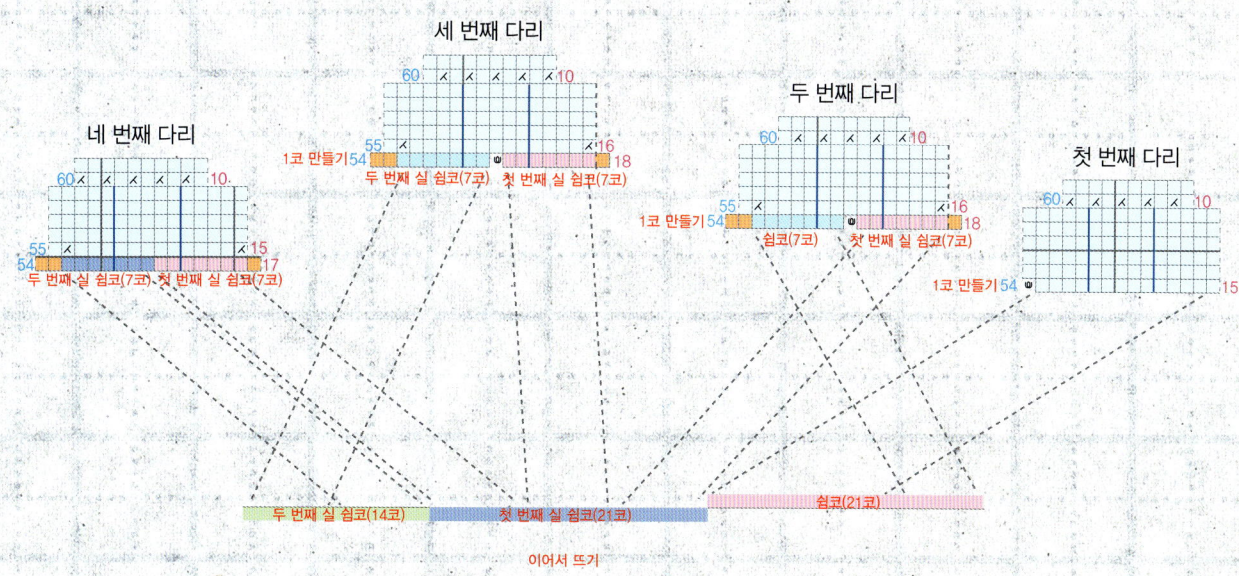

세 번째 다리

네 번째 다리

두 번째 다리

첫 번째 다리

60 ↗ ↗ ↗ ↗ 10
55 ↗
1코 만들기 54
두 번째 실 쉼코(7코)   첫 번째 실 쉼코(7코)
18
16

60 ↗ ↗ ↗ ↗ 10.
55 ↗ 15
54
두 번째 실 쉼코(7코) 첫 번째 실 쉼코(7코)
17

60 ↗ ↗ ↗ ↗ 10
55 ↗ 16
1코 만들기 54
쉼코(7코)   첫 번째 실 쉼코(7코)
18

60 ↗ ↗ ↗ ↗ 10
15
1코 만들기 54

두 번째 실 쉼코(14코)   첫 번째 실 쉼코(21코)   쉼코(21코)

이어서 뜨기

코

첫 번째 귀

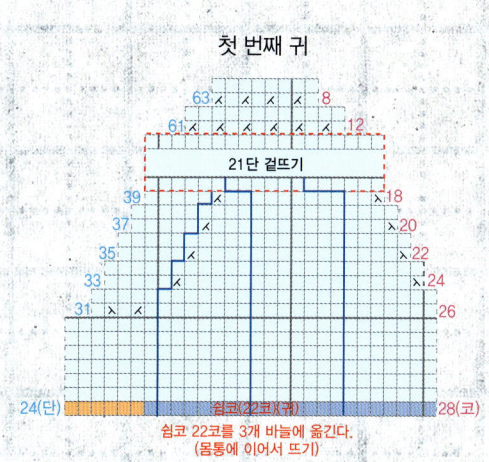

63 ↗ ↗ ↗ ↗ 8
61 ↗ ↗ ↗ ↗ ↗ 12
21단 걸뜨기
39 18
37 ↗ 20
35 ↗ 22
33 ↗ 24
31 ↗ ↗ 26
24(단) 28(코)
쉼코(22코)(7코)
쉼코 22코를 3개 바늘에 옮긴다.
(몸통에 이어서 뜨기)

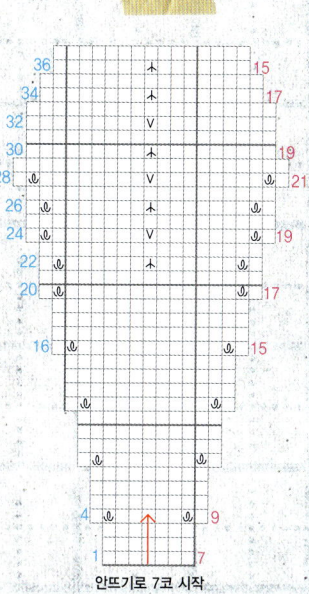

36 ↗ 15
34 ↗ 17
32 ↗
30 V 19
28 21
26 V 19
24 ↗
22 V
20 17
16 15
4 9
1 7
안뜨기로 7코 시작

도안 163

● 라쿤 리타(88쪽)

앞판

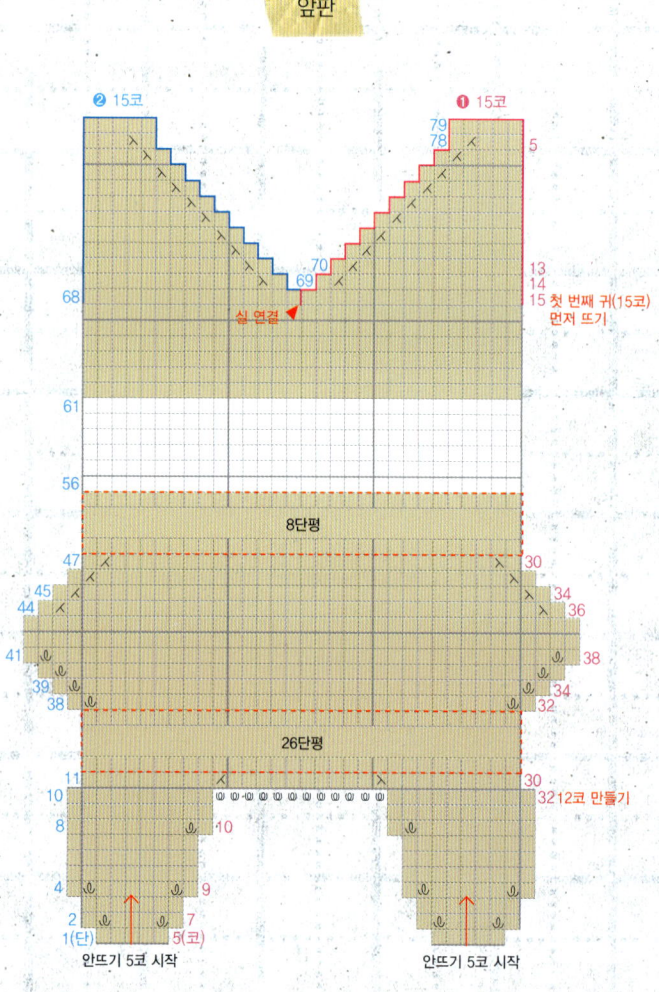

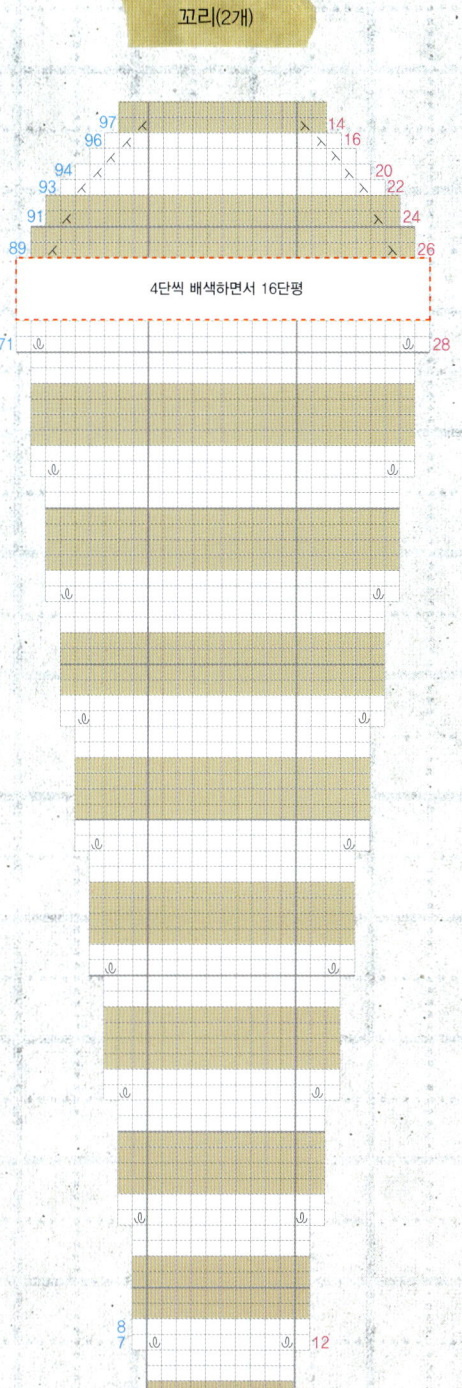

꼬리(2개)

97
96
94
93
91
89

14
16
20
22
24
26

4단씩 배색하면서 16단평

71
28

8
7
1

12
10

겉뜨기 10코 시작

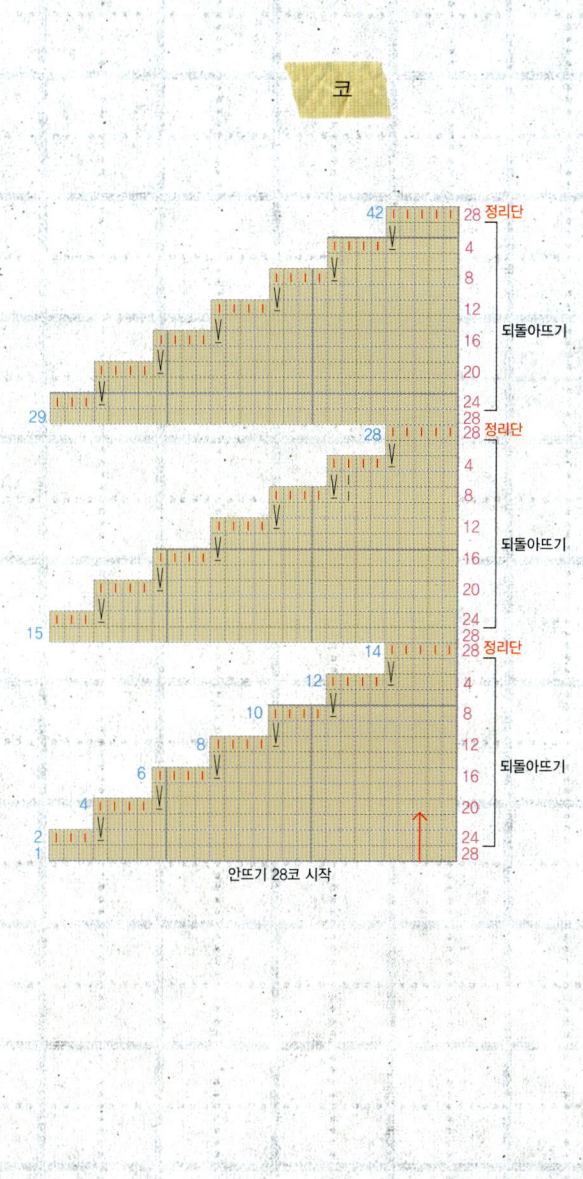

코

42
29

28 정리단
4
8
12 되돌아뜨기
16
20
24
28

28
15

28 정리단
4
8
12 되돌아뜨기
16
20
24
28

14
12
10
8
6
4
2
1

28 정리단
4
8
12
16 되돌아뜨기
20
24
28

안뜨기 28코 시작

도안 165

13
17
21
25
27
33
35
41
45
53 8코 코막음
63
67
71
71
63 8코 만들기

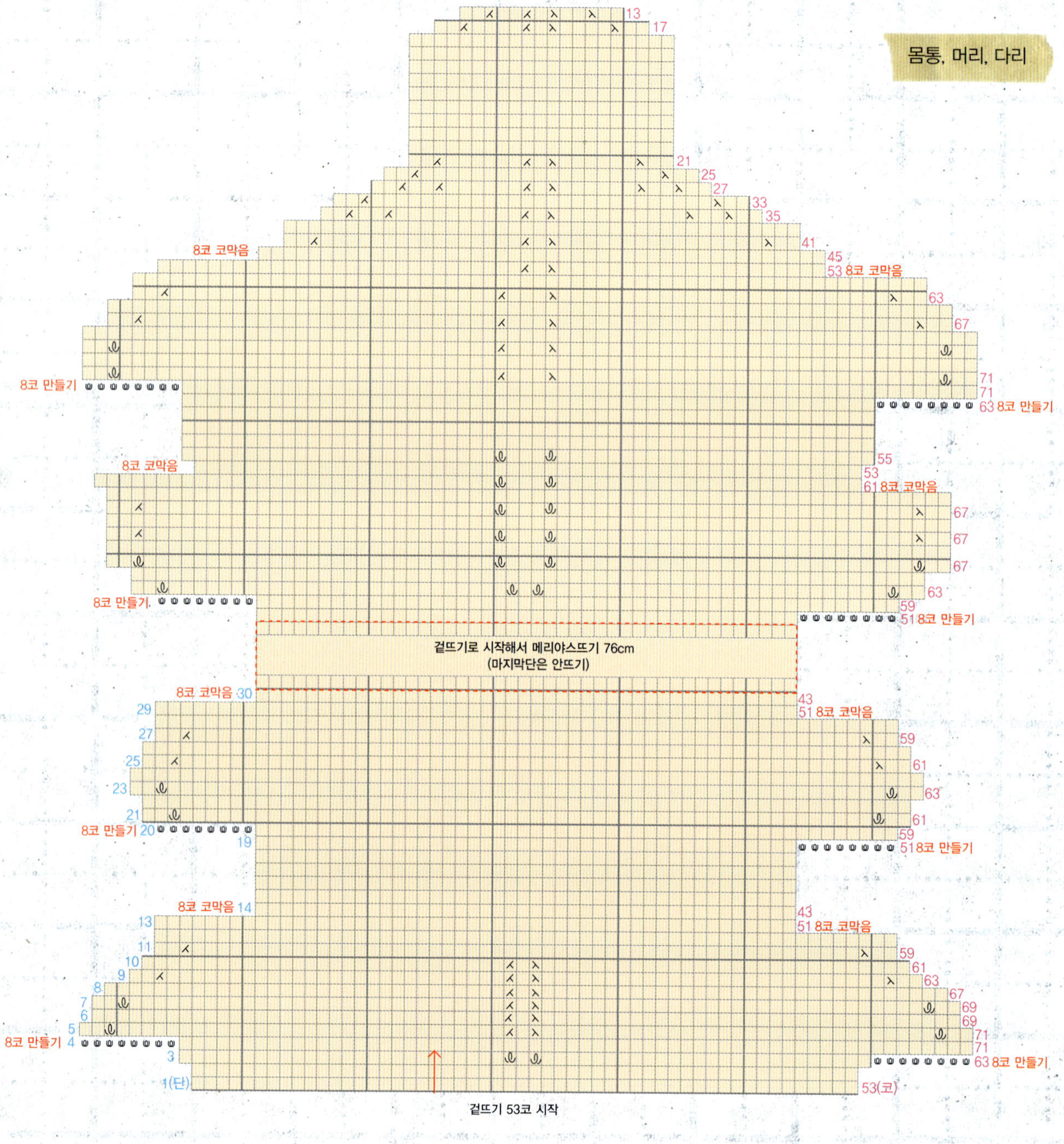

8코 코막음
8코 만들기

8코 코막음
55
53
61 8코 코막음
67
67
67
63
59
51 8코 만들기

8코 만들기

겉뜨기로 시작해서 메리야스뜨기 76cm
(마지막단은 안뜨기)

29
27
25
23
21
8코 코막음 30
8코 만들기 20
19

43
51 8코 코막음
59
61
63
61
59
51 8코 만들기

13
11
10
9
8
7
6
5
8코 코막음 14
8코 만들기 4
3
1(단)

43
51 8코 코막음
59
61
63
67
69
69
71
71
63 8코 만들기
53(코)

겉뜨기 53코 시작

● 길쭉이 퍼시벌(91쪽)

귀(양쪽 귀를 함께 뜬다)

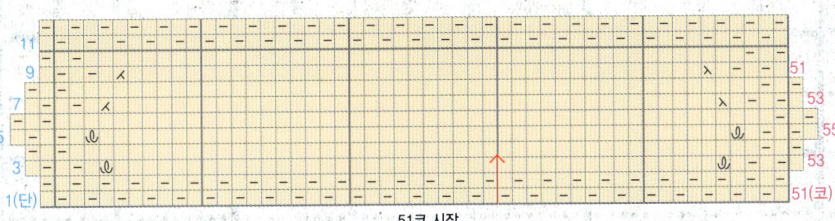

51코 시작

• 컵케이크(94쪽)

체리

컵케이크

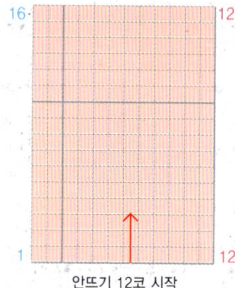

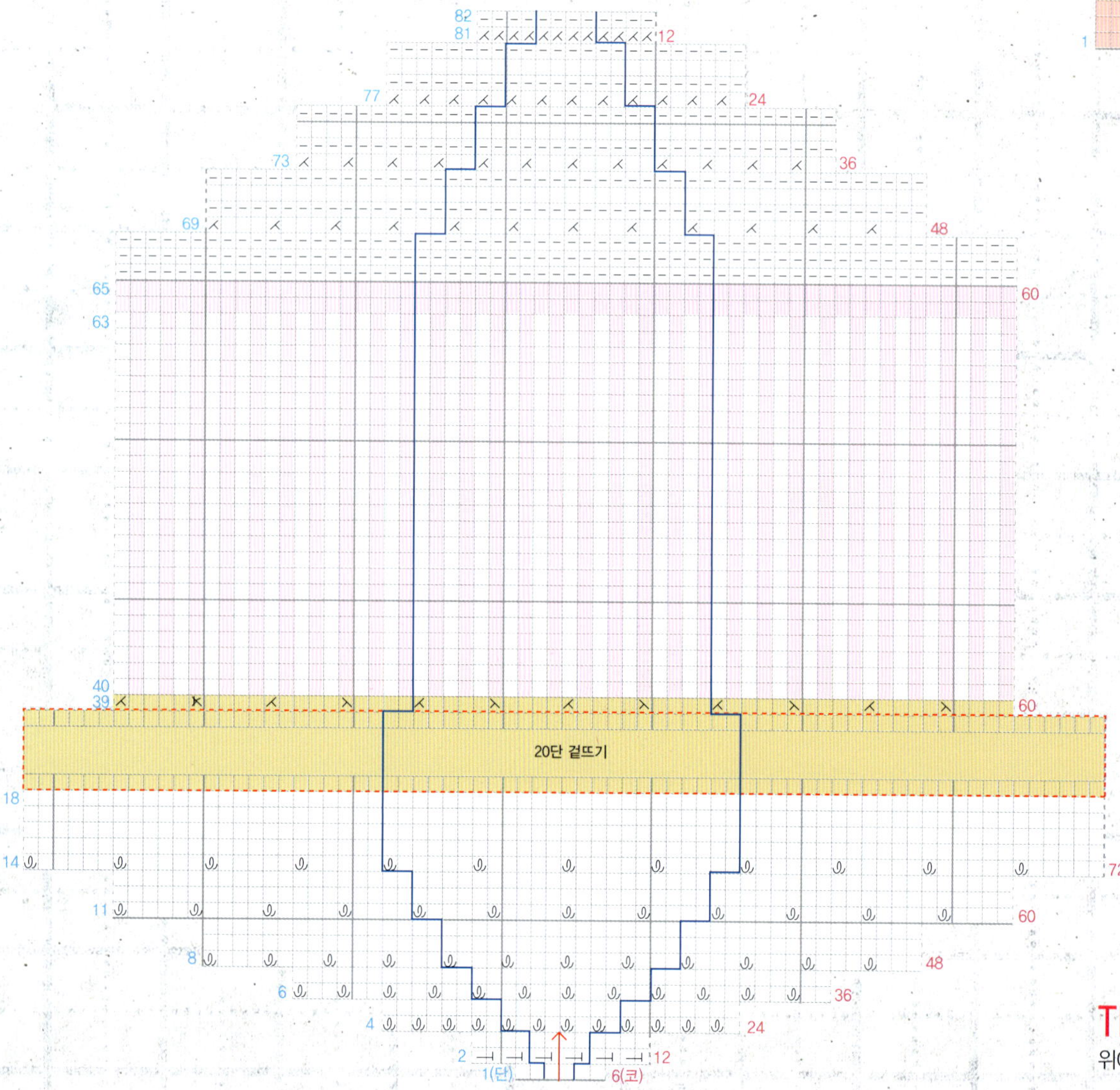

16 12

1 12

안뜨기 12코 시작

82
81 12
77 24
73 36
69 48
65
63 60

40
39 60

20단 겉뜨기

18
14 72
11 60
8 48
6 36
4 24
2 12
1(단) 6(코)

원형뜨기 6코 시작

TIP
위에서부터 뜨기

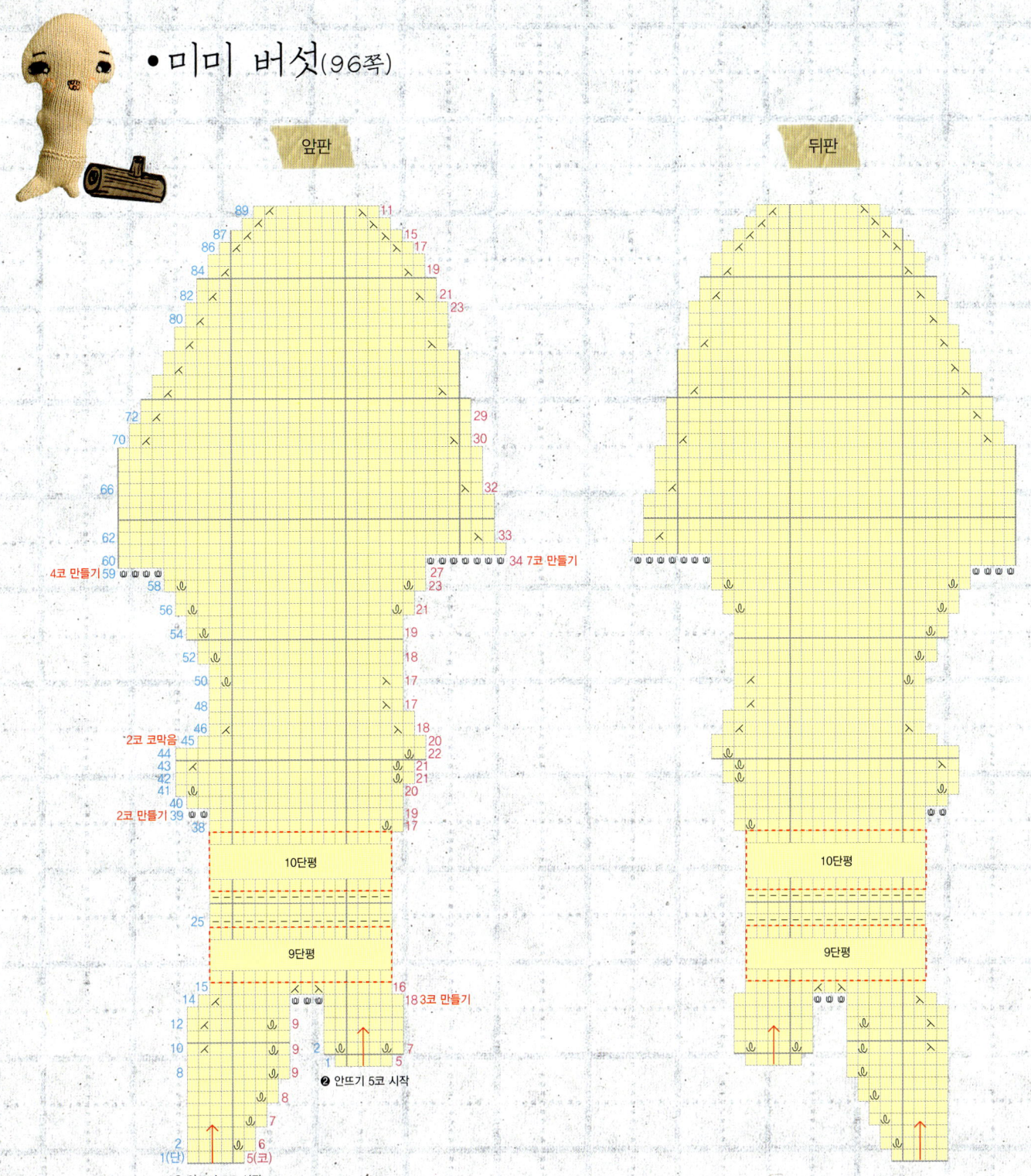

•미미 버섯(96쪽)

앞판

뒤판

89
87   11
86   15
84   17
82   19
80
          21
          23

72   29
70   30
66
          32
62
60   33
4코 만들기 59 ⑥⑥⑥⑥   34 7코 만들기
58   27
56   23
54   21
52   19
50   18
48   17
46   17
2코 코막음 45   18
44   20
43   22
42   21
41   21
40   20
2코 만들기 39 ⑥⑥   19
38   17

10단평   10단평

25

9단평   9단평

15   16
14   18 3코 만들기
12   9
10   9   2 7
8   9   1
          8   ❷ 안뜨기 5코 시작
          8
          7
2   6
1(단)   5(코)
❶ 안뜨기 5코 시작

도안 169

• 울새 로빈(98쪽)

앞판

18
28
30
36
38
40
1
42

(코막음 후 코 잡기)

22단평

13
42
3
32
1(단)
30(코)

겉뜨기 30코 시작

뒤판

날개(2개)

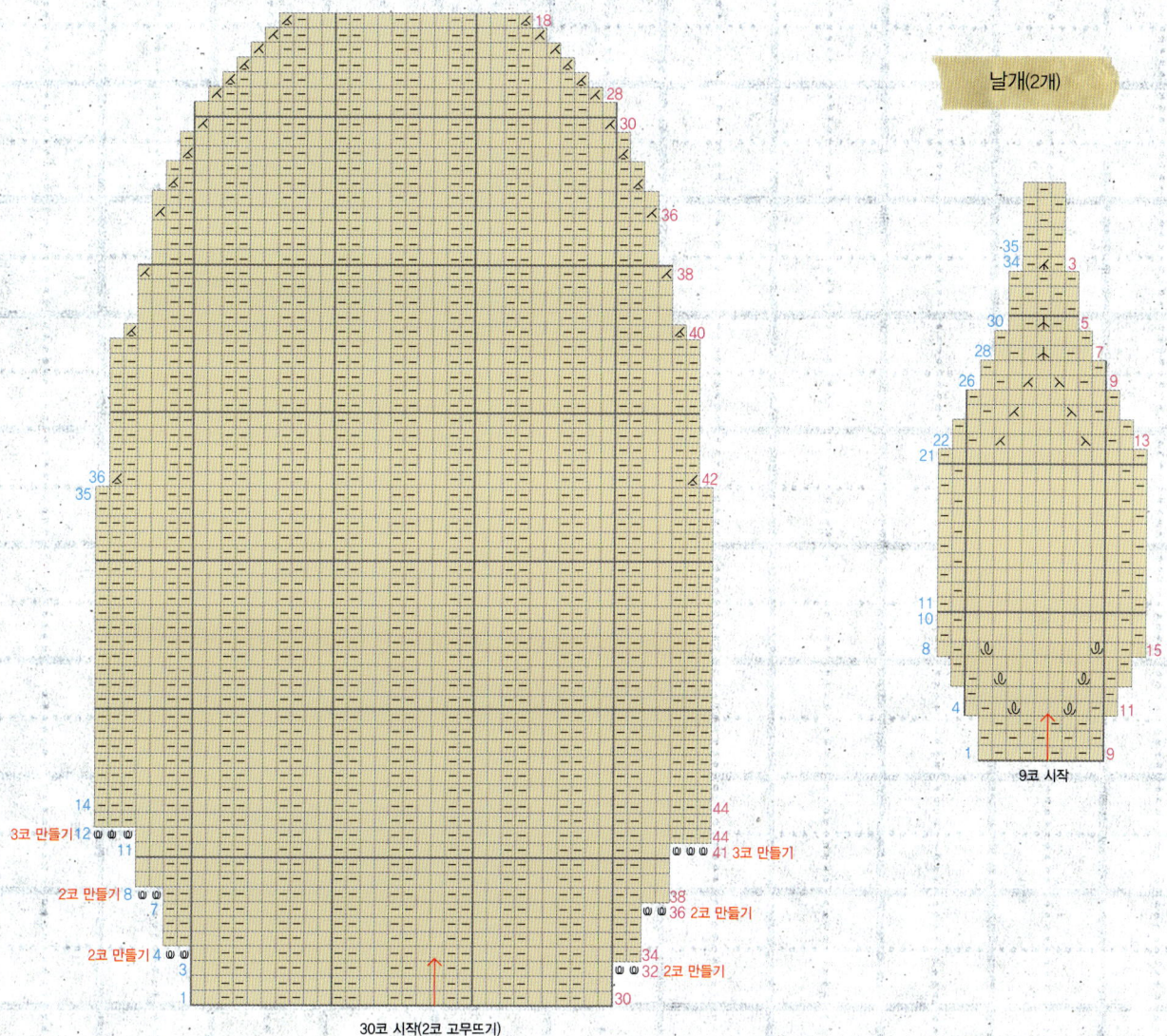

18
28
30
36
38
40
42

35
36

14
3코 만들기 12
11
2코 만들기 8
7
2코 만들기 4
3
1

44
44
41 3코 만들기
38
36 2코 만들기
34
32 2코 만들기
30

30코 시작(2코 고무뜨기)

-35
34
30
28
26
22
21

11
10
8

4
1

3
5
7
9
13

15
11
9

9코 시작

도안 171

• 잠자리 디드리(100쪽)

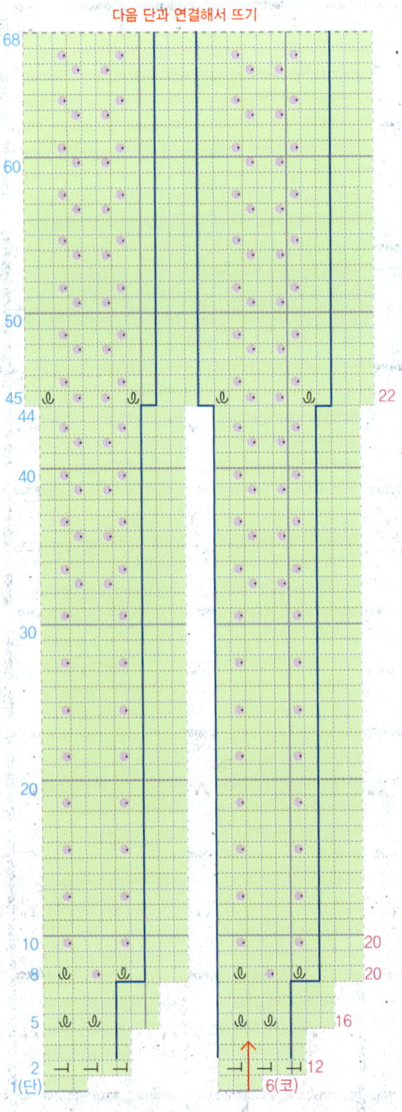

몸통과 머리

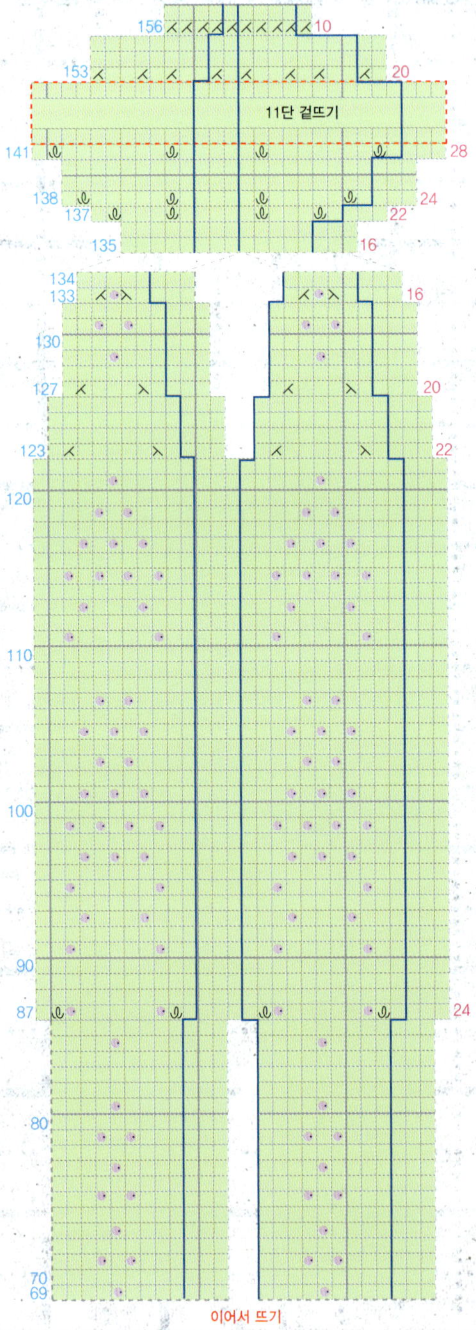

156 ✕✕✕✕✕✕✕✕ 10
153 ✕ ✕ ✕ ✕ ✕ ✕ ✕ 20
11단 겉뜨기
141 28
138 24
137 22
135 16

다음 단과 연결해서 뜨기

68
60
50
45
44
40
30
20
10
8
5
2
1(단)
22
20
20
16
6(코)
12

원형뜨기 6코 시작

134
133 ✕ ✕   ✕ ✕ 16
130
127 ✕   ✕   ✕ 20
123 ✕   ✕ 22
120
110
100
90
87 24
80
70
69

이어서 뜨기

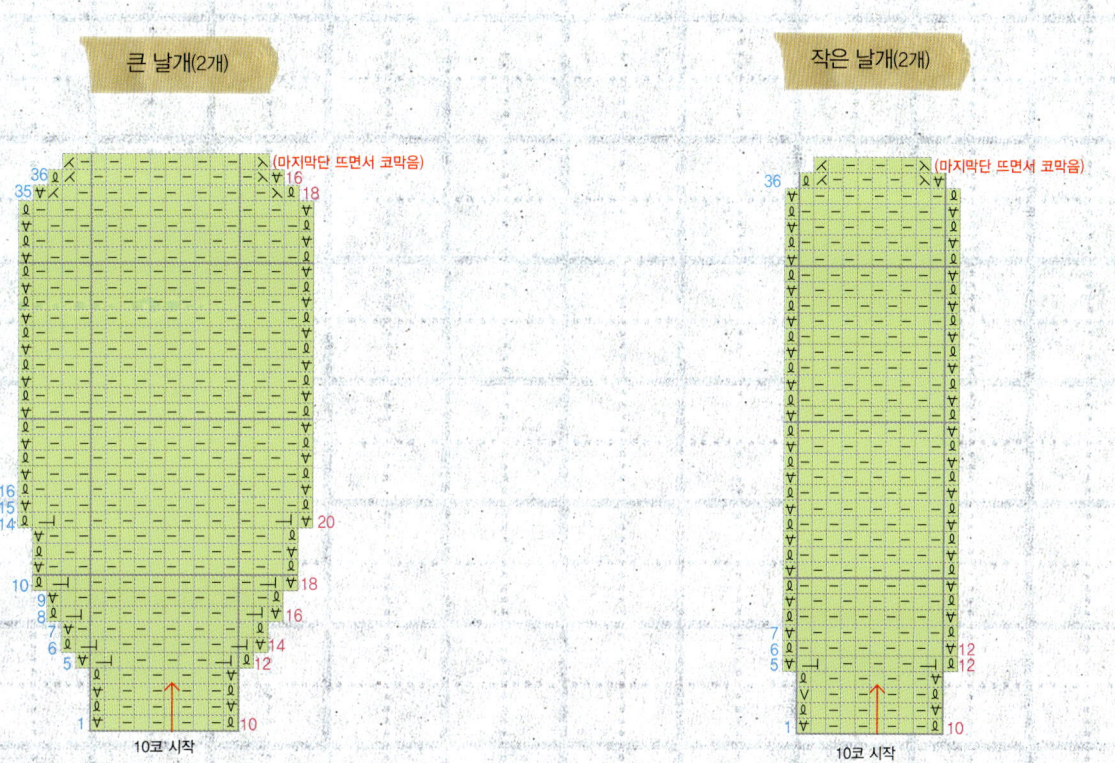

큰 날개(2개)

작은 날개(2개)

(마지막단 뜨면서 코막음)

(마지막단 뜨면서 코막음)

10코 시작

10코 시작

•독버섯 티티(104쪽)

128
127
126
8
12
125
16
124
20
123
24
121
28
120
32
118
34
36
114
40
110
42
106
44
100
99
46

12코 만들기 82 OOOOOOOOOOO   OOOOOOOOOO 48 12코 만들기

81

72

24단평

47
45
44
41
39
38
24
28
30
32
28
26

24단평

24
13
12
11
10
9
8
7
6
5
4
3
2
1(단)   실 연결   24 13단을 뜨면서 20코 코막음
46
44
38
36
32
24(코)

안뜨기 24코 시작

174 도안

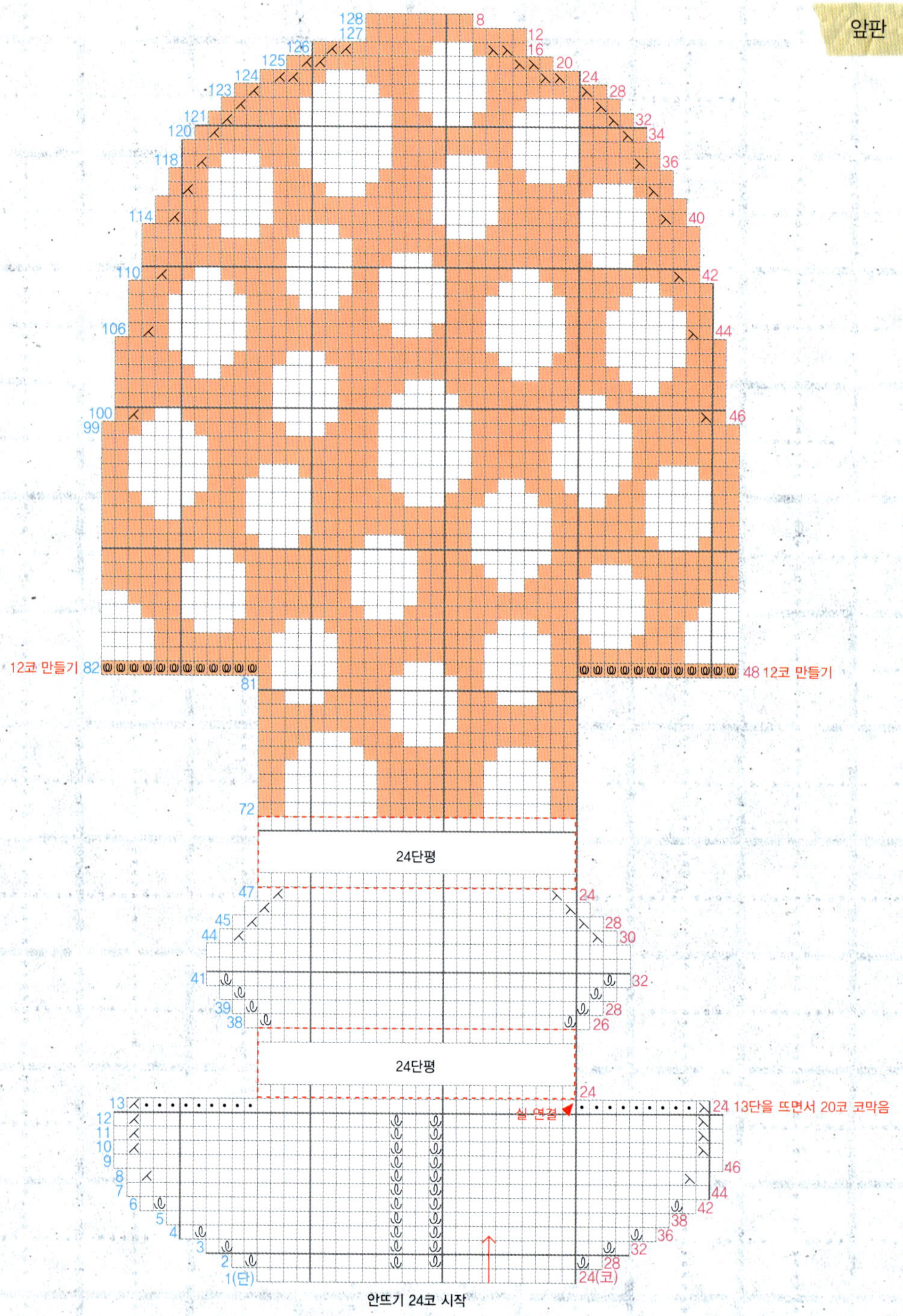

•롱다리 페기(107쪽)

TIP
머리부터 평면뜨기, 다리는 원형뜨기

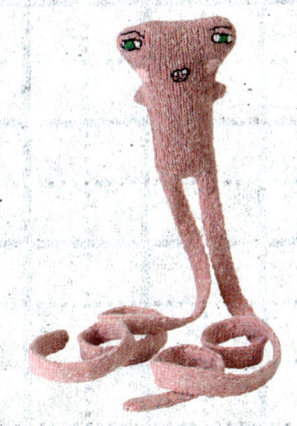

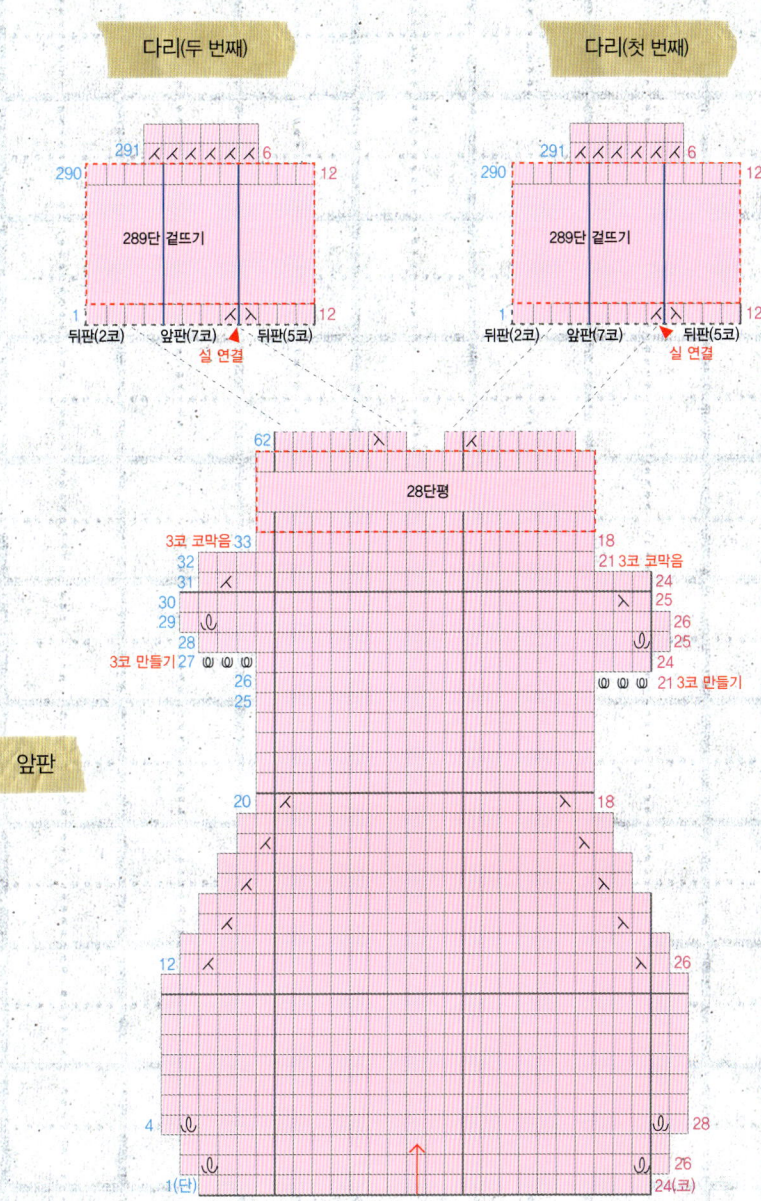

다리(두 번째)

다리(첫 번째)

291 ↗↗↗↗↗ 6
290 | 12
289단 겉뜨기
1 | 12
뒤판(2코) 앞판(7코) 뒤판(5코)
실 연결

291 ↗↗↗↗↗ 6
290 | 12
289단 겉뜨기
1 | 12
뒤판(2코) 앞판(7코) 뒤판(5코)
실 연결

62 ↗
28단평

3코 코막음 33 | 18
32
31 ↗
30 | 21 3코 코막음
29 | 24
28 | 25
3코 만들기 27 ⵥⵥⵥ | 26
26 | 25
25 | 24
| 21 3코 만들기

앞판

20 | 18
↗
↗
12 ↗ | 26
↗

4 ⵥ | 28
| 26
1(단) | 24(코)
안뜨기 24코 시작

도나 윌슨의
손뜨개 인형